ज्ञान गरिमा के
70 वर्ष

भारतीय
ज्ञानपीठ

णाणं
पयासयं
वीर नि.सं. 2470
ई.सन् 1944
भारतीय ज्ञानपीठ

भारतीय पुनर्जागरण के प्रमुख विचारक

भारतीय पुनर्जागरण के प्रमुख विचारक

(अध्ययन)

डॉ. आभा नवनी
डॉ. नीरज जायसवाल

भारतीय ज्ञानपीठ

लोकोदय ग्रन्थमाला : ग्रन्थांक 1287

ISBN 978-93-263-5476-9

भारतीय पुनर्जागरण के प्रमुख विचारक
(अध्ययन)
डॉ. आभा नवनी, डॉ. नीरज जायसवाल

प्रथम संस्करण : 2016
मूल्य : 320 रुपये

प्रकाशक : **भारतीय ज्ञानपीठ**
18, इन्स्टीट्यूशनल एरिया, लोदी रोड, नयी दिल्ली–110 003

मुद्रक : आर.के. ऑफसेट, दिल्ली

आवरण : महेश्वर

BHARATIYA PUNARJAGARAN KE PRAMUKH VICHARAK
(Study)
By Dr. Abha Nawni, Dr. Neeraj Jaiswal

Published by
Bharatiya Jnanpith
18, Institutional Area, Lodi Road, New Delhi-110 003
Ph. : 011-24698417, 24626467; 23241619 (Daryaganj)
Mob. : 9350536020; e-mail : bjnanpith@gmail.com
sales@jnanpith.net; website : www.jnanpith.net

First Edition : 2016
Price : Rs. 320

पूज्य पिताजी स्वर्गीय प्रो. गणेश प्रसाद
को समर्पित

प्राक्कथन

भारतवर्ष में ब्रिटिश शासन की स्थापना के साथ ही देश के आर्थिक शोषण की गति बढ़ी। जब भारतवर्ष में अँग्रेजों का आधिपत्य स्थापित हुआ उसी समय ब्रिटेन में औद्योगिक क्रान्ति प्रारम्भ हुई। इन स्थितियों में भारतवर्ष ब्रिटेन के नवोदित कारखाना उद्योग के लिए कच्चे माल का निर्यातक बना। फलतः सदियों से चले आ रहे भारतीय हथकरघा उद्योग को सबसे बड़ी मार झेलनी पड़ी। वास्तविकता यह थी कि ब्रिटिश शासकों ने जो भी आर्थिक नीतियाँ अपनायीं थीं उनसे अँग्रेज़ी शासन के स्थायित्व में योग मिलता था और वे ब्रिटिश हितों के अनुकूल थीं। जैसे-जैसे ब्रिटिश साम्राज्य का विस्तार हुआ वैसे-वैसे भारत के आर्थिक शोषण की गति बढ़ती गयी। भारतवर्ष की विपन्नता के साथ-साथ सामाजिक कुरीतियाँ, भेदभाव एवं अन्धविश्वास भी बढ़ते गये। फलतः 18वीं शताब्दी के अन्तिम चरण में भारत की आर्थिक एवं सामाजिक दशा सोचनीय हो गयी तथा उसका पिछड़ापन अपने चरम पर पहुँच गया था।

इतना होने पर भी भारत पर ब्रिटिश विजय से उन्नीसवीं शताब्दी में आमूल परिवर्तन की स्थितियाँ बनीं जिनके कारण भारतीयों का ध्यान अपने अपरिवर्तनशील समाज की ओर गया। वे भारतीय, जो पाश्चात्य जगत के सम्पर्क में आये थे वे बंगाल में भद्रलोग के नाम से जाने गये।

ये ही भद्रलोग भारतीय समाज के पतनशील स्वरूप को उबारने में लग गये। इस पतनशील स्वरूप को उबारने के लिए वे अपने मूल प्राचीन धर्मग्रन्थों में यथार्थ खोजने लगे। दोनों शक्तियों अर्थात् पाश्चात्य प्रभाव तथा मूल भारतीय प्राचीन संस्कृति के अध्ययन से भारतीय सामाजिक एवं सांस्कृतिक जीवन में जागृति उत्पन्न हुई। इस जागृति को भारतीय पुनर्जागरण के नाम से भी जाना जाता है। इस पुनर्जागरण का अग्रदूत मध्यम वर्ग था जिसे भद्रलोग भी कहा जाता है। इसी मध्यम वर्ग ने संघर्ष और त्याग का मार्ग अपनाया।

नवीन मध्यम वर्ग ने नये विचारों और नये दृष्टिकोण को ग्रहण किया। इस

वर्ग पर पश्चिमी जगत के वैज्ञानिक ज्ञान, बुद्धिवाद के सिद्धान्त और मानवतावाद का गहन प्रभाव पड़ा। साथ ही वह भारतीय सांस्कृतिक विरासत को भी ग्रहण करने के लिए लालायित था। वह उस सभ्यता का प्रतीक और प्रचारक बना जो पाश्चात्य सम्पर्क तथा स्वदेशी परम्परा की मिली-जुली सभ्यता से अंकुरित हुई थी। आगे चलकर यह मध्यम वर्ग समाज सुधार, राष्ट्रीय आन्दोलन तथा साम्प्रदायिक आन्दोलनों का नेता बना। यही नहीं यह मध्यम वर्ग आधुनिक अर्थव्यवस्था का भी एक महत्त्वपूर्ण अंग एवं संचालक बना।

इस पुस्तक में भारतीय मध्यम वर्ग के प्रमुख प्रतिनिधि विचारकों के सामाजिक-धार्मिक, राजनीतिक तथा आर्थिक विचारों का विश्लेषण करने का प्रयास किया गया है। भारतीय पुनर्जागरण के इन विचारकों ने राष्ट्रीय एवं अन्तर्राष्ट्रीय जगत में अपनी विचारधाराओं की पृथक पहचान बनायी है। राजा राममोहन राय से लेकर जवाहरलाल नेहरू तक के भारतीय पुनर्जागरण के सीमित काल में विभिन्न प्रतिनिधियों के चुनिन्दा विचारों का विश्लेषण इस पुस्तक में किया गया है। यह अवश्य है कि इस शृंखला में कुछ चिन्तक-केशवचन्द्र सेन, डी. के. कर्वे, रवीन्द्रनाथ टैगोर जैसे प्रतिनिधि विचारकों का विश्लेषण समाहित नहीं किया गया है। लेखिका इन समाज सुधारकों की विचारधाराओं का अध्ययन समाहित करने के लिए प्रयत्नशील हैं।

प्रोफेसर (स्वर्गीय) गणेश प्रसाद द्वारा जवाहरलाल नेहरू पर लिखे गये शोध परक लेख ''मुक्तधारा'' पत्रिका में प्रकाशित हुए थे। उन लेखों को संकलित कर के ''जवाहरलाल नेहरू-विभिन्न आयाम'' शीर्षक से पुस्तक के परिशिष्ट में रख कर मैं उन्हें श्रद्धांजलि अर्पित करती हूँ।

मैं पुस्तक के लेखन में अपने परिवार जनों के सहयोग के लिए आभार प्रकट करती हूँ। मैं अपने पूर्व शोध छात्र एवं सह लेखक डॉ. नीरज जयसवाल को पुस्तक के लेखन तथा प्रकाशन में उनके सहयोग के लिए धन्यवाद देती हूँ। मैं ज्ञानपीठ प्रकाशन के प्रति आभार प्रकट करती हूँ जिन्होंने इस पुस्तक को प्रकाशन हेतु प्रेरित किया।

—आभा नवनी

विषयानुक्रम

भारतीय मध्यम वर्ग–उसकी प्रवृत्ति एवं आधुनिक राष्ट्र निर्माण में योगदान

भारत का नवीन शहरी मध्यम वर्ग, जिसका जन्म भारत पर ब्रिटेन की विजय के पश्चात हुआ था, आधुनिकता का अग्रदूत था तथा भारतीय सामाजिक–धार्मिक आन्दोलन तथा स्वतन्त्रता आन्दोलन का रक्षक तथा सच्चा विचारक था। यह वर्ग मानवतावादी, व्यक्तिवादी, बुद्धिवादी, उदारवादी तथा आधुनिकतावादी था। कारण, इस वर्ग ने विस्तृत रूप से तथा गहन दृष्टि से आधुनिक यूरोप के मानवतावादी तथा राष्ट्रवादी साहित्य का अध्ययन किया था। परिणामतः यह वर्ग चिन्तनशील और विद्याभ्यासी बनकर रह गया। चिन्तनशील और विद्याभ्यासी होने के कारण यह वर्ग अनुत्पादक (अपने समकक्ष यूरोपीय मध्यम वर्ग के विपरीत) तथा वास्तविकता से दूर रहा। यहाँ यह बताना उचित होगा कि इस वर्ग की मूल जड़ें भारतीय भूमि में नहीं थीं। यह वर्ग पाश्चात्य जगत और विशेषकर ब्रिटेन की राजनीतिक एवं दार्शनिक परम्पराओं का अनुकरण करने वाला था। फलतः इस वर्ग ने ब्रिटिश शासन की नयी व्यवस्था से जन्य उपहारों का सबसे अधिक लाभ अर्जित किया और इस नयी व्यवस्था का प्रवक्ता बना। यही कारण है कि यह वर्ग ब्रिटिश शासन को दैवी देन मानता रहा और इस शासन की उपलब्धियों की प्रशंसा में इस वर्ग ने अनेक उक्तियों की रचना कर डाली। इस मध्यम वर्ग, जिसे बंगाल में भद्रलोग भी कहा जाता था, का जन्म छोटे–बड़े नगरों में हुआ था और इन नगरों का जन्म औपनिवेशिक काल में हुआ था।

औपनिवेशिक काल में जन्मे नगर आधुनिक भारत के प्राण रहे हैं, क्योंकि यही नयी सभ्यता के निर्माता थे। इन आधुनिक नगरों का जन्म ब्रिटिश सम्पर्क के फलस्वरूप हुआ था। इन नगरों के जन्म के पूर्व भी नगर हुआ करते थे, दिल्ली, लखनऊ, काशी, उज्जैन आदि सदियों से चले आ रहे थे। ये नगर राजनीतिक एवं सैनिक संस्कृति तथा व्यापार और धर्म के केन्द्र थे। इन नगरों में सम्पन्न व्यापरिक मध्यम वर्ग भी विद्यमान था। ये व्यापारी साहूकारी का भी काम करते थे। ऐसे भी दृष्टान्त प्राप्त होते हैं जिनसे यह विदित होता है कि शासक गण इन साहूकारों के

कर्जदार थे। इतना होने पर भी ये नगर किसी नयी सभ्यता के केन्द्र नहीं बन सके। इसका प्रमुख कारण यह था कि सदियों तक भारतवर्ष का सामाजिक ढाँचा अपरिवर्तित रहा, जाति सम्बन्धी नियम व्यवसाय चुनने में सहायक नहीं थे, ग्राम ही प्रधानतः संस्कृति के केन्द्र रहे तथा यातायात के साधन भी पुराने ही रहे। ब्रिटिशकाल के पूर्व की भारतीय संस्कृति एवं सभ्यता पर या तो रजवाड़ों का या तो ग्रामीण जीवन का प्रभाव था। वस्तुतः इन स्थितियों में भारतीय समाज आगे नहीं बढ़ सका। उसकी रूपरेखा विभिन्न राजनीतिक परिवर्तनों के बावजूद अपरिवर्तित ही रही। इन परिस्थितियों में भारतीय नगर नयी सभ्यता के अग्रदूत नहीं बन सके, जबकि मध्यकालीन यूरोप के नगर नयी सभ्यता के प्रचारक बने। इसी कारण यूरोप का मध्यम वर्ग चौदहवीं शताब्दी से अट्ठारहवीं सदी तक एक महत्त्वपूर्ण ऐतिहासिक भूमिका निभाता रहा, परन्तु इस काल में भारतीय नगरों का शिरोमणि (मुख्य पात्र) मध्यम वर्ग इस प्रकार का कोई ऐतिहासिक कार्य न कर सका। कारण, मध्यकालीन भारत में शहरीकरण की प्रवृत्ति होने पर भी सामन्तवाद तथा जातिवाद का इतना अधिक प्रभाव था कि ये भारतीय नगर उन मापदण्डों को न अपना सके जो कि मध्यकालीन इंग्लैंड के नगरों में व्यापक रूप से विद्यमान थे। इन परिस्थितियों में भारतवर्ष के बड़े व्यापारिक वर्ग के विद्यमान होने पर भी आधुनिकता की प्रवृत्ति से उस समय का भारतीय समाज अछूता रहा। लेकिन भारत पर ब्रिटिश विजय के पश्चात उत्पन्न हुई परिस्थितियों में जन्मे मध्यम वर्ग ने आधुनिकता की प्रवृत्तियों को आत्मसात् करके एक ऐतिहासिक भूमिका अदा की।

अपने पूर्ववर्तियों के विपरीत आधुनिक मध्यम वर्ग नयी सभ्यता का अग्रदूत था। आधुनिक नगर इसी नयी सभ्यता के केन्द्र बने। इन नगरों की विशेषता थी प्रगति के उस मार्ग पर चलना जो पश्चिम के द्वारा प्रस्तावित किया गया था। जहाँ पुराने नगर सदियों तक अपरिवर्तनशील रहे वहीं ब्रिटिश विजय के पश्चात जन्मे आधुनिक नगर गतिशील थे। परिवर्तन तथा प्रगति इन नगरों की विशेषताएँ रहीं। इन विशेषताओं की छाप आधुनिक नागरिक जीवन पर ही नहीं, बल्कि उनके चिन्तन पर भी पर्याप्त रूप में देखी जा सकती है। इसके अतिरिक्त एक और विशेषता इन आधुनिक नगरों की थी जिसका प्रभाव भारतीय चिन्तन पर पड़ा। वह विशेषता यह थी कि इन नगरों का जन्म भारतीय भूमि और वातावरण में हुआ था, लेकिन उनका झुकाव पाश्चात्य आधुनिक नगरों की सभ्यता की ओर था। अतः इन नगरों में बेमेलता स्वाभाविक थी। इस विशेषता की छाप इन नगरों में जन्मे मध्यम वर्ग पर पड़ना स्वाभाविक ही थी।

भारतीय और पाश्चात्य संस्कृति के मिले-जुले प्रभाव से जन्मे शहरी मध्यम वर्ग काफी सीमा तक व्यक्तिवादी, स्वार्थी और मितव्ययी था। वह परम्परा के बन्धनों को तोड़ना चाहता था। वह मध्ययुगीनता एवं परम्परावाद का विरोधी था।

इस दृष्टि से वह अपने पूर्वजों से भिन्न और यूरोप के मध्यम वर्ग की भाँति था। किन्तु, वह एक प्रवृत्ति में यूरोप के मध्यम वर्ग के विपरीत था, यूरोप का मध्यम वर्ग उत्पादक था, जबकि भारतीय मध्यम वर्ग उत्पादक नहीं था (यह विशेषता आज भी चली आ रही है)। प्रारम्भ से ही भारतीय मध्यम वर्ग न तो व्यवसायिक रहा और न ही औद्योगिक। वह प्रधानतः उन पेशों से सम्बद्ध था जो उदार पेशे के नाम से विख्यात हैं जैसे—डॉक्टरी, शिक्षण, पत्रकारिता, वकालत और सरकारी नौकरी आदि। इन विशेषताओं का प्रभाव भारतीय चिन्तन पर लगातार पड़ता रहा।

ऐसी स्थिति में भारत के चिन्तकों का मानस पटल 'एक्लेक्टिक' (Eclectic) अर्थात् विभिन्न दर्शनग्राही जैसा रहा। यद्यपि उसकी पीठिका भारतीय रही, परन्तु विचारों पर पश्चिमी संस्कृति की छाप दिनों-दिन गहराती गयी। आधुनिक राष्ट्रीय चिन्तन, चूँकि साम्राज्यवादी युग में जन्मा था इस कारण उसकी आर्थिक, सामाजिक एवं राजनीतिक जिज्ञासा कुंठित हो गयी थी। इससे मध्यम वर्ग के विचारों की स्वतन्त्र प्रगति अत्यन्त प्रभावित हुई। विदेशी शासकों द्वारा नये निर्धारित शैक्षिक पाठ्यक्रमों का भी पर्याप्त प्रभाव मध्यम वर्ग के चिन्तन पर पड़ा। आधुनिक भारतीय चिन्तन का जन्मदाता नवीन मध्यम वर्ग देश की स्थिति में परिवर्तन लाना चाहता था। किन्तु, वह ब्रिटिश शिक्षकों के उदारवाद या सुधारवाद का शिकार बनकर रह गया। इस सम्बन्ध में प्रो. गणेश प्रसाद की टिप्पणी बहुत ही समीचीन है—'कई पीढ़ियों तक यह मध्यम वर्ग एडमंड बर्क की सुप्रसिद्ध पुस्तक 'रिफ्लेक्शन्स ऑन द रिवोलूशन इन फ्रांस' को पढ़ता रहा। सम्भवतः इसे वे क्रान्तिकारी पुस्तक समझते आये थे, जबकि यह पुस्तक रूढ़िवादी दर्शन की बाइबिल थी।''[1]

इस मध्यम वर्ग का जन्म पाश्चात्य जगत के सम्पर्क के परिणामस्वरूप ही हुआ था और यह ब्रिटिश शासन के दौरान ही सम्भव हो सका। ब्रिटिश शासन एवं सम्पर्क का विस्तार क्यों और कैसे हुआ? यह जानना आवश्यक है। वस्तुतः यह विषय आधुनिक भारतीय राजनीतिक चिन्तन का प्रमुख विचार रहा है। भिन्न-भिन्न दृष्टिकोणों से समय-समय पर इस विषय की व्याख्या की गयी है। प्रचलित समाजशास्त्रीय दृष्टिकोण कुछ इस प्रकार है कि यूरोपीय जातियाँ भारत में सामुद्रिक मार्ग से व्यापार करने आयीं। इनमें व्यापारिक प्रतिस्पर्धा थी और इसी कारण उन्होंने आपस में युद्ध भी किया। यह स्थिति दो सदियों तक रही। भारतवर्ष में इन्होंने देशी राज्यों को हड़पने की प्रतिस्पर्धा में भी भाग लिया। ब्रिटेन अन्य यूरोपीय जातियों से अधिक सफल रहा। इसका कारण यह था कि 1688 की रक्तहीन क्रान्ति के परिणामस्वरूप इंग्लैंड के सामाजिक, आर्थिक और राजनीतिक ढाँचे में आमूल परिवर्तन हुए थे। यही नहीं, यह क्रान्ति न केवल इंग्लैंड के लिए, वरन अन्य राष्ट्रों के राजनीतिक परिवर्तनों के लिए भी आदर्श सिद्ध हुई।

गौरवपूर्ण क्रान्ति के परिणामस्वरूप जन्य सामाजिक, आर्थिक एवं राजनीतिक परिणामों का प्रभाव ब्रिटेन की औपनिवेशिक नीति पर भी पड़ा। इस औपनिवेशिक नीति के कारण ईस्ट इंडिया कम्पनी ने 1757 के प्लासी के युद्ध के पश्चात् आगामी 100 वर्षों में भारतवर्ष में निरन्तर साम्राज्य विस्तार किया। ब्रिटिश शासन के साथ-साथ पाश्चात्य सम्पर्क में भी वृद्धि हुई। जहाँ-जहाँ अँग्रेज़ी शासन स्थापित हुआ वहाँ शनैः-शनैः पाश्चात्य सभ्यता का भी आगमन आरम्भ हुआ। यह सम्पर्क विभिन्न भागों को आधुनिकता की ओर ले गया। मध्य उन्नीसवीं सदी में रेल, तार एवं परिवहन के साधनों के विकास के कारण शासन की दृढ़ता एवं कुशलता में ही नहीं, वरन पाश्चात्य सभ्यता के प्रसार में भी वृद्धि हुई। जैसे-जैसे ब्रिटिश शासन का सम्पर्क प्रादेशिक क्षेत्रों में होता गया, पाश्चात्य सभ्यता का भी प्रसार क्रमशः उन क्षेत्रों में हुआ और इस सम्पर्क की ही गति के अनुसार ही इन प्रादेशिक क्षेत्रों में क्रमशः पुनर्जागरण का जन्म हुआ।

पुनर्जागरण सर्वप्रथम बंगाल में आरम्भ हुआ फिर इसके तुरन्त ही बाद बम्बई प्रेसीडेंसी (महाराष्ट्र) तथा मद्रास प्रेसीडेंसी में। उत्तर भारत एवं अन्य भागों में पुनर्जागरण का प्रसार कुछ दशकों के पश्चात हुआ। फलतः यहाँ के चिन्तन पर दोहरा प्रभाव पड़ा, एक तो ब्रिटेन के माध्यम से पाश्चात्य जगत के पुनर्जागरण का तथा दूसरा बंगाल और महाराष्ट्र के पुनर्जागरण का। चाहे कुछ भी हो भारतवर्ष के विभिन्न भागों में पुनर्जागरण का प्रसार एवं प्रभाव भारत की ब्रिटिश विजय के कारण सम्भव हो सका।

ब्रिटेन की भारत विजय पूर्ववर्ती विजयों से भिन्न थी। पूर्ववर्ती विजेता भारत में आकर बस गये और यहाँ की संस्कृति में घुल-मिल गये थे। उनकी विजय कोई उच्चतर सभ्यता की विजय नहीं थी। फलतः भारतीय समाज और संस्कृति में कोई क्रान्तिकारी परिवर्तन नहीं हुए। भारत की ब्रिटेन द्वारा पराजय एक नयी स्थिति थी। सत्रहवीं, अट्ठारहवीं एवं उन्नीसवीं सदियों में ब्रिटेन में सामाजिक, आर्थिक एवं राजनीतिक परिवर्तन हुए, वहाँ एक नयी सभ्यता और संस्कृति का जन्म हुआ। वह सभ्यता और संस्कृति थी औद्योगिकतावादी। इस आधुनिक संस्कृति ने ब्रिटेन में सामन्तवाद को शक्तिहीन बना दिया और निरन्तर औद्योगिकतावादी समाज और सभ्यता की ओर अग्रसर होता चला गया। भारत की पुरातन एवं सामन्तवादी व्यवस्था पर नवीन प्रगतिशील ब्रिटेन की विजय से यहाँ दो व्यवस्थाओं में संघर्ष हुआ। यह संघर्ष दो सभ्यताओं, दो सामाजिक ढाँचों में और दो अर्थव्यवस्थाओं के बीच था। जहाँ भारतीय व्यवस्था अचल थी वहीं ब्रिटेन की व्यवस्था गतिशील। यह न भाग्य का प्रश्न था और न वैमनस्य का। ब्रिटेन की व्यवस्था ऐसी गतिशील थी कि वहाँ के शासक वर्ग ने प्रत्येक विजय से लाभ उठाया। उन्होंने भारत से व्यापार किया

एवं नवविजित भू-भाग पर ईस्ट इंडिया कम्पनी का शासन स्थापित किया (जैसे बंगाल, बिहार व उड़ीसा)। शासन की स्थापना से लूट का मार्ग प्रशस्त हुआ।

भारत से गयी लूट की धन राशि ने इंग्लैंड में औद्योगिक क्रान्ति का मार्ग प्रशस्त किया। लगभग 1750 से 1850 ई. तक का युग इस क्रान्ति का काल माना जाता है। इन्हीं सौ वर्षों में ब्रिटेन का शासन एवं व्यापार विश्व के कोने-कोने में पहुँच गया। इन परिस्थितियों से ब्रिटिश उद्योगपतियों ने लाभ उठाया। जहाँ 1750 में ब्रिटेन कृषि प्रधान देश था वहीं वह 1850 में उद्योग प्रधान हो गया था। इसी काल में ब्रिटेन विश्व का औद्योगिक केन्द्र बना। उसकी व्यवस्था और संस्कृति को अन्य देशों के प्रगतिशील नेताओं ने अपना आदर्श माना। इन्हीं सौ वर्षों में इस क्रान्ति के फलस्वरूप युद्ध-अस्त्रों एवं युद्ध-कला के क्षेत्रों में भी प्रगति हुई। वस्तुत: इन दोनों की प्रगति किसी भी देश की आर्थिक व्यवस्था के विकास पर निर्भर होती है। वहीं भारतीय युद्ध कला एवं अस्त्र-शस्त्र पुराने थे। इसी कारण अँग्रेज़ी सेनाओं की विजय सुगमता से हुई। यहाँ एक और बात उल्लेखनीय है कि ब्रिटेन पूँजीवादी व्यवस्था की ओर अग्रसर होता जा रहा था। अत: इसका प्रभाव ब्रिटेन की सामाजिक व्यवस्था पर भी पड़ा। कारण, पूँजीवादी व्यवस्था सामन्तवादी व्यवस्था से उच्चतर एवं स्वाभाविक थी, क्योंकि पूँजीवादी व्यवस्था में सामाजिक एवं राजनीतिक एकता तथा देशभक्ति की भावना अधिक सम्भव थी। यह इस उदाहरण से स्पष्ट होता है कि ब्रिटिश विजय के दौरान सम्भवत: एक भी ऐसा अँग्रेज न था जिसने कि अपने देश के प्रति दगाबाजी की हो, जबकि कई भारतीय नरेशों, सैनिकों एवं सौदागरों ने देश के प्रति गद्दारी की।[2]

सदियों से भारतीय व्यवस्था तीन सामाजिक संस्थाओं के योग पर आधारित रही। ये थीं—स्वायत्त ग्रामीण समाज, जाति-प्रथा तथा संयुक्त परिवार। अन्य देशों में भी ये व्यवस्थाएँ मिलती थीं, किन्तु केवल भारत की ही यह विशेषता थी कि जिसमें इन तीनों का संयोग था।[3] ब्रिटिश पूँजीवादी व्यवस्था के आधिपत्य में यह संयोग टूटता गया और इसकी इकाइयाँ खोखली होती चली गयीं। दो व्यवस्थाओं की मुठभेड़ में पुरानी व्यवस्था धीरे-धीरे अस्तित्वहीन सी होती चली गयी। यह ब्रिटिश विजय एवं पाश्चात्य सम्पर्क द्वारा एक अदृश्य क्रान्ति थी। ब्रिटिश विजय के फलस्वरूप नये आधारभूत परिवर्तन हुए जिन्होंने भारतीय नगरीय जीवन को प्रभावित किया।

नवीन मुद्रा व्यवस्था, केन्द्रीकृत शासन, नयी नियम-पद्धति, नयी भूमि-व्यवस्था, नयी न्याय-प्रणाली, नवीन यातायात एवं तकनीकी और नयी शिक्षा-पद्धति नें इन नगरों को आधुनिक भारत का मर्मस्थल बनाया। जैसा कि डॉ. बी.बी. मिश्रा ने भी बताया है कि आधुनिक समय में भारतीय मध्यम वर्ग का विकास नयी

परिस्थितियों में आगे बढ़ा जो ईस्ट इंडिया कम्पनी के शासन के अन्तर्गत विकसित हुई थीं। ये स्थितियाँ थीं—सरकार का उदार तथा संवैधानिक रूप तथा विधि का शासन, व्यक्तिगत सम्पत्ति की तथा कृषक वर्गों के अधिकारों की सुरक्षा, शिक्षा की नयी पद्धति एवं एक निरन्तर शांति का युग, यद्भाव्यं (Laissez-Faire) की नीति और रोजगार तथा सामाजिक सुधार की उदारवादी नीति।[4]

ईस्ट इंडिया कम्पनी के शासन के अन्तर्गत जन्मी परिस्थितियों में एक नयी अर्थव्यवस्था का शुभारम्भ हुआ। यह नयी अर्थव्यवस्था, जिसका प्रसार धीरे-धीरे हुआ वह मुद्रा पर आधारित थी। पुरानी व्यवस्था भूमि पर आधारित थी, चूँकि भूमि अचलायमान होती है। अतः उस पर आधारित सामाजिक व्यवस्था साधारणतः अपरिवर्तनशील रही। मुद्रा अस्थिर होती है, इसलिए उस पर आधारित सामाजिक व्यवस्था परिवर्तनशील थी। पुनःश्च, ब्रिटिश काल में एक नयी शासन-व्यवस्था स्थापित हुई जो औद्योगिकतावादी सभ्यता के अनुरूप थी और पुरानी व्यवस्था से एकदम भिन्न। इस प्रवृत्ति को नयी नियम पद्धति ने और योग दिया। ऐसे ही विचार आगे चल कर सर हैनरीमैन ने व्यक्त किये थे।[5] विधि का शासन नये युग की विशेषता बना। जहाँ पहले न्याय का आधार वर्ण या सामाजिक प्रतिष्ठा पर निर्भर करता था वहाँ अब नयी नियम व्यवस्था में विधि के समक्ष सभी व्यक्ति समान माने जाने लगे। इन सभी के फलस्वरूप व्यक्तिवादी दृष्टिकोण को सामाजिक जीवन में प्रोत्साहन मिला, नयी भूमि-व्यवस्था ने भी इसमें योगदान दिया।

इन नवीन परिवर्तनों का भारतीय आर्थिक एवं सामाजिक ढाँचे पर अत्यधिक प्रभाव पड़ा। यह प्रभाव अदृश्य रूप से था। महादेव गोविन्द रानाडे ने ठीक ही कहा है कि आर्थिक विजय से होने वाले परिणाम बहुत बाद में उपनिवेश की जनता को अनुभव होते हैं। भारत की अर्थव्यवस्था सदियों से एक जैसी रही। भारत के उद्योग-धन्धे काफी कुशल थे, कारीगरी प्रसिद्ध थी और भारत में निर्मित वस्तुओं का सदियों तक विदेशों में व्यापार होता रहा। इसका सबसे अच्छा उदाहरण ढाका के मलमल का है। अट्ठारहवीं शताब्दी के अन्तिम भाग में ब्रिटेन में कपड़ा उद्योग की प्रगति हुई और नयी तकनीक प्रयोग में लायी गयी। तब भी वहाँ के बाजार में भारतीय कपड़े बिकते रहे। इसी कारण ब्रिटेन की सरकार ने ब्रिटिश कपड़ा उद्योगों की रक्षा के लिए भारतीय कपड़ों के आयात पर कर लगाये। पुनःश्च, औद्योगिक क्रान्ति के युग में धीरे-धीरे तकनीकी अन्वेषणों के फलस्वरूप ब्रिटेन के नये कारखानों में अधिक उत्तम तथा सस्ती वस्तुएँ बनने लगीं। इनके लिए जब कच्चे माल एवं बाजार की आवश्यकता हुई तो इसकी पूर्ति भारतीय उपनिवेश ने की। कालान्तर में धीरे-धीरे ब्रिटिश वस्तुओं ने भारतीय बाजार पर पूर्ण अधिकार कर लिया।

परम्परागत भारतीय अर्थव्यवस्था की विशेषता थी—कृषि तथा कुटीर उद्योग

का समन्वय, किन्तु ब्रिटिश नीति के फलस्वरूप जब कुटीर उद्योग धीरे-धीरे लुप्त हुए तो कृषि ही एकमात्र आजीविका का साधन रह गयी।[6] औद्योगिक क्रान्ति का एक और परिणाम यह हुआ कि इसके फलस्वरूप भारतीय जनता नवीन अदृश्य शोषण की शिकार बनी। भारतवर्ष, जो अपनी सम्पन्नता के लिए सदियों से विख्यात रहा, अब ब्रिटेन के उद्योगों के लिए कच्चे माल का स्रोत और वहाँ की औद्योगिक वस्तुओं का बाजार बन गया। इस प्रकार आधुनिक साम्राज्यवाद ने भारत का शोषण किया। वस्तुतः यह शोषण ही शासन का लक्ष्य था। भारत अब उपनिवेशवाद का उदाहरण बन गया। भारतीय राष्ट्रवादी चिन्तक समय-समय पर भारत की आर्थिक दुर्दशा पर अपने विचार प्रकट करते आये थे, परन्तु इस शोषण का यथार्थ ज्ञान प्रथम विश्वयुद्ध के पश्चात समाजवादी साहित्य के आगमन के साथ हुआ। इसके अतिरिक्त ब्रिटिश उदारवादी साहित्य के आगमन से भारत के सामाजिक जीवन में उथल-पुथल हुई, परन्तु इस प्रवृत्ति का प्रभाव सभी जगह एक जैसा नहीं हुआ।

बंगाल का अगुआ बनना—भारतवर्ष में ब्रिटेन द्वारा लायी गयी नयी प्रवृत्तियों का प्रभाव सबसे अधिक बंगाल पर पड़ा। कारण, 1757 के प्लासी के युद्ध के पश्चात बंगाल की राजनीतिक एवं आर्थिक सत्ता ब्रिटिश लोगों के हाथ में हस्तान्तरित हो गयी। 1765 में ईस्ट इंडिया कम्पनी ने मुगल सम्राट से बंगाल, बिहार तथा उड़ीसा के दीवानी अधिकार प्राप्त करने के परिणामस्वरूप इनके अन्तर्गत इन तीनों सूबों (प्रान्त) का समस्त राजस्व तथा नागरिक प्रशासन आ गया था।

बंगाल में ही ब्रिटिश प्रशासनिक व्यवस्था सबसे पहले आरम्भ हुई थी, इसलिए बंगाल में फोर्ट विलियम[7] की प्रेसीडेंसी तीन प्रेसीडेंसियों में सबसे महत्त्वपूर्ण हो गयी थी। 1773 के रेग्यूलेटिंग ऐक्ट के अन्तर्गत स्थापित केन्द्रीय सरकार का मुख्यालय कलकत्ता को बनाया गया। फोर्ट विलियम में सपरिषद गर्वनर के स्थान पर सपरिषद गवर्नर जनरल का मुख्यालय स्थापित हुआ जिसके परिणामस्वरूप तीन प्रान्तों (बंगाल, बिहार एवं उड़ीसा) का नागरिक एवं सैनिक प्रशासन उसके हाथ में आ गया। इसके अतिरिक्त केन्द्रीय सरकार (फोर्ट विलियम) को शेष दो प्रेसीडेंसियों (मद्रास तथा बम्बई) के युद्ध एवं शांति के मामलों का निरीक्षण करने का अधिकार भी प्राप्त हो गया। इसके अतिरिक्त न्याय व्यवस्था में भी फोर्ट विलियम अग्रणी रहा, यहाँ सुप्रीम कोर्ट की स्थापना हुई।[8]

इस प्रकार बंगाल में ही सर्वप्रथम जिला-प्रशासन की नियमित पद्धति विकसित एवं परिष्कृत की गयी। यह कुछ सीमा तक स्थानीय परिस्थितियों के अनुसार आगामी वर्षों में रूपान्तरित की गयी। परन्तु, जिला अधिकारियों एवं कर्मचारियों का ढाँचा आज तक चला आ रहा है। उदाहरणार्थ सन् 1772 में वारेन हेस्टिंग्ज द्वारा स्थापित कलेक्टर के पद की रचना पूर्ववत चली आ रही है। इसके अतिरिक्त बंगाल

में ही सर्वप्रथम सदर दीवानी अदालत तथा फौजदारी अदालत की स्थापना हुई थी। बाद में इस प्रकार की अदालतें अन्य प्रान्तों में स्थानीय परिस्थितियों के अनुसार परिवर्तित रूप में स्थापित की गयीं। मद्रास, बम्बई तथा उत्तर-पश्चिमी प्रान्त में बंगाल के तर्ज पर ही दीवानी एवं फौजदारी अदालतें आरम्भ की गयीं जिनका अन्ततः सन् 1861 के हाईकोर्ट अधिनियम के अन्तर्गत सुप्रीमकोर्ट में विलयन हो गया।[9]

इस प्रकार अपनी राजनीतिक परिस्थितियों की विशिष्टता के कारण बंगाल अन्य दो प्रेसीडेंसियों की तुलना में काफी आगे रहा। बंगाल इनकी अपेक्षा आर्थिक एवं सामाजिक विकास तथा प्रशासनिक और शैक्षणिक प्रगति के क्षेत्र में भी अग्रणी रहा। कलकत्ता 1912 तक केन्द्रीय सरकार का मुख्यालय रहा। इसी कारण बंगालियों ने कुछ विशेषाधिकारों का उपभोग किया, जिनसे अन्य प्रान्तों की राजधानियों के निवासी वंचित रहे। 1832 तक सभी फौजदारी एवं दीवानी सम्बन्धी विषय (दिल्ली एवं नागपुर जैसे दूरस्थ स्थान) बंगाल के न्यायाधिकरण के अन्तर्गत आते थे।[10] इसके अतिरिक्त बंगाल प्रेसीडेंसी का कलकत्ता शहर व्यापार और वाणिज्य की दृष्टि से भी अग्रणी रहा। इस प्रकार कलकत्ता का वाणिज्य और व्यापार पर एकाधिकार बना रहा। इन तथ्यों के कारण बंगाल में मध्यम वर्ग का जन्म सर्वप्रथम हुआ था और तत्पश्चात दूसरे प्रेसीडेंसी नगरों, प्रान्तीय राजधानियों तथा जिला और संभागीय मुख्यालयों में शनैः-शनैः इसका विस्तार हुआ। यहाँ यह बताना समीचीन होगा कि भारतवर्ष में बंगाल पर सबसे अधिक पाश्चात्य सम्पर्क का प्रभाव पड़ा। यह एक उदाहरण से और अधिक स्पष्ट हो जाएगा। बंगाल में भारतवर्ष के अन्य भागों की अपेक्षा सबसे अधिक यूरोपवासी थे। 1828 में भारत में 2,016 यूरोपवासी थे। इनमें से 1,595 बंगाल में मुख्यतः कलकत्ते में रहते थे। मद्रास में 116, बम्बई में 236 तथा शेष 69 देश के अन्य भागों में रहते थे।[11]

नवीन मध्यम वर्ग—पाश्चात्य सम्पर्क से प्रभावित नवीन नगर, नवीन सामाजिक-आर्थिक व्यवस्था के मेरूदण्ड बने। परिवर्तनशीलता तथा प्रगति इन नवीन नगरों की प्रमुख विशेषताएँ थीं। ये नगर आधुनिक भारत की बीज भूमि थे। इन नगरों के नागरिक जीवन का नेता नवीन मध्यम वर्ग था। इस नवीन मध्यम वर्ग ने नये विचारों और नये दृष्टिकोण को ग्रहण किया। वह उस सभ्यता का प्रतीक और प्रचारक बना जो कि पाश्चात्य सम्पर्क तथा स्वदेशी परम्परा की मिली-जुली सभ्यता से अंकुरित हुई थी।[12] आगे चलकर यह मध्यम वर्ग समाज सुधार, राष्ट्रीय आन्दोलन तथा साम्प्रदायिक आन्दोलनों का नेता बना। यही नहीं यह मध्यम वर्ग आधुनिक अर्थव्यवस्था का भी एक महत्त्वपूर्ण अंग और संचालक बना।

यह दृष्टव्य है कि आरम्भ से ही यह मध्यम वर्ग सत्ता-विरोधी रहा है। इस

मध्यम वर्ग की आन्तरिक प्रवृत्तियों में—प्रगति, परिवर्तन, व्यक्तिवाद एवं संचयशीलता प्रमुख थीं। साम्राज्यवादी व्यवस्था में इन प्रवृत्तियों एवं आन्तरिक जिज्ञासाओं के मार्ग में अनेक बाधाएँ भी रहीं। इन बाधाओं को तोड़ने की कहानी इस वर्ग की कहानी थी और कुछ सीमा तक आधुनिक भारत की भी। आज भी इस कहानी का अन्त नहीं हुआ है। सर्वप्रथम इस मध्यम वर्ग ने सामाजिक सत्ताधारियों के एकाधिकार के विरुद्ध संघर्ष किया। इस संघर्ष से ही इसकी जीवन कहानी आरम्भ होती है। परम्परागत हिन्दू सामाजिक व्यवस्था इसकी अनुभूतियों में बाधक थी। रूढ़ियाँ, जाति-प्रथा, सामाजिक असमानता, अन्धविश्वास, पुरोहितशाही, मुल्लाशाही के विरुद्ध इस वर्ग ने आन्दोलन किया तथा साहित्य की रचना की।[13] साथ ही इस चरण में इस वर्ग ने अँग्रेज़ी शिक्षा ग्रहण की तथा यूरोप की घटनाओं एवं प्रगति से स्वयं को परिचित कराया। यह वर्ग यूरोप की घटनाओं तथा उनसे होने वाले परिवर्तन की पृष्ठभूमि से सम्बद्ध विचारों के ज्ञान में भी रूचि रखता था। पाश्चात्य जगत की घटनाओं के अतिरिक्त वहाँ के साहित्य में भी मध्यम वर्ग बहुत अधिक रूचि रखता था। यह अभिरूचि इतनी अधिक थी कि टॉमपेन की रचना 'एज ऑफ रीजन' पाँच रूपये प्रति पुस्तक के मूल्य से कलकत्ता में बिकी और उसका शीघ्र ही बंगला में अनुवाद हुआ।[14] अतः स्पष्ट है कि उन्नीसवीं सदी के यूरोप के उदारवादी एवं बुद्धिवादी साहित्य ने औपनिवेशिक जगत के मध्यम वर्ग को प्रभावित किया। इस प्रकार की प्रवृत्ति बीसवीं शताब्दी के मध्यम वर्ग में भी देखी गयी।

भारतीय मध्यम वर्ग के अन्तर्गत विभिन्न समुदायों से सम्बद्ध व्यक्तियों को परिगणित किया जाता है। बी.बी. मिश्रा ने भारतीय मध्यम वर्ग के ग्यारह समुदाय गिनाये हैं—

1. ऐसे लोग जो कि तिजारत, उद्योग एवं मुद्रा के स्वामी थे,
2. इन व्यवसायों से सम्बन्धित उच्च वैतेनिक कर्मचारी,
3. अन्य वाणिज्यों, व्यापारों, राजनीतिक, सांस्कृतिक, शैक्षणिक संस्थाओं के उच्च पदाधिकारी,
4. उच्च सरकारी कर्मचारी,
5. वकील, डॉक्टर, अध्यापक, पत्रकार, कलाकार, गायक, धर्म-प्रचारक,
6. मध्यम श्रेणी के काश्तकार,
7. खुशहाल दुकानदार एवं बड़े होटलों के स्वामी तथा पदाधिकारी,
8. बड़ी-बड़ी जमींदारियों के कर्मचारी,
9. ऐसे विद्यार्थी जो कि उच्च शिक्षण संस्थाओं में कार्य करते हैं,
10. ऐसे लोग जो कि विभिन्न पेशों में लेखक का कार्य करते थे तथा
11. माध्यमिक शिक्षा-संस्थाओं के अध्यापक और स्थानीय संस्थाओं के

उच्च कर्मचारी तथा सामाजिक एवं राजनीतिक कार्यकर्त्ता।[15]

इन पेशों से सम्बद्ध व्यक्ति पहले भी हुआ करते थे, अन्तर यह था कि पहले की सामाजिक व्यवस्था नवीन व्यवस्था से भिन्न थी। वातावरण की भिन्नता के फलस्वरूप इन पेशेवरों एवं वर्गों की जीवन-दृष्टि भी समय-भेद के कारण भिन्न हो गयी थी। पुराने समाज में भी इनका स्थान उच्च होता था। यह जनता का परोक्षतः कुछ शोषण करते थे। समाज सेवा अधिक करते थे और धनोपार्जन कम, यही इनके जीवन का दृष्टिकोण था। नवीन व्यवस्था में ये पेशेवर व्यक्ति परम्परा से धीरे-धीरे मुक्त होते गये, उन्होंने शनैः-शनैः नयी सभ्यता की विशेषताओं को ग्रहण कर लिया। यह विशेषता थी संचयशीलता। इसकी छाप नवयुग के निर्माताओं तथा नायकों की जीवनी पर स्पष्टतः दृष्टिगत होती है। इस प्रवृत्ति का सबसे स्पष्ट उदाहरण आधुनिक भारत के जनक राजा राममोहन राय की जीवनी में मिलता है। उन्होंने दस वर्ष के सेवाकाल में इतना धन एकत्र कर लिया था कि सेवा से निवृत्त होने के पश्चात दस हजार रूपये प्रतिवर्ष की आय जुटा सके। कहा जाता है कि इतना धन उस समय की नौकरी के काल में ईमानदारी तथा मितव्यता से जुटाया जा सकता था। यही नहीं, चार-पाँच वर्षों की नौकरी के काल में राजा राममोहन राय से कहीं दस गुना अधिक धन कोई भी अन्य व्यक्ति एकत्र कर सकता था।[16]

संचयशीलता के अतिरिक्त एक और विशेषता ब्रिटिश विजय के साथ भारत में आयी, वह थी वाणिज्यिक प्रवृत्ति। कारण, ब्रिटिश-आगमन से व्यापार की मात्रा में वृद्धि हुई। इससे भी अधिक महत्त्वपूर्ण बात यह थी कि वाणिज्य में गुणात्मक भेद हुआ। वाणिज्य की पद्धति नवीन होती गयी। नये वाणिज्य वर्ग ने नयी पाश्चात्य शिक्षा ग्रहण की। कुलीन एवं उच्च वर्गों से सम्बद्ध लोगों ने नयी वाणिज्य पद्धति तथा नयी पाश्चात्य शिक्षा दोनों को ही ग्रहण किया। एक बात और उल्लेखनीय है कि वाणिज्य का पेशा अपनाने वाले व्यक्ति किसी एक जाति से सम्बद्ध नहीं थे। प्रारम्भिक बंगाल के दृष्टान्त से यह और अधिक स्पष्ट हो जाएगा। पुनर्जागरण काल और उसके परवर्ती काल में ब्राह्मण, कायस्थ और वैश्य नयी शिक्षा एवं नयी वाणिज्य-प्रणाली के अगुआ थे। रामदुलारे डे, द्वारिकानाथ टैगोर, आशुतोष डे तथा रामगोपाल घोष के उदाहरण उल्लेखनीय हैं। ये सभी कुलीन थे तथा बंगाल की उच्च जातियों से सम्बद्ध थे। ये आधुनिक वाणिज्य तथा आधुनिक शिक्षा के अगुआ थे।[17]

बंगाल के इन कुलीन परिवारों से सम्बद्ध भद्रलोगों की वाणिज्यिक एवं शैक्षणिक प्रगति कुछ उद्धरणों से और अधिक स्पष्ट हो जायेगी। 1834 में द्वारिकानाथ टैगोर ने मेसर्स कार टैगोर एण्ड कम्पनी की स्थापना की थी। इस सम्बन्ध में विलियम बेंटिंक ने उन्हें एक पत्र द्वारा बधाई दी कि वह सर्वप्रथम भारतीय थे

जिन्होंने यूरोपीय ढंग से व्यवसायिक कम्पनी की स्थापना की थी।[18] इस सम्बन्ध में दूसरा उदाहरण रामगोपाल घोष का है। आर.जी. घोष एंड कम्पनी के स्वामी रामगोपाल घोष बंगाल चैम्बर्स ऑफ कॉमर्स तथा साथ ही साथ 1845 में स्थापित कॉउन्सिल ऑफ ऐजूकेशन के एक सक्रिय सदस्य बने।[19]

पाश्चात्य सभ्यता से जन्य मध्यम वर्ग की वाणिज्यिक प्रवृत्ति पुराने व्यवसायी वर्ग से एकदम भिन्न थी। पुराना व्यवसायी या ग्रामीण बनिया सामाजिक प्रतिबन्ध से काफी जकड़ा हुआ था। जीवकोपार्जन के साथ-साथ वह सामाजिक आभारों एवं उत्तरदायित्वों को भी व्यवहार तथा जीवन में उच्च स्थान देता था। नया व्यवसायी वर्ग मुख्यतः व्यक्तिवादी था, समाज सेवक गौणरूप से था। व्यवसाय के तौर-तरीके भी शनैः-शनैः आधुनिकता ग्रहण करते रहे। यह नवीन भारतीय व्यवसायिक वर्ग यूरोपियन प्रतिष्ठान (फर्म) का कनिष्ठ भागीदार बना। इससे उसने व्यापारिक संगठनों तथा चैम्बर्स ऑफ कॉमर्स का उपयोग अपने व्यवसायिक अधिकारों की सुरक्षा के लिए किया। यह सत्य है कि इन संगठनों का उपयोग आरम्भ में केवल बंगाली तथा पारसी व्यापारियों तक ही सीमित था। ये दोनों समुदाय ही नयी शिक्षा तथा आधुनिक वाणिज्य के क्षेत्र में अगुआ थे।[20] आधुनिक वाणिज्यिक क्षेत्र के नये व्यवसायिक तरीके अपनाने के कारण धीरे-धीरे परम्परागत व्यवसायिक तरीके एवं रीति-रिवाज अपना महत्त्व खोने लगे थे। यह परिवर्तन केवल व्यवसायिक तथा व्यापारिक वर्ग तक ही सीमित नहीं रहा। अन्य क्षेत्रों में भी नयी सभ्यता के कारण जन्य परिवर्तन देखे जा सकते हैं। प्राचीन वैद्य और नये चिकित्सक, पुराने शासक तथा नये शासक में भी जमीन आसमान का अन्तर था। इनका जीवन-दर्शन तथा जीवन-दृष्टि भी भिन्न थी। इस तरह के नये जीवन-दर्शन तथा जीवन-दृष्टि के प्रभाव के कारण सभी पेशों में नयी मनोवृत्तियाँ दिखायी पड़ती हैं। इस नयी मनोवृत्ति के व्यक्तियों में निजी संग्रहशीलता की छाप स्पष्टतः दिखायी देती थी। आज भी मध्यम वर्ग में यह छाप दृष्टिगत होती है। यहाँ यह कहना समीचीन होगा कि यह सभी परिवर्तन देशी समाज की स्व-प्रगति का फल नहीं था। यह प्रधानतः उस विदेशीय सम्पर्क का परिणाम था जिस पर यूरोपीय औद्योगिक क्रान्ति की विशेषता की छाप थी। ऐसी विशेषता का प्रभाव भारत के नवीन नगरों, नवीन मध्यम वर्ग एवं नवजागरण पर पड़ा। आधुनिक भारत का विश्लेषण पूर्णतया अपूर्ण रहेगा यदि इस मूल बात को दृष्टि में न रखा जाय।

संचयशीलता के अतिरिक्त प्रगति एवं परिवर्तन आधुनिकता की दूसरी प्रमुख विशेषता थी। इस विशेषता का सामाजिक आधार था—आधुनिक युग के परिवर्तित उत्पादन के साधन और गतिशील आर्थिक एवं सामाजिक व्यवस्था। इस आधुनिक सभ्यता का निर्माता मध्यम वर्ग था। औपनिवेशिक मध्यम वर्ग की कुछ अपनी भी

विशेषताएँ रही हैं जो अट्ठारहवीं एवं उन्नीसवीं सदी के पाश्चात्य जगत के मध्यम वर्ग से भिन्न थीं। इन सदियों के पाश्चात्य जगत के मध्यम वर्ग के विपरीत भारतीय मध्यम वर्ग वस्तुतः भारतीय समाज के आन्तरिक परिवर्तन से उत्पन्न नहीं हुआ था जबकि यूरोप तथा अमेरिका में जो आर्थिक, सामाजिक और राजनीतिक परिवर्तन हुए थे, वे वहाँ के आन्तरिक सामाजिक परिस्थितियों के फल थे। उस समाज का नायक भी मध्यम वर्ग ही था। वहाँ के समाज को आगे बढ़ाने में वहाँ के मध्यम वर्ग ने परिवर्तन की गति को बल दिया, वहीं उपनिवेशों में मध्यम वर्ग की प्रगति कुछ भिन्न रही।

उपनिवेशों में औपनिवेशिक काल में जन्मे नये नगरीय मध्यम वर्ग आन्तरिक और सामाज़िक परिवर्तनों की देन नहीं थे। इसके पीछे कुछ अन्य कारण प्रमुख थे जो कि नवीन नगरों के लिए उत्तरदायी तत्त्व थे। साधारणतः अँग्रेज़ी शासन एवं वाणिज्य की आवश्यकताओं को पूर्ण करने की दृष्टि से भारत में जगह-जगह नये नगरों का विकास हुआ था। इसी कारण इन नगरों में जन्मा नवीन मध्यम वर्ग भी स्वाभाविक रूप से आन्तरिक सामाजिक परिवर्तनों का प्रतीक न बन सका, क्योंकि इस वर्ग के जन्म के कारक तत्त्व एक मिली-जुली सभ्यता थी। इसी कारण उसमें स्वाभाविकता कम तथा कृत्रिमता अधिक थी। ऐसी परिस्थिति में साधारणतः यह वर्ग किसी मौलिक एवं सुगठित जीवन-दर्शन का जन्मदाता नहीं बन सका। इस वर्ग की सामाजिक जड़ें-भी विचित्र थीं। पुरानी परम्परागत व्यवस्था में भी इसकी निष्ठा बनी रही और साथ-साथ वह नयी सभ्यता की विशेषताओं को भी ग्रहण करता रहा। परम्परागत अवरोधित समाज में रहते हुए इस मध्यम वर्ग ने जॉन स्टुअर्ट मिल के उन्मुक्त विचारों का अनुकरण करने का प्रयास किया।

मध्यम वर्ग फ्रांसीसी क्रान्ति से भी अनुप्रेरित था और इसी कारण एडमंड बर्क की 'रेफलेक्शन ऑन द रिवोलूशन इन फ्रांस' का विद्यार्थी बन गया। उक्त पुस्तक के क्रान्तिकारी विचारों ने उसे पाश्चात्य उदारवाद का अध्ययन, प्रशंसा एवं मूल्यांकन करने को प्रेरित किया। परिणामतः वह हृदय से क्रान्तिकारी और मस्तिष्क से सुधारवादी बना।

इसके अतिरिक्त ब्रिटिश शासन के अन्तर्गत स्थापित एक केन्द्रस्थ एवं सुदृढ़ शासन ने मध्यम वर्ग को राष्ट्रवाद का पाठ पढ़ाया, परन्तु कुंठित प्रगति के वातावरण ने मुस्लिम मध्यम वर्ग को द्विराष्ट्रवाद का पाठ पढ़ाया। आज भी कल्पना के जगत में मध्यम वर्ग अखंड भारत का स्वप्न देखता है तथा भारतीयकरण को अपना आदर्श मानता है। ऐसा काल्पनिक चिन्तन उसे भिन्न परिस्थितियों में ले जाता है। वह पुरातन और नवीनता के संघर्ष से जीवन-पर्यन्त त्रस्त रहा। आधुनिक भारत के अनेक जनकों की जीवनी के अध्ययन से यह और अधिक स्पष्ट हो जाता है। कभी-कभी

वे दूर आधुनिक शिक्षा-केन्द्रों में अध्ययन करने जाते थे तो उनके धनी संरक्षक उनके साथ भोजन बनाने के लिए एवं देख-रेख के लिए एक पंडित भी भेजते थे। आधुनिक भारत के अग्रदूत राजा राममोहन राय की जीवनी भी ऐसी ही मिली-जुली व्यवस्था का प्रतीक है।

इसी प्रकार 1815 में जब राजा राममोहन राय कलकत्ते में बसने आये थे तो उन्होंने अपने लिए दो मकान खरीदे थे। उन्होंने एक मकान एलिजाबेथ फैनविक से चौरंगी में (113, अपर सरकुलर रोड) 20,316/- रु. में खरीदा था। दूसरा मकान उन्होंने फ्रांसिस मैंडेज से शिमला बस्ती में (85, एमहर्स्ट स्ट्रीट) 13,000 रूपये में खरीदा था। यह मकान (शिमला बस्ती) राममोहन राय के परिवार के लिए था जिसकी साज-सज्जा परम्परागत ढंग की थी। चौरंगी या मानिकतला वाला मकान उन्होंने पाश्चात्य ढंग से सजाया था। फैनी पार्क्स नामक महिला ने अपने चौबीस वर्ष के भ्रमण के पश्चात यही मकान एशिया में ऐसा पाया जिसमें सब वस्तुएँ यूरोपीय ढंग की थीं केवल उसके स्वामी को छोड़कर।[21] इस प्रकार का विरोधाभास भारतीय मध्यम वर्ग में दृष्टिगत होता हैं।

इसके अतिरिक्त औपनिवेशिक मध्यम वर्ग की एक और विशेषता उल्लेखनीय है, वह है इस वर्ग की अवरोधित गतिशीलता। दृष्टव्य है कि ब्रिटेन, फ्रांस तथा अमेरिका के मध्यम वर्ग की गतिशीलता पर जो मध्ययुगीन प्रतिबन्ध थे, उन्हें मध्यम वर्ग ने संघर्षों द्वारा अट्ठारहवीं शताब्दी में ही समाप्त कर दिये थे। उन्नीसवीं सदी में वहाँ गतिशीलता अवरोधित न रही। समाज तथा मध्यम वर्ग साथ-साथ आगे बढ़े और बढ़ते ही गये। इसी कारण, वहाँ ज्ञान, विज्ञान, प्रौद्योगिकी, चिन्तन, दर्शन आदि की निरन्तर प्रगति होती गयी। ऐसी दशा में उदासीनता एवं निराशा यूरोपीय मध्यम वर्ग से दूर रही। इसके ठीक विपरीत उन्नीसवीं तथा बीसवीं शताब्दी के औपनिवेशिक मध्यम वर्ग की स्थिति रही। यहाँ भी मध्यम वर्ग आगे तो बढ़ना चाहता था और समाज, अर्थ एवं राष्ट्र को आगे ले जाना चाहता था, परन्तु साम्राज्यवादी प्रतिबन्ध उसकी गतिशीलता में हर प्रकार से बाधक रहे। इस मध्यम वर्ग की स्थिति प्रायः वैसी ही थी जैसी कि अट्ठारहवीं सदी के पूर्व के ब्रिटेन, फ्रांस तथा अमेरिका के मध्यम वर्ग की थी। लेकिन उसका आदर्श उन्नीसवीं तथा बीसवीं सदी का यूरोपीय मध्यम वर्ग था। ऐसी स्थिति में उदासीनता उसके जीवन को आवृत किये रही।

इन परिस्थितियों में आधुनिक भारत का चिन्तन 'ऐक्लेटिक' (Eclectic) या विभिन्न दर्शनग्राही किया हुआ था। इसकी पृष्ठभूमि भारतीय ही रही, परन्तु उस पर समय-समय पर बाह्य विचारों की छाप पड़ी। भारतीय मध्यम वर्ग की ऐक्लेक्टिक बौद्धिकता का बहुत ही सुन्दर ढंग से जोसेफ चेली (Joseph Chailley) ने वर्णन किया है। उन्होंने अपनी पुस्तक में पूर्व गाँधी-युग के भारतीय राष्ट्रीय काँग्रेस के

अधिवेशनों में वक्ताओं के भाषणों में इस ऐक्लेक्टिक प्रवृत्ति की छाप पर अपने विचार इस प्रकार अभिव्यक्त किये—वक्ता उत्तेजित रहते थे और अपने भाषणों में विश्व के तथा सभी युग से सम्बद्ध विचारकों को उद्धृत करते थे। एक ही भाषण में गिब्बन, नैपोलियन, फॉसेट (Fawcett), लाबोरी (Labori), वरजिल (Virgil), जॉन ब्राइट, ह्यूम, डार्विन, स्पेंसर, हैकेल (Haeckel), पास्कल (Pascal) तथा थियर्स (Thiers) का उद्धरण देते थे। इन सभी सन्दर्भ के साथ ही अटूट देशभक्ति की भावना की सुन्दर अभिव्यक्ति दृष्टिगत होती थी। साथ ही उनके (भारतीयों के) कष्टों का उल्लेख मिलता था जिसका कुछ आधार था।[22] स्पष्टतः ऐसे चिन्तक किसी क्रमबद्ध विचार का विकास करने में असमर्थ थे। लेकिन यह बात विचारणीय है कि किसी भी बुद्धिजीवी का मस्तिष्क विभिन्न विचारधाराओं को ग्रहण करता है और उनसे प्रभावित भी होता है और यही कारण है कि एक बुद्धिजीवी विभिन्न दर्शनग्रही (Eclectic) दर्शन का विकास करने में समर्थ होता है। ऐसा ही बुद्धिजीवी स्वाभाविक रूप से देश तथा समाज को नेतृत्व प्रदान करने की क्षमता रखते हैं। इसी कारण इस मध्यम वर्ग के नेता ऐक्लेक्टिक विचारक रहे हैं।

मध्यम वर्ग के नेता तो बाह्य रूप से मौलिक चिन्तक और विचारक दृष्टिगत होते थे, परन्तु ऐसा नहीं था। इस भारतीय मध्यम वर्ग की अजीबोगरीब प्रवृत्ति का चित्रण करते हुए जवाहरलाल नेहरू ने गाँधीवादी नेतृत्व को स्वीकार करने का औचित्य इस प्रकार बताया—यह वर्ग पूर्ण रूप से अविकसित तथा निराशा से परिपूर्ण था। वे यह नहीं जानते थे कि वे किस दिशा की ओर देखें। न तो प्राचीनता में और न ही नवीनता में उन्हें आशा की किरण दृष्टिगत होती थी। तत्कालीन सामाजिक स्थिति से भी उनका तालमेल नहीं था, न ही उचित कार्य करने में उन्हें सन्तोष था। यहाँ तक कि उनके मार्ग में कष्ट ही आये। प्रथाओं में जकड़े होने के कारण तथा पुरातन वातावरण में जन्म लेते हुए भी वे पुरातन संस्कृति से अलग रहे। आधुनिक विचारधारा उन्हें आकर्षित करती थी, परन्तु उनके अन्दर आधुनिकता के जन्मजात गुण तथा आन्तरिक तत्त्वों का अभाव था। ये तत्त्व थे आधुनिक सामाजिक तथा वैज्ञानिक चेतना। इन बुद्धिजीवियों में से कुछ ने वर्तमान काल के कष्टों से मुक्ति प्राप्त करने के लिए भूतकाल की मृत प्रवृत्तियों का सहारा लेने का प्रयास किया, परन्तु वहाँ भी उन्हें कोई राहत प्राप्त नहीं हुई। जैसा कि टैगोर ने कहा था कि हमें अपने विचारों में मृत प्रवृत्तियों को पोषित नहीं करना चाहिए क्योंकि मृत प्रवृत्तियाँ मृत्यु के सदृश हैं। कुछ मध्यमवर्गीय बुद्धिजीवियों ने पाश्चात्य जगत का अन्धानुकरण करने का प्रयास किया। इन्हें भी अपनी जड़ों से दूर रहने के कारण उनके मस्तिष्क और शरीर के लिए बुनियादी आधार न प्राप्त हो सका। वे भारतीय जीवन रूपी निराशामय जल में निःउद्देश्य तैरते रहे।[23]

इन कारणों से इस मध्यम वर्ग को जड़ विहीन कहा गया है। यही जड़ विहीन मध्यम वर्ग भारत का राष्ट्रीय बौद्धिक वर्ग बना जो अन्य समस्याओं के लिए मार्ग ढूँढने वाला था। आज यह बुद्धिजीवी और भी नि:उद्‌देश्य हो गया है, परन्तु स्वतन्त्रता-संग्राम के काल में इस वर्ग की ऐसी स्थिति नहीं थी। आजादी के प्रश्न पर इस मध्यम वर्ग की मन:स्थिति समाज के दूसरे किसी वर्ग की अपेक्षा कहीं अधिक संवेदनशील थी। इतना होते हुए भी मध्यम वर्ग की एक विचित्र स्थिति रही है। एक ओर तो यह वर्ग अपने देश के महान विरासत के वंशज होने में गौरव का अनुभव करते थे, वहीं दूसरी ओर मॉण्टफोर्ड रिपोर्ट इस वर्ग को 'बौद्धिक रूप से अपनी सन्तान'[24] कहने में गौरवान्वित होती थी। इन दोनों दृष्टिकोणों में विरोधाभास होने पर भी दोनों विचारों में सत्यता थी। यदि हम सांस्कृतिक पक्ष पर दृष्टिपात करें तो कह सकते हैं कि भारतीय बुद्धिजीवी वास्तव में अपने महान पूर्वज की वास्तविक सन्तान हैं। कारण, देशी भाषाओं में वे महान साहित्य की रचना अपने पूर्वजों की प्रेरणा से ही कर सके। दूसरी ओर मॉण्टफोर्ड रिपोर्ट भी अपने मत में अक्षरश: सही है। आधुनिक साहित्य की विधा एवं स्वरूप को हमारे बौद्धिक वर्ग ने पाश्चात्य साहित्य से ग्रहण किया था। इसका सबसे अच्छा उदाहरण छायावादी और रहस्यवादी साहित्य है। प्रोफेसर डी.पी. मुखर्जी का कथन है कि भारतीय भाषाओं ने अँग्रेज़ी साहित्य के सम्पर्क से एक नवीन जीवन प्राप्त किया और जो आज बंगाली साहित्य का स्वरूप है वह पाश्चात्य विचारों तथा मूल्यों का प्रभाव है।[25] यह स्थिति अस्वाभाविक नहीं थी। कारण, अँग्रेज़ी साहित्य व भाषा ही ऐसी खिड़की है जिससे भारतीय बुद्धिजीवी आधुनिक ज्ञान को अर्जित कर सके।

यही नहीं, पाश्चात्य सम्पर्क से नयी रोशनी आयी जिसने भारतीय सांस्कृतिक दृष्टि को केवल भारत तक ही सीमित नहीं रखा, बल्कि उसे सीमान्तों की परिधि से मुक्त कर दिया। रवीन्द्रनाथ टैगोर के मतानुसार पाश्चात्य सभ्यता की प्रमुख तीन देने हैं—प्रथम, भारतीय सांस्कृतिक दृष्टि को उसके सीमान्तों की परिधि से मुक्त करना। द्वितीय, मानव-गरिमा में आस्था पहले जातीय बन्धन इस गरिमा को कुंठित किये हुआ था। तृतीय, मानवीय समस्याओं के समाधान के लिए बुद्धि में विश्वास पहले इसके लिए अन्धविश्वास एवं धर्म की शरण ली जाती थी।[26] पाश्चात्य सभ्यता के ये प्रभाव नये मध्यम वर्ग के जीवन तथा दृष्टिकोण में स्पष्टत: परिलक्षित होते हैं। यूरोपीय पुनर्जागरण के बुर्जुवा की भाँति भारतीय बुद्धिजीवी सामान्यत: सांसारिक, मानवतावादी, तर्कयुक्त चिन्तक था। इस दृष्टि से आधुनिक भारत के संघर्षों, याचनाओं, आन्दोलनों तथा विरोध करने की प्रक्रिया विचारणीय है। विरोध करने की प्रक्रिया में भारतीय मध्यम वर्ग ने जिन विचारधाराओं का प्रयोग किया वे ही इस वर्ग की विशेषताओं के केन्द्र बिन्दु बने। कोई भी आमूल परिवर्तनवादी परिस्थितियाँ

भी इन विशेषताओं से अलग न कर सकीं। सम्भवत: यही कारण है कि इस वर्ग द्वारा आरम्भ किये गये आधुनिक सामाजिक धार्मिक आन्दोलन के स्वरूप को मध्यकालीन सामाजिक-धार्मिक आन्दोलन से पृथक करती है। यह विशेषता राजा राममोहन राय द्वारा आरम्भ किये गये प्रथम आधुनिक सामाजिक-धार्मिक आन्दोलन तथा ब्रह्म समाज में स्पष्टत: परिलक्षित होती है।

यहाँ राजा राममोहन राय के विचार को रेखांकित करना समीचीन होगा कि तत्कालीन भारत में किस प्रकार की सामाजिक-धार्मिक व्यवस्था थी? जिसमें वे सुधार करना आवश्यक समझते थे। राममोहन राय ने जेम्स सिल्क बकिंघम (18 जनवरी, 1828) में लिखे गये पत्र में हिन्दुओं की तत्कालीन धार्मिक-सामाजिक व्यवस्था के प्रति रोष प्रकट किया था। उन्होंने उक्त पत्र में लिखा कि यह व्यवस्था (धार्मिक व्यवस्था) उनके (भारतीयों) राजनीतिक उन्नयन में बाधक रही है तथा जाति-व्यवस्था ने उन्हें देशभक्ति की भावना से वंचित कर दिया था। उनके धार्मिक रीति-रिवाज, प्रथा तथा शुद्धिकरण के नियम ने उन्हें किसी भी जोखिमपूर्ण या कठिन कार्य आरम्भ करने से पूर्णत: वंचित कर दिया था। इसलिए वह (राममोहन राय) सोचते थे कि कम से कम भारतीयों के राजनीतिक लाभ तथा सामाजिक सुविधा के लिए उनकी धार्मिक व्यवस्था में परिवर्तन होना चाहिए।[27] भारत की धार्मिक बुराई की ओर राममोहन राय ने वृहत् दृष्टिकोण प्रस्तुत किया। उनके अनुसार धार्मिक बुराई के क्षेत्र में भारतीय यूरोपियनों तथा अमेरिकावासियों से कहीं आगे थे। इन बुराइयों के कारण भारतीय 'राजनीतिक लाभ तथा सामाजिक सुविधा' से वंचित थे। इसका अर्थ यह है कि राममोहन राय धर्म को धर्म-निरपेक्षता के शस्त्र के रूप में मानते थे। यह आवश्यक रूप से एक आधुनिक दृष्टिकोण है। बाद के युग में होने वाले सामाजिक-धार्मिक आन्दोलन भी इस दृष्टिकोण की विशिष्टता लिए हुए थे। इसके विपरीत साम्प्रदायिकवाद, क्षेत्रीयतावाद तथा भाषावाद ने सदैव धर्म की आड़ में लाभ अर्जित करने का प्रयास किया।[28]

धर्म-निरपेक्षता के अतिरिक्त आधुनिक भारत की सामाजिक गतिविधि और चिन्तन का लक्ष्य और केन्द्रबिन्दु व्यक्ति, उसका सम्मान, रचनात्मकता तथा व्यक्तित्व रहा है। यहाँ इस सन्दर्भ में महादेव गोविन्द रानाडे के वक्तव्य का उल्लेख करना अति आवश्यक है। उन्होंने सामाजिक विकास (Social Evolution) पर इलाहाबाद में 25 दिसम्बर, 1892 ई. में पर सार्वजनिक भाषण देते हुए कहा था—"जिस परिवर्तन की हम सब कामना करना चाहते हैं वह परिवर्तन बन्धन (Constraint) से स्वतन्त्रता, अन्धविश्वास (Creduality) से विश्वास, स्तर से अनुबन्ध (Status to Contract), सत्ता से तर्क, अव्यवस्थित जीवन से व्यवस्थित जीवन, कट्टरता से सहनशीलता, अन्धानुकरण की घातकता से मानवीय सम्मान की भावना से जुड़ा

हुआ है।''[29] पुन: रानाडे ने कलकत्ता में 1896 में हुए दसवें सामाजिक सम्मेलन (Tenth Social Conference) में स्वागत भाषण में कहा था कि ''सामाजिक सुधार आन्दोलन का ध्येय मनुष्य में नवीन परिवर्तन तथा शुद्धता लाने तक सीमित नहीं है, वरन उसकी बौद्धिक क्षमता को उन्मुक्त करके, उसके कर्तव्य के स्तर को ऊँचा करते हुए तथा उसकी समस्त शक्तियों में पूर्णता लाते हुए समस्त मानव को पूर्ण बनाना भी था।''[30] वास्तव में यही भावना डेरोजियोवादियों और ब्रह्मसमाजियों के युग से गाँधी, नेहरू तथा टैगोर युग की समस्त प्रगतिशील विचारधाराओं तथा गतिविधियों का सार रही है। मानवतावाद तथा व्यक्तिवाद इस युग की विशेषता रही है। यहाँ यह स्पष्ट करना उचित होगा कि भारतीय पुनर्जागरण के विभिन्न चरणों की विचारधाराओं में व्यक्तिवाद का वही अर्थ नहीं है जैसा कि पूँजीवादी व्यवस्था के परम्परागत अर्थशास्त्रियों तथा परिवर्तनवादी दार्शनिकों ने लिया था। यह हो भी नहीं सकता था, क्योंकि एक औपनिवेशिक देशभक्त का यद्भाव्यम् (Laissez-Faire) की नीति में विश्वास करना सम्भव नहीं था।

मानवतावाद और व्यक्तिवाद के अतिरिक्त पुनर्जागरण के युग में स्वतन्त्र चिन्तन, अन्वेषण, खोजबीन तथा विवेक का प्रयोग एक विशिष्टता रही है। इस युग के पहले भी विवेक का प्रयोग हुआ करता था, परन्तु इस विशेषता के नवीन प्रयोग का राष्ट्रीय जीवन पर क्रान्तिकारी प्रभाव रहा है। विचार-विमर्श, वाद-विवाद आदि नवीन शहरी जीवन की आम विशेषताएँ हो गयीं थीं। यहाँ तक कि इन भौतिक साधनों के पक्ष एवं विपक्ष के लिए धार्मिक ग्रन्थों से उद्धरण लिया जाता था। पाश्चात्य सभ्यता के आगमन ने भारतीय जीवन की अनेक विशेषताओं को प्रभावित किया। इस प्रक्रिया में सबसे अधिक प्रभावित होने वाली विशेषता थी, पुरानी चिन्तन की पद्धति। नवीन बुद्धिजीवी वर्ग विचार-विमर्श एवं खोजबीन के बिना किन्हीं भी मूल्यों तथा आदर्शों को स्वीकार नहीं करता था। कुछ बुद्धिजीवियों के लिए तो विचार-विमर्श विलक्षणता बन गया था। एक सुप्रसिद्ध डेरोजियोवादी रामगोपाल घोष विलियम ड्रुमाण्ड (William Drummond) के इस मत को स्वीकार करते थे ''जो तर्क नहीं करता वह अन्धविश्वासी है, जो तर्क नहीं कर सकता वह मूर्ख है तथा जो तर्क करने का साहस नहीं करता वह दास है।''[31] तर्क-वितर्क एवं खोजबीन इस नवीन बुद्धिजीवी वर्ग की विशेषता रही है, इस नवीन बुद्धिजीवी वर्ग के लिए 'विवेक' शब्द इतना आकर्षक था कि डेरोजियनवादी टॉमपेन की पुस्तक 'एज ऑफ रीजन' (Age of Reason) की एक प्रति के लिए आठ रूपये देने को तैयार थे (यह पुस्तक बंगाली में अनुदित थी)।[32] देवेन्द्रनाथ टैगोर तथा उनके शिष्य इस विवेक तथा तर्क-वितर्क के लिए वेदों का आश्रय लेते थे।[33] इसी शृंखला में स्वामी दयानन्द सरस्वती तथा उनके शिष्य धार्मिक विचार-

विमर्श एवं तर्क-वितर्क में विशिष्टता प्राप्त किये हुए थे। इस दृष्टि से मानवीय इतिहास में अन्य सम्प्रदायों की अपेक्षा आर्य समाज कहीं अधिक अग्रणी रहा है। इसमें कोई भी आश्चर्य की बात नहीं है कि विवेक का प्रयोग धर्मनिरपेक्ष जीवन में कहीं और अधिक विस्तृत था।

इसी प्रकार से गवेषणात्मक एवं अन्वेषणात्मक प्रवृत्ति इस नवीन मध्यम वर्ग की एक और विशेषता रही है। ये विशेषताएँ तर्क बुद्धि से जुड़ी हुई थीं। तर्क बुद्धि के ही कारण नवीन मध्यम वर्ग ने परम्परा, अन्धविश्वास और सत्ता के विषय पर प्रश्न किया और इनका विरोध किया। इसी कारण पुरोहितशाही की सत्ता पर उन्होंने सर्वप्रथम प्रहार किया। तत्पश्चात शीघ्र ही प्रशासनिक तथा राजनीतिक विषय इस मध्यम वर्ग की छानबीन के विषय बने। रचनात्मक रूप से तर्क बुद्धि के ही कारण इस वर्ग ने ब्रिटिश शासन तथा पाश्चात्य सम्पर्क की प्रगतिशील भूमिका को स्वीकार किया। साथ ही पाश्चात्य जगत के प्रगतिशील विचारों को अंगीकार और ग्रहण किया। अन्ततः इस तर्क बुद्धि ने ही उन्हें उदारवादी-प्रजातांत्रिक मूल्यों, आदर्शों और संस्थाओं की प्राप्ति के लिए प्रेरित किया। सामाजिक क्षेत्र में तर्क बुद्धि ने ही उन्हें रूढ़िग्रस्त एवं अमानवीय प्रथाओं, परम्पराओं तथा संस्थाओं को समाप्त करने के लिए आन्दोलन करने के लिए प्रेरित किया और ये विशेषताएँ नवीन भारत की विशेषताएँ बनीं। संस्कृति के क्षेत्र में पाश्चात्य सम्पर्क के कारण क्षेत्रीय भाषाएँ समृद्ध बनीं। आर्थिक क्षेत्र में नौरोजी, रानाडे, रमेशचन्द्र दत्त तथा गोखले ने राष्ट्रवादी अर्थव्यवस्था के जन्म के लिए एक आधारभूमि तैयार की। राजनीति के क्षेत्र में तर्कबुद्धि ने ही मध्यम वर्ग को राष्ट्रवाद का पाठ पढ़ाया। कुंठित प्रगति के वातावरण ने मुस्लिम मध्यम वर्ग को द्विराष्ट्रवाद का पाठ पढ़ाया और क्षेत्रियतावाद की शिक्षा दी। आज भी काल्पनिक मध्यम वर्ग अखंड भारत का स्वप्न देखता है। भारतीयकरण को अपना आदर्श मानता है। ऐसा काल्पनिक चिन्तन उसे भिन्न परिस्थितियों में ले जाता है। वास्तविकता यह है कि मध्यम वर्ग की ये ही विशेषताएँ तर्क-वितर्क का प्रमुख विषय बन गयी हैं।

भारतीय बुद्धिजीवियों (मध्यम वर्ग) की एक और विशेषता दृष्टिगत होती है वह है ब्रिटिश शासन की देनों की प्रशंसा में अनेक रचनाएँ लिख डालना। यहाँ यह बताना उचित होगा कि भारतीय राष्ट्रवाद के प्रारम्भिक चिन्तकों ने तो ब्रिटेन की उदारवादी शासन-व्यवस्था तथा भारत में ब्रिटिश शासन की देनों की कोटि-कोटि प्रशंसा की। इसके लिए भारतवर्ष की तत्कालीन राजनीतिक, सामाजिक तथा धार्मिक परिस्थितियाँ उत्तरदायी थीं। ब्रिटिश शासन ने भारत में स्थायी शासन, शान्ति और सुव्यवस्था स्थापित की थी। इसी कारण उन्नीसवीं शताब्दी के राष्ट्रवादियों ने ब्रिटिश शासन की प्रशंसा की। ये राष्ट्रवादी महादेव गोविन्द रानाडे के दैवी सिद्धान्त के

समर्थक थे। कभी-कभी वे ब्रिटिश सम्पर्क की भलाइयों तथा देनों की प्रशंसा में वास्तविकता को भूल जाते थे। ऐसा दृष्टिकोण आज भले ही हास्यास्पद लगे, किन्तु उस युग में वह स्वाभाविक ही था। उन राष्ट्रवादियों की बाल्यावस्था एवं युवावस्था के समय भारत में अराजकता के स्थान पर एक सुव्यवस्थित, स्थायी, कुशल एवं केन्द्रस्थ शासन की स्थापना हुई। बिपिनचन्द्र पाल ने अपने संस्मरणों में लिखा है कि जब वे बालक थे तब गली के आवारा बच्चे भी आपसी झगड़े के सिलसिले में कम्पनी बहादुर को दुहाई देते थे।[34] ऐसे वातावरण में रहने वाले राष्ट्रवादी स्वभावतः ब्रिटिश शासन के प्रतिनिधि बने।

ऐसे राष्ट्रवादियों की श्रृंखला में सर्वप्रथम आधुनिक भारत के जनक राजा राममोहन राय ने एक पत्र में लिखा था कि 'जब मैं 16 वर्ष का था, उत्तर भारत और तिब्बत यात्रा को निकला तो मैंने ब्रिटिश शासन की स्थापना को बड़ी घृणा की दृष्टि से देखा, उस यात्रा से वापिस आने पर यूरोपवासियों के सम्पर्क में आया। सार्वजनिक जीवन में मुझे बहुत से यूरोपवासियों का विश्वास प्राप्त हुआ। मुझे उनके नियमों तथा शासन-पद्धति का कुछ ज्ञान हुआ। मैंने यूरोपवासियों को सामान्यतः दृढ़, योग्य एवं विनम्र पाया। मेरे अन्दर उनके विरुद्ध जो भावना थी वह तिरोहित हो गयी, और मैं कुछ उनके पक्ष की ओर झुका। अब मैं सोचने लगा कि उनका शासन भले ही बोझ के समान क्यों न हो, परन्तु वह निश्चित रूप से भारतीयों की प्रगति व हित के लिए है।'[35]

यह वर्णन औपनिवेशिक देशभक्त के हृदय तथा मस्तिष्क की वाणी तथा स्थिति का प्रतिनिधित्व करता है। हृदय की संवेदना उसमें विदेशी शासकों के प्रति घृणा उत्पन्न करती है। उसकी बुद्धि उसे इन शासकों की सभ्यता एवं संस्कृति के प्रगतिशील रूप का समर्थक तथा प्रशंसक बनाती है।

इस औपनिवेशिक देशभक्तों की कड़ी में राममोहन राय का स्थान अग्रणी रहा है। उन्होंने पाश्चात्य सभ्यता का स्वागत किया, क्योंकि उनके स्वयं के जीवन की घटनाओं ने उन्हें इस सम्पर्क का प्रशंसक बनाया। ब्रिटिश शासन काल में स्थापित नये छापाखानों, ईसाई मिशनरियों से वार्तालाप तथा प्रगतिशील यूरोपवासियों से उनके मानववादी प्रयास को सहायता मिली। यही कारण है कि राजा राममोहन राय ने भारत में अँग्रेज़ी शासन की तुलना पूर्ववर्ती विजेताओं के शासन से करते हुए अनुभव से बताया कि ब्रिटिश शासन पूर्ववर्ती शासनों से भिन्न था। ब्रिटिश शासन की एक पृथक विशेषता है। इस विशेषता के कारण राममोहन राय ने 'फाइनल अपील टू द क्रिश्चियन पब्लिक' लेख को इन शब्दों में समाप्त किया ''मैं ईश्वर को धन्यवाद देता हूँ कि उसने भारतवर्ष में पुराने शासकों की निरन्तर निरंकुशता को अप्रत्याशित रीति से मुक्त करके इसे अँग्रेज़ी शासकों के अधीन किया। अँग्रेज जाति

केवल अपने आप ही नागरिक एवं राजनीतिक स्वतन्त्रता का उपभोग नहीं करती है, वरन् उन राष्ट्रों में भी, जहाँ उनका प्रभाव है, स्वतन्त्रता, सुख एवं साहित्यिक विषयों में मुक्त चिन्तन को प्रोत्साहित करती है।''[36]

इस प्रकार के विचार आगे चल कर अनेक राष्ट्रवादियों ने व्यक्त किये थे। उन्होंने स्पष्ट शब्दों में स्वीकार किया कि पाश्चात्य साहित्य के अध्ययन से उन्हें एक नयी रोशनी मिली। यह रोशनी थी स्वातन्त्र्य प्रेम की। रवीन्द्रनाथ टैगोर ने अपने संस्मरणों में लिखा है कि ''उनका युवावस्था में ब्रिटेन से परिचय उसके साहित्य द्वारा हुआ है। जब हम बच्चे थे तो हममें यूरोप की प्रशंसा भरी हुई थी। मुख्यतः हम इंग्लैंड के समर्थक बने, क्योंकि उसने यूरोप की वैज्ञानिक प्रगति को हम तक पहुँचाया। हमने ब्रिटेन को उसके महान साहित्य द्वारा जाना। इस साहित्य ने हमारे युवक जीवन को एक नयी उत्तेजना प्रदान की। वह साहित्य मानवता, न्याय एवं स्वतन्त्रता के प्रेम से भरा हुआ था। इन सभी ने हमारे युवा विचारों को उत्तेजित किया और हमने सोचा कि यदि हम विदेशी शासन के विरुद्ध विद्रोह करें तब भी हमें पश्चिम की सहानुभूति प्राप्त करनी चाहिए। हमने सोचा कि इंग्लैंड चाहता है कि हम स्वतन्त्रता प्राप्त करें।''[37]

यही नहीं, विक्टोरियायुगीन उपलब्धियों ने भी भारतीय बुद्धिजीवियों को चकाचौंध कर दिया था। सर एन.जी. चन्दवारकर अपने संस्मरणों में लिखते हैं कि राजनीति के क्षेत्र में रिफार्म बिल, मुक्त व्यापार, दास-प्रथा की समाप्ति, पामर्स्टन, पील, ग्लैडस्टन, डिजरैली, कॉबडेन (Cobden), ब्राइट, क्लार्कसन तथा विल्बरफोर्स (Wilberforce) बहुचर्चित रहे हैं। सामाजिक सुधार के क्षेत्र में नारी उद्धारक विषयों में इलिजाबेथ फ्राई (Elizabeth Fry) तथा फ्लोरेंस नाइटिंगेल का योगदान तथा साहित्य के क्षेत्र में वर्डसवर्थ, टेनीसन तथा ब्राउनिंग विशेष चर्चित रहे हैं। ''जीवन के सभी क्षेत्रों तथा मानवीय गतिविधियों के क्षेत्र में मुख्य भावना मानवता तथा सर्वजनों के कल्याण की देखी गयी थी। उस काल में हमारे महाविद्यालयों में ब्रिटेन से आने वाले अध्यापक ऐसी ही भावनाओं से परिपूर्ण थे। वे इस प्रकार की भावनाएँ उन विद्यार्थियों में उत्पन्न करने में समर्थ थे जो उनके सानिध्य एवं प्रभाव के अन्तर्गत आते थे। परिणामतः युवा, मानवता की भावना तथा मानवीय जाति की बन्धुत्व की भावना से बँध गये थे। ऐसी मानवता की भावना से परिपूर्ण ये युवा ऐसे समाज में रह रहे थे जो युगों से अन्धविश्वासों से ग्रसित था और वह समाज उन्हें अन्धकारमय दिखायी देता था। वे यह अनुभव करते थे कि ऐसे अन्धकारमय जीवन में पाश्चात्य मानवतावादी भावना एक प्रकाश प्रदान करेगी।''[38] इस प्रकार की अभिव्यक्त भावनाओं से ऐसा प्रतीत होता था कि यह किसी भी तरह अस्वाभाविक नहीं था कि भारतवर्ष बौद्धिक रूप से ब्रिटेन का उपनिवेश था।

इन परिस्थितियों में इस बात के ठोस प्रमाण हैं कि पाश्चात्य उदारवादी साहित्य ने न केवल टैगोर की पीढ़ी के बुद्धिजीवियों की 'युवा कल्पनाओं' को प्रज्जवलित किया, वरन् उनके पूर्ववर्ती पीढ़ी एवं आने वाली पीढ़ी के बुद्धिजीवियों की 'युवा कल्पनाओं' को भी प्रज्जवलित किया। संवेदनशील बुद्धिजीवीयों के इस साहित्य के साथ सम्पर्क में आने से बौद्धिक रूप से अपने समाज के परम्परागत स्वरूप तथा अन्धविश्वास से ग्रसित वातावरण से उसे मुक्ति प्राप्त हुई। जैसा कि एडवर्डस शील्स (Edwards Shils) का कहना है कि "अँग्रेज़ी साहित्य में भारतीयों को भावनात्मक व्यक्तिगत सम्बन्धों, व्यक्तिगत स्वतन्त्रता तथा उत्तरदायित्व के लिए विशेष रूचि का क्षेत्र प्राप्त हुआ। ऐसी रूचि में उनके (भारतीयों के) निजी जीवन में उनमें स्नेह व ऐच्छिक निर्णयों को प्रभावित किया जिनमें वे अपने हृदय की भावना प्राप्त करते थे।"[39] पाश्चात्य उदारवादी साहित्य का ऐसा प्रभाव औपनिवेशिक युवा पर पड़ा कि वे देशभक्ति तथा प्रगतिशील भावनाओं से ओत-प्रोत हुए। इसके अतिरिक्त एक और दृष्टि से भारतीय युवा व देशभक्त पाश्चात्य जगत की देन से प्रभावित हुआ। वह देन थी यूरोपियन प्राच्यविदों (Indologists) द्वारा भारत के अतीत का अध्ययन। इन प्राच्यविदों के शोधों तथा प्राचीन भारत के प्रति उनकी प्रशंसा ने भारतीय इतिहासकारों तथा देशभक्तों को भारत के अतीत में अपनी वर्तमान भावनाओं एवं वर्तमान समाज की समस्याओं के समाधान को ढूँढने के लिए प्रेरित किया। यह पाश्चात्य सभ्यता की सामाजिक क्षेत्र में अद्वितीय देन रही।

इसके अतिरिक्त राजनीतिक दृष्टि से भी पाश्चात्य सम्पर्क की भारत को एक महत्त्वपूर्ण देन रही। राजनीतिक दृष्टि से पाश्चात्य बुद्धिवाद (Rationalism) ने उन्हें संसदीय प्रजातन्त्र की व्यवस्था को प्राप्त करने के लिए प्रेरित किया। इस दृष्टि से ब्रिटिश शासकों का महत्त्वपूर्ण योगदान रहा। अँग्रेजों ने अपनी ही राजनीतिक संस्थाओं एवं अपने आचार-व्यवहारों को भारत तथा अपने अन्य उपनिवेशों में आयातित करने का प्रयास किया था। इस प्रक्रिया में केवल मात्र ब्रिटेन की एक कमजोर उदारवादी प्रजातांत्रिक व्यवस्था का अवशेष मात्र ही आयातित हुआ। कारण, उन्नीसवीं एवं बीसवीं शताब्दी में ब्रिटिश मानवतावादी उदारवादी चिन्तन अपनी ही भूमि में अपनी क्रान्तिकारी भावनाओं से वंचित हो चुका था। उसी शक्तिविहीन उदारवादी प्रजातांत्रिक व्यवस्था को औपनिवेशिक जगत के राष्ट्रवादी बुद्धिजीवी नवीन माँस एवं रक्त देने का प्रयास करते आये थे। इस सन्दर्भ में डब्लू.ई.एच. लेकी (W.E.H. Lecky) का ब्रिटिश मध्यम वर्ग के सम्बन्ध में वृत्तान्त देना उचित होगा। लेकी ने सन् 1832 से सन् 1867 के सुधार अधिनियमों के मध्य के ब्रिटेन का वृत्तान्त देते हुए लिखा था—"बहुत थोड़ी संसदीय सरकारें थीं जिसमें ऐसे योग्य व्यक्तित्व थे जिन्होंने ईमानदारी से महान राष्ट्र के हितों तथा विचारों का प्रतिनिधित्व

किया हो या किन्हीं विकट परिस्थितियों में एक उच्च स्तर की राजनीतिक शुद्धता या देशभक्ति की भावना अभिव्यक्त की हो।''[40] उक्त उद्धरण ब्रिटेन के विक्टोरियाकालीन मध्यम वर्ग की प्रवृत्ति को दर्शाता है। इसी विक्टोरियाकालीन मध्यम वर्ग की संसदीय परम्परा का अनुकरण भारतीय मध्यम वर्ग ने किया था। इसी प्रक्रिया में इस मध्यम वर्ग ने ब्रिटिश संवैधानिक इतिहास का अध्ययन किया। इस अध्ययन ने उन्हें क्रमिकवाद तथा संवैधानिक व्यवस्था के लाभों से अवगत कराया। फिर भी यहाँ यह कहना समीचीन होगा कि भारतीय मध्यम वर्ग का आदर्श तो उन्नीसवीं तथा बीसवीं सदी के यूरोप के सदृश था, परन्तु साम्राज्यवादी व्यवस्था के अन्तर्गत उस पर अनेक कठोर प्रतिबन्ध थे जो उसकी गतिशीलता के लिए बाधक थे। परिणामस्वरूप उसके जीवन में उदासीनता छाई हुई थी।

जड़रहित मध्यम वर्ग—ये सारी परिस्थितियाँ भारतीय मध्यम वर्ग की स्थिति को बेडौल सा बना देती हैं। इस मध्यम वर्ग की विचित्र विशेषता का सुन्दर चित्रण जवाहरलाल नेहरू ने एक प्रसंग के सन्दर्भ में प्रस्तुत किया था कि वे अपूर्ण रूप से विकसित थे और साथ ही उदासीन भी थे।[41] इस वर्ग से सम्बद्ध लोग जड़विहीन थे। कारण, यह भारतीय मध्यम वर्ग, जो अँग्रेज़ी सम्पर्क द्वारा बना था वह एक ऐसा वर्ग था जिसमें नकल करने वालों की प्रधानता थी न कि नयी मान्यताओं एवं पद्धतियों के रचयिताओं की। इस वर्ग से सम्बद्ध लोग यह नहीं जानते थे कि उन्हें किस ओर देखना है। न तो पुरानी सभ्यता और न नवीन सभ्यता ही उन्हें आशा प्रदान करती थी। उनके सामाजिक ध्येय में भी कोई मेल नहीं था। काफी वेदना सहने के पश्चात भी उन्हें किसी उपयुक्त कार्य के करने में कोई सन्तोष न था। वे रीति-रिवाज के कैदी थे। साथ ही पुरातन संस्कृति के विरोधी (कुछ अपवादों को छोड़कर)। आधुनिक विचार उन्हें आकर्षित करते थे, किन्तु उनमें आधुनिक विचार के सत्य—आधुनिक सामाजिक तथा वैज्ञानिक चेतना का अभाव था। उनमें से कुछ तो आधुनिक दुःखमय स्थिति से मुक्ति पाने के लिए प्राचीन सामाजिक स्वरूप से ही जुड़े रहने का प्रयास करते थे। लेकिन वहाँ भी उन्हें शांति न मिल सकी। ये बातें इस मध्यम वर्ग की जड़विहीनता का द्योतक थीं।

इस जड़विहीन मध्यम वर्ग के सच्चे प्रतिनिधि राममोहन राय थे। उनके समय में इस मध्यम वर्ग की अभी पैदाइश ही हो रही थी। उस समय इस वर्ग के सदस्य बनिया, गुमाश्ता, मुंशी, दीवान, कर्णिक, पायकर तथा कम्पनी या जमींदारों के कारिन्दे हुआ करते थे। इनमें से अधिकांशतः गाँवों से आये थे, किन्तु, अब वे ग्रामीण जीवन में प्रवेश के अनिच्छुक थे, परन्तु वे उस वातावरण से अपने को पूर्णतः अलग न कर सके थे। आधुनिक जगत की कुछ विशेषताएँ जैसे व्यक्तिवाद को उन्होंने अपना लिया था। इस कारण स्वहित उनका लक्ष्य था। इतना होने पर भी इस वर्ग के

कुछ सदस्य परम्परागत व्यवसायों के संचालक थे। तब भी उनका दैनिक जीवन और कार्य-पद्धति आधुनिकता लिए हुए थी। इसका सबसे उत्कृष्ट उदाहरण राजा राममोहन राय के काल में रंगपुर के वाद-विवादों में दृष्टिगत होता है। राममोहन राय द्वारा स्थापित आत्मीय सभा, एकेश्वरवाद समिति, ब्रह्म सभा तथा ब्रह्म समाज के सदस्य प्राचीन एवं आधुनिक जगत की विशेषताओं का सम्मिश्रण लिए हुए थे। राजा राममोहन राय इन प्रवृत्तियों के सच्चे प्रतिनिधि थे। उनका ब्रह्म समाज इसका साक्षी है। एक ब्रह्म की पूजा-पद्धति तथा सप्ताह में एक बार कुछ समय के लिए ब्रह्म मन्दिर में धर्म के नाते व्यतीत करना ऐसे शहरी पेशेवर व्यक्तियों के दैनिक जीवन के अनुकूल था। ब्रह्म समाज के अधिकांश सदस्य एकेश्वरवाद में निष्ठा रखते हुए अपने व्यक्तिगत दैनिक जीवन में परम्परागत हिन्दू प्रथाओं का अनुसरण करते थे। ब्रह्म समाज के सक्रिय सदस्य द्वारिकानाथ टैगोर अपने पैतृक भवन में दुर्गापूजा परम्परागत ढंग से किया करते थे।

राजा राममोहन राय का जीवन भी इन प्रवृत्तियों से अछूता नहीं रहा। जैसा कि बताया जा चुका है कि 1815 में कलकत्ता में बसने पर उन्होंने दो मकान खरीदे थे। एक मकान की साज-सज्जा परम्परागत हिन्दू तरीके की थी और दूसरे मकान की साज-सज्जा पाश्चात्य ढंग की थी। राममोहन राय ने इस नवीन मध्यम वर्ग के जीवन दर्शन, प्रवृत्तियों, इच्छाओं एवं विशेषताओं का प्रतिनिधित्व किया था।

यही नहीं, राजा राममोहन राय ने इस मध्यम वर्ग के ऐतिहासिक महत्त्व को भली-भाँति समझा था। सन् 1820 में उन्होंने लिखा था कि एक नये वर्ग का उदय हुआ है। इसका स्थान कुलीन तन्त्र तथा जनता के बीच में है और प्रतिदिन वह प्रभावशाली बनता जा रहा था। यह एक नये युग का आरम्भ है। जहाँ-जहाँ भी इस वर्ग का जन्म हुआ वहाँ-वहाँ स्वतन्त्रता का प्रसार हुआ है। राममोहन राय ने इस वर्ग के उदय को अपने समय का उल्लासपूर्ण संकेत बताया[42] इस प्रकार राममोहन राय ने इस नवीन मध्यम वर्ग के आगमन एवं उसके विकास में उल्लास प्रकट किया था। किन्तु जैसा डी.पी. मुखर्जी का कहना है कि राममोहन राय यह नहीं देख सके कि यह मध्यम वर्ग, जिसने पाश्चात्य शिक्षा को ग्रहण किया था, जिसका उदार दृष्टिकोण था, जो अन्धविश्वास एवं पक्षपात से मुक्त था, एक सच्चे मध्यम वर्ग का स्थान नहीं ले सका जो भारत की सामाजिक भूमि की उपज हो।[43]

यह सर्वविदित है कि भारतीय मध्यम वर्ग ने पाश्चात्य सभ्यता के प्रभाव को स्वीकार तो किया था, परन्तु वह अपनी संस्कृति, मान्यताओं और रीति-रिवाजों से बँधा हुआ था। यह इस नवीन मध्यम वर्ग की एक जटिल प्रवृत्ति रही है। इसी प्रवृत्ति ने भारत की आधुनिकता तथा राष्ट्रीय चिन्तन का स्वरूप निर्धारित किया। इसका प्रभाव आज भी दृष्टिगत होता है। इसका प्रमुख कारण है कि इस मध्यम वर्ग के

जन्म से ही यह बेमेल संस्कृतियों के विरोधाभासों में उलझा रहा। यह वर्ग पाश्चात्य जगत का अनुकरण करते हुए भी वहाँ के मध्यम वर्ग की पूर्ण प्रवृत्ति अंगीकार न कर सका और न ही भारत की ब्रिटिश विजय के पूर्व मध्यम वर्ग की ही भाँति था। जैसा कि प्रो. डी.पी. मुखर्जी का कथन है कि "पाश्चात्य जगत ने जहाँ तक सम्भव हो सका भारतीय संस्कृति की धुरी को परिवर्तित किया। इस सम्पर्क की अन्य उपलब्धियों में मध्यम वर्ग की उत्पत्ति प्रमुख रही है। यह नवीन मध्यम वर्ग औद्योगिक बुर्जुआ से भिन्न अनुत्पादक तथा पूर्ववर्ती भारतीय बुर्जुआ से भिन्न अव्यवसायिक रहा है।"[44] इन कारणों से इस मध्यम वर्ग का जीवन अवसरवादिता, काल्पनिकता, अभिमान, निराशा, संघर्ष तथा पीड़ा का मिश्रण रहा है। इस प्रकार से भारतीय मध्यम वर्ग का जीवन विरोधाभासों से पूर्ण था। इन विरोधाभासों के कारण लार्ड लिटन ने साल्बरी को लिखे गये पत्र (1876) में इस मध्यम वर्ग के सम्बन्ध में इस प्रकार अपनी अभिव्यक्ति प्रकट की—"देशी विचारों का प्रतिनिधित्व करने वाले केवल बाबू हैं जिन्हें हमने देशी प्रेस में अर्द्ध-राजद्रोही लेख लिखने के लिए शिक्षित किया है। वे वास्तव में किसी विशेषता का प्रतिनिधित्व नहीं करते वरन् स्वयं अपनी स्थिति की सामाजिक विचित्रता की अभिव्यक्ति प्रकट करते हैं।"[45] भले ही यह विचार एक कट्टर साम्राज्यवादी प्रशासक के हों, परन्तु इसमें सत्यता भी थी।

इसी प्रकार के विचार कुछ राष्ट्रवादियों ने औपनिवेशिक नगरों में जन्में मध्यम वर्ग (बाबू या भद्र लोग) की प्रवृत्तियों एवं मनोवृत्तियों के बारे में अभिव्यक्त किये हैं। इस दृष्टि से बंकिमचन्द्र के विचार उद्धृत करना उचित होगा। उन्होंने अपने निबन्ध 'लोक रहस्य' में मध्यम वर्ग से सम्बद्ध लोगों (बाबुओं) के लक्षण इस प्रकार गिनाये हैं—"कलियुग में बाबू नाम के एक विशेष प्रकार के मनुष्य इस पृथ्वी पर आविर्भूत होंगे जो लोग बिना किसी उद्देश्य के संचय करेंगे, संचय के लिए उपार्जन करेंगे, उपार्जन के लिए विद्याध्ययन करेंगे, विद्याध्ययन के लिए प्रश्नों की चोरी करेंगे, यही लोग बाबू कहलायेंगे भगवान विष्णु की तरह इनके भी दस अवतार होंगे—जैसे किरानी, मास्टर, ब्राह्मण, एजेंट, डॉक्टर, वकील, हाकिम, जमींदार, समाचार-पत्र सम्पादक और निष्कर्मा (बेरोजगार)। विष्णु की तरह ये सभी अवतार भी अमित बल और पराक्रम से असुरों का संहार करेंगे। किरानी के अवतार में बध्य असुर होगा दफ्तरी; मास्टर के अवतार में बध्य असुर होगा छात्र; स्टेशन मास्टर के अवतार में बध्य असुर होगा बिना टिकट यात्री; ब्राह्मण अवतार में बध्य असुर होगा सीधा-सादा किसान और दक्षिणा का प्रत्याशी पुरोहित; एजेंट अवतार में बध्य असुर होगा वणिक; डॉक्टर अवतार में बध्य असुर होगा रोगी; वकील अवतार में बध्य असुर होगा मुवक्किल; हाकिम अवतार में बध्य असुर होगा न्याय विचार के लिए आया हुआ प्रार्थी; जमींदार अवतार में बध्य असुर होगी प्रजा;

सम्पादक अवतार में बध्य असुर होंगे भद्रजन; और निष्कर्मा अवतार में बध्य असुर होंगे पुष्करणी के मत्स्य; ...बाबुओं की जय हो।''[46] औपनिवेशिक काल में छोटे-बड़े नगरों में मध्यम वर्ग के अन्तर्गत आने वाले ये समुदाय सभी जगह पाये जाते थे।

निष्कर्ष के रूप में यह कह सकते हैं कि भारतीय मध्यम वर्ग ने विभिन्न युगों तथा काल के विचारकों तथा लेखकों की कृतियों का वृहत् अध्ययन किया। इस प्रकार के अध्ययन से यह मध्यम वर्ग अध्ययनशील तो हुआ परन्तु बुद्धिमान नहीं बन सका। उसका मस्तिष्क ज्ञान का भंडारण तो बना साथ ही विरोधाभासों का घर भी बना। इसी कारण उसका चिन्तन विभिन्न दर्शनग्राही (Eclectic) बना जैसा कि पहले दिये गये जोसेफ चेली (Joseph Cheilley) के वक्तव्य से स्पष्ट होता है। यह एक प्रमाणित उक्ति है कि यदि प्रातः होगी तो दिन भी होगा। यह उक्ति भारतीय मध्यम वर्ग के चिन्तन एवं प्रवृत्ति पर खरी उतरती है। इस वर्ग के प्रथम प्रतिनिधि राजा राममोहन राय का चिन्तन विभिन्न दर्शनग्राही माना गया है और यही विशेषता उनके द्वारा स्थापित ब्रह्म समाज में भी दृष्टिगत होती है। ऐसा ही विभिन्न दर्शनग्राही चिन्तन भारतीय राष्ट्रीय आन्दोलन के नेताओं तथा स्वतन्त्र भारत के नीति-निर्माताओं का भी रहा। यही विभिन्न दर्शनग्राही चिन्तन तथा भारतीय मध्यम वर्ग की पंचमेल प्रवृत्ति भारत के संविधान-निर्माताओं के चिन्तन को भी प्रभावित करती रही। भारतीय संविधान के निर्माताओं ने राममोहन राय के द्वारा आरम्भ की गयी पुनर्जागरण युग की चिन्तन प्रणाली का अनुकरण करते हुए भारतीय संविधान में विश्व के विभिन्न देशों की उदारवादी प्रजातांत्रिक प्रणालियों की सर्वश्रेष्ठ विशेषताओं, समाजवादी आदर्श तथा 1935 के भारत सरकार अधिनियम की अप्रजातांत्रिक व्यवस्थाओं को समाहित किया। इसका परिणाम यह हुआ कि भारतीय संविधान का स्वरूप ब्रह्म समाज की भाँति विभिन्न दर्शनग्राही जैसा ही था। इसी विभिन्न दर्शनग्राही चिन्तन के द्वारा स्वातंत्र्योत्तर भारत में राष्ट्र निर्माण की दिशा तय की गयी और परिणामस्वरूप आज का सम्पूर्ण भारत पश्चिम के अन्धानुकरण में आकंठ सराबोर होकर एक विचित्र प्रकार के सांस्कृतिक संकट से ग्रस्त देश के रूप में रूपान्तरित होकर रह गया है।

सन्दर्भ

1. गणेश प्रसाद, व्हिगइज्म इन इंडिया, पॉलिटिकल साइंस क्वाटर्ली, कोलम्बिया यूनिवर्सिटी, वाल्यूम LXXXI, सितम्बर 1966, पृ. 413-414
2. जवाहरलाल नेहरू, द डिस्कवरी ऑफ इंडिया, लन्दन, 1956
   ए.आर. देसाई, सोशल बैकग्राउन्ड ऑफ इंडियन नेशनलइज्म, बम्बई,1982, अध्याय II
3. जवाहरलाल नेहरू, पूर्वोक्त, पृ. 243
4. बी.बी. मिश्रा, द इंडियन मिडिल क्लासेस, देयर ग्रोथ इन मार्डन टाइम्स, लन्दन, 1961, पृ. 69
5. हैनरी मेन, Rede Lectures कैम्ब्रिज, 22 मई, 1875, लन्दन, पृ. 25

6. एम.जी. रानाडे, ऐसेज ऑन इंडियन इकॉनामिक्स, बम्बई, 1878, पृ. 27
7. अँग्रेजों ने अपने हितों को सुरक्षित रखने के लिए कलकत्ता में 1696 में फोर्ट विलियम का निर्माण कराया था।
8. बी.बी. मिश्रा, पूर्वोक्त, पृ. 74
9. वही, पृ. 74
10. सन् 1832 में प्रशासन की सुविधा के लिए एक पृथक बोर्ड ऑफ रेवेन्यू, सदर दीवानी अदालत तथा फौजदारी अदालत पहली बार इलाहाबाद में स्थापित की गयी थी।
11. बी.बी. मिश्रा, पूर्वोक्त, पृ. 75
12. गणेश प्रसाद, नेहरू: ए स्टडी इन कोलोनियल लिबरलइज्म, नयी दिल्ली, 1976, पृ. 24
13. शिवनाथ शास्त्री, रामतनु लाहिरी, लन्दन, 1901
14. आर.सी. मजुमदार, ग्लिम्पसेस ऑफ बंगाल इन द नाइटिन्थ सेन्चुरी, कलकत्ता, 1960, पृ. 33
15. बी.बी. मिश्रा, पूर्वोक्त, पृ. 12–13
16. एस.डी. कॉलैट, लाईफ एण्ड लेटर्स ऑफ राजा राममोहन राय, कलकत्ता, 1961, पृ. 31–32
17. बी.बी. मिश्रा, पूर्वोक्त, पृ. 106
18. के.सी. मित्रा, मेमोयर्स ऑफ द्वारिकानाथ टैगोर, कलकत्ता, 1870, पृ. 12
19. बी.बी. मिश्रा, पूर्वोक्त, पृ. 106
20. वही, पृ. 106–107
21. इकबाल नारायण, राममोहन राय, पृ. 119–120
22. जे. चेली, एडमिनिस्ट्रेटिव प्राब्लम ऑफ ब्रिटिश इंडिया (विलियम मायर द्वारा अनुदित), लन्दन, 1910, पृ. 171
23. जवाहरलाल नेहरू, द डिस्कवरी ऑफ इंडिया, लन्दन, 1956, पृ. 361
24. रिपोर्ट ऑन कॉन्सटिट्यूशनल रिफार्मस (1918), पृ. 89
25. डी.पी. मुखर्जी, डायवरसिटीज, नयी दिल्ली, 1958, पृ. 245
26. वही, पृ. 172
27. द इंग्लिश वर्क्स ऑफ राजा राममोहन राय, पार्ट 06, कलकत्ता, 1947, पृ. 47
28. विस्तृत जानकारी के लिए देखिए डब्लू.सी. स्मिथ, मार्डन इस्लाम इन इंडिया, लन्दन, 1943
29. उद्धृत, सी.वाई. चिन्तामणि (सम्प.) इंडियन सोशल रिफार्म, मद्रास, 1901, भाग II, पृ. 29
30. वही, पृ. 80
31. उद्धृत, स्टडीज इन द बंगाल रेनेसा, जादवपुर, 1958, पृ. 19
32. थॉमस एडवर्डस, हैनरी डेरोजियो, कलकत्ता, 1884, पृ. 34
33. विस्तृत जानकारी के लिए देखिए स्टडीज इन द बंगाल रेनांसा, जादवपुर, 1958, अध्याय चतुर्थ
34. बी.सी. पाल, मेम्वार्यस् ऑफ माई लाइफ एण्ड टाइम्स, कलकत्ता, 1932, पृ. 294
35. राजा राममोहन राय (हिज लाईफ, राइटिंग्ज एण्ड स्पीचेज), जी.ए. नाटेसन एण्ड कम्पनी, मद्रास, पृ. 44–45
36. राजा राममोहन राय, द इंग्लिश वर्कस, IV, कलकत्ता, 1947
37. उद्धृत, सी.एफ. एण्ड्रयूज तथा जी. मुखर्जी, द राइज एण्ड ग्रोथ ऑफ काँग्रेस, कलकत्ता, 1967, पृ. 47
38. उद्धृत, एम.ए. बुच, राइज एण्ड ग्रोथ ऑफ इंडियन लिबरलइज्म, बड़ौदा, 1938, पृ. 102
39. एडवर्डस शील्स (Edwards Shils), द इन्टेलेक्चुवल बिट्वीन ट्रैडिशन एण्ड मॉडरनिटी, हेग, 1961, पृ. 80

40. उद्धृत, ई. विंगफील्ड-स्ट्रेटफोल्ड, द हिस्ट्री ऑफ ब्रिटिश सिविलाइजेशन, लन्दन, 1928, पृ. 987
41. जवाहरलाल नेहरू, द डिस्कवरी ऑफ इंडिया, लन्दन, 1956, पृ. 361
42. स्टडीज इन द बंगाल रेनांसा, जादवपुर, 1958, पृ. 14
43. डी.पी. मुखर्जी, मार्डन इंडियन कल्चर, बम्बई, 1941, पृ. 25-26
44. डी.पी. मुखर्जी, डायवर्सिटीज, बम्बई, 1958, पृ. 264
45. उद्धृत शंकर घोष, द वेस्टर्न इम्पैक्ट ऑन इंडियन पॉलिटिक्स (1885-1919), कलकत्ता, 1967, पृ. 43
46. उद्धृत, सव्यसांची भट्टाचार्य, आधुनिक भारत का आर्थिक इतिहास 1850-1947, नयी दिल्ली, 1995, पृ. 149

राजा राममोहन राय

राममोहन राय भारतीय मध्यम वर्ग एवं भारतीय पुनर्जागरण के प्रथम प्रतिनिधि तथा अग्रदूत थे। उनकी दृष्टि तत्कालीन भारतीय समाज में व्याप्त बुराइयों पर पड़ी। इस दृष्टि से उन्होंने सर्वप्रथम जहाँ एक ओर हिन्दू धर्म में व्याप्त बुराइयों को उजागर किया तो वहीं दूसरी ओर उसे ईसाई धर्म प्रचारकों के आक्षेप से बचाया। उन्होंने यह बताने का प्रयास किया कि तत्कालीन हिन्दू धर्म अपने वास्तविक स्वरूप में नहीं है। यह प्राचीन धर्म पहले सहनशील था और इसी कारण वह अन्य धर्मों के प्रहार से अपने आप को काफी हद तक बचा सका था, परन्तु जातीय एवं पारिवरिक बन्धनों से सम्बन्धित रूढ़ियों ने व्यक्ति के व्यक्तित्व की वृद्धि में अत्यधिक बाधा उत्पन्न की। वस्तुत: वह इनके द्वारा बने किले में एक कैदी की भाँति हो गया।

राममोहन राय का जन्म सन् 1772 में हुगली के राधानगर गाँव के ब्राह्मण परिवार में हुआ था। उन्होंने इस्लामी शिक्षा केन्द्र पटना में तथा उपनिषद सम्बन्धी साहित्य के केन्द्र बनारस में शिक्षा प्राप्त की थी। बाद में उन्होंने अँग्रेज़ी सीखी तथा कम्पनी सेवा (1804-14) के अन्तर्गत कार्य करते रहे। वे 1814 में कलकत्ता में बस गये और यहाँ उन्होंने अपने युवा समर्थकों के सहयोग से आत्मीय सभा की स्थापना की। तदुपरान्त वे आजीवन हिन्दू धर्म और समाज में व्याप्त बुराइयों को दूर करने में लगे रहे। अपने दावे को सप्रमाण घोषित करने के लिए उन्होंने वेदों और पाँच उपनिषदों का बांगला भाषा में अनुवाद किया। यही नहीं, राममोहन राय ने ग्रीक और हिब्रू भाषाएँ भी सीखीं जिससे उन्होंने मौलिक ईसाई धर्म ग्रन्थों का अध्ययन किया, ईसाई धर्म के अन्धविश्वासों की भी आलोचना की तथा ईश्वर के देवत्व (Divinity) के सिद्धान्तों को मानने से इनकार कर दिया। राममोहन राय ने एकेश्वरवाद की भावना से प्रेरित होकर 1829 में बह्म सभा की स्थापना की जो कालान्तर में ब्रह्म समाज के नाम से जाना गया। ब्रह्म समाज ने मूर्ति पूजा का विरोध किया और एक ब्रह्म की पूजा का उपदेश दिया। समाज सुधार के क्षेत्र में उन्होंने सती प्रथा का विरोध किया। वे स्त्रियों के अधिकारों के समर्थक थे। वे स्वतन्त्रता और

आधुनिकता के प्रबल समर्थक थे। इसी नाते उन्होंने राष्ट्रवादी प्रेस की स्वतन्त्रता के लिए संघर्ष किया तथा 1823 के प्रेस आर्डिनेंस का विरोध किया। स्वतन्त्रता के हिमायती होने के कारण वे नेपुल्स तथा आयरलैंड की क्रान्ति की विफलता से दु:खी थे तो वहीं फ्रांसीसी क्रान्ति तथा स्पेनिश अमेरिका की क्रान्ति की सफलता से प्रसन्न हुए। 1831 में राजा राममोहन राय इंग्लैंड गये और 1833 में वहाँ उनकी अकाल मृत्यु हो गयी।

भारतीय समाज सदियों से चला आ रहा था। यह एक तालाब की भाँति हो गया था जिसमें सदियों की सड़न जमा हो गयी थी। ऐसी स्थिति में यह समाज आगे नहीं बढ़ सका और न बढ़ने की स्थिति में था, क्योंकि हिन्दू धर्म अन्धविश्वास, रूढ़ियों, रीतियों तथा संस्कारों की एक नयी इकाई बन गया था। ये लोग उस तालाब के मेंढ़कों की भाँति हो गये थे, जिन्हें स्वच्छ जल अच्छा नहीं लगता था। समाज पर इस धर्म का पूर्ण आधिपत्य था। वस्तुत: वह उसी के द्वारा संचालित होते थे। ऐसी व्यवस्था उच्च वर्ग के लोगों के लिए हितकर थी। वे निजी स्वार्थवश इसके स्थायित्व को योग देते थे। ऐसी स्थिति काफी लम्बे समय तक चली आयी थी।

इतना होने पर भी इस बात से नकारा नहीं जा सकता कि भारतीय समाज और संस्कृति में नये धर्म एवं संस्कृति को समाहित करने की क्षमता थी। भारत पर कई बार आक्रमण हुए। कई नये धर्मों एवं संस्कृतियों वाली जातियाँ यहाँ आकर बस गयीं और वे सभी भारतीय समाज में घुल मिल गयीं। इस पुराने समाज एवं संस्कृति ने उन नवीन जातियों तथा उनकी संस्कृति को आत्मसात कर लिया। इसका श्रेय हिन्दू धर्म की सहनशीलता को जाता है। इसी कारण टैगोर ने भारत को एक गृहणी की उपमा दी जिसने इन नवीन जातियों को अतिथियों की भाँति माना और उनका स्वागत किया। इस स्थिति का एक मूल समाजशास्त्रीय कारण यह था कि नवीन जातियों की संस्कृतियाँ भारतीय संस्कृति से उच्चतर नहीं थीं, भले ही वे कुछ हद तक भिन्न क्यों न रही हों, परन्तु यूरोपीय सभ्यता के भारत आगमन तथा ब्रिटिश विजय से एक नयी परिस्थिति उत्पन्न हो गयी। सदियों से चली आ रही भारतीय प्रथा का सम्पर्क सर्वप्रथम एक ऐसी सभ्यता से हुआ जो न केवल भिन्न थी, वरन् उच्चतर भी थी, क्योंकि इसने अपने ही देश में सामन्तवाद को खत्म किया था। यह संस्कृति औद्योगिकवादी थी। अत: इससे एक नया वातावरण उत्पन्न हुआ। इसके फलस्वरूप पुरानी व्यवस्था के जीवित रहने का प्रश्न उठ खड़ा हुआ, आत्मसात करने का प्रश्न तो था ही नहीं।

पुरोहितशाही-कृत बुराइयाँ

ब्राह्मण वर्ग, स्वरचित साहित्य तथा तर्क द्वारा मध्ययुगीन धर्म एवं समाज को न्याययुक्त बताता था, जनसाधारण पुरोहितशाही का दास बन गया था। प्राचीन धर्मग्रन्थ संस्कृत में

थे और इनका अध्ययन केवल ब्राह्मण ही कर सकते थे। बहुसंख्यक जनता को न तो संस्कृत का ज्ञान था और न ही धर्मग्रन्थों का। उनके लिए कर्मकांडी पंडित की वाणी ही धर्म था। आश्चर्य की बात यह है कि पंडित स्वयं साधारणतः धर्मग्रन्थों से अनभिज्ञ थे जिसके फलस्वरूप कई अमानुषिक एवं अबुद्धियुक्त प्रथाओं का जन्म हुआ जो समय के साथ-साथ बढ़ती ही गयीं। इनमें से कुछ पुरोहितशाही ने अपनी स्वसत्ता के के लिए रची थीं। हिन्दू कई देवी-देवताओं की पूजा किया करते थे जिनके आधार पर कई सम्प्रदाय तथा उप-सम्प्रदाय बन गये थे। बहुत हद तक उनकी उपस्थिति हिन्दू धर्म की सहनशीलता का परिणाम था। रूढ़ि, परम्परा, रीति-रिवाज़ तथा धर्म के नाम पर समाज अनेक बुराइयाँ स्वीकार कर लेता था।

इन सामाजिक बुराइयों का मुख्य शिकार स्त्रियाँ एवं निम्न वर्ग हुए। तत्कालीन समाज में स्त्रियों की दशा बहुत दयनीय थी। वे मानव जाति की आधी संख्या होते हुए भी दासता की स्थिति में रहने को विवश थीं। उन्हें सम्पत्ति से वंचित रखा जाता था। उनके पास केवल एक ही सम्पत्ति थी और वह थी दासता। यहाँ यह कहना उचित होगा कि प्राचीन भारत में, वे पति की मृत्यु के पश्चात समान सम्पत्ति की भागीदार होती थीं। लेकिन, तत्कालीन समाज में पति की मृत्यु के पश्चात दास सा जीवन व्यतीत करने के लिए विवश थीं। समाज में बहु-विवाह प्रथा प्रचलित थी। बंगाल के कई कुलीन ब्राह्मण धन की लालच से अथवा अपनी पाशविक प्रवृत्ति को सन्तुष्ट करने के लिए तीस अथवा चालीस स्त्रियों से विवाह कर लेते थे। निम्न वर्ग की दशा सुधारने का प्रश्न आगे चलकर राष्ट्रवादियों के सम्मुख उपस्थित हुआ।

अमानुषिक तथा अबुद्धियुक्त प्रथाओं में सती प्रथा प्रमुख थी। स्वर्ग के प्रलोभन और सामाजिक दण्ड का भय दिखाकर स्त्रियों को बलात् सती होने के लिए बाध्य किया जाता था। सम्बन्धियों का इसमें भौतिक हित था। एक ओर तो वे मृत व्यक्तियों की सम्पत्ति को बाँट सकते थे तथा दूसरी ओर एक प्राणी की आजीविका का प्रश्न हल हो जाता था। इस हित को वे धर्म और नैतिकता का आवरण पहनाते थे। जो स्त्रियाँ ऐसा न करने की इच्छा व्यक्त करती थीं, उन पर वे आत्मसंयम के अभाव का आरोप लगाते थे। आश्चर्य की बात यह है कि पुरोहितशाही इन प्रथाओं और दशाओं को धर्म एवं धार्मिक ग्रन्थ के आधार पर पुष्ट करते थे।

सती प्रथा प्राचीन धर्मग्रन्थों द्वारा अनुमोदित नहीं थी, किन्तु फिर भी यह प्रथा बढ़ती ही जा रही थी। स्त्री की अनिच्छा होते हुए भी उसे बलात् ऐसे कार्य करने के लिए बाध्य किया जाता था। बंगाल में इस प्रथा का बाहुल्य था। जब स्त्री सती होने जाती थी तो ढ़ोल पीटे जाते थे। यह दृश्य अत्यंत दयनीय एवं अमानुषिक होता था।

स्त्रियों की दयनीय स्थिति के साथ ही भारतीय समाज का निम्न वर्ण भी सोचनीय दशा में था। हिन्दू वर्ण-व्यवस्था का स्रोत, ऋग्वेद का पुरुष सूक्त माना

जाता है। वास्तव में वर्ण-व्यवस्था का मुख्य आधार आर्थिक एवं सामाजिक था। आर्यों ने इस दृष्टि से समाज को चार वर्णों में विभक्त किया था। प्राचीन काल से वर्ण-व्यवस्था कर्म के सिद्धान्त पर आधारित थी, परन्तु धीरे-धीरे इस व्यवस्था का आधार जन्म हो गया। साथ ही साथ चतुर्थ वर्ण की स्थिति दासों सी हो गयी और इसके पश्चात अस्पृश्यता का जन्म हुआ। हिन्दू समाज का यह अंग सदैव मानवीय अधिकारों से वंचित रहा। इन बुराइयों के साथ प्रायश्चित नियम, विदेश यात्रा, छुआछूत, ऊँच-नीच की भावना, अज्ञानता, अशिक्षा आदि प्रथाओं का जन्म हुआ। इन स्थितियों का ईसाई मिशनरियों ने भी लाभ उठाया। वास्तव में अट्ठारहवीं शताब्दी की भारतवर्ष की राजनीतिक एवं सामाजिक स्थिति भी इसके लिए उत्तरदायी थी।

औरंगजेब की मृत्यु के पश्चात केन्द्रीय सत्ता के टूटने से भारतवर्ष अनेक छोटे-छोटे स्वतन्त्र राज्यों में विभक्त हो गया। ये राज्य आपस में लड़ा करते थे। ऐसे समय में अँग्रेज़ी राज्य स्थापित हुआ और शनैः-शनैः इसका विस्तार हुआ। यूरोपीय सौदागरों के साथ-साथ यूरोपीय पादरियों ने भी भारत में प्रवेश किया। वैसे तो ईसाई धर्म प्रचारक पहले भी भारतवर्ष में आये थे और कई स्थानों में धर्म परिवर्तन के कार्य में सफल भी हुए, किन्तु ब्रिटिश लोगों के हाथों में राजनीतिक सत्ता आने से स्थिति में परिवर्तन हुआ। यह सत्य है कि ब्रिटिश शासकों ने आरम्भ में पादरियों को प्रोत्साहन नहीं दिया था, परन्तु परोक्ष रूप से ईसाई धर्म प्रचारकों को उनके धर्म परिवर्तन के ध्येय की पूर्ति में निम्न वर्णों की दयनीय दशा से बड़ी सहायता मिली। यही नहीं, उच्च वर्ण के कई व्यक्तियों ने भी ईसाई धर्म ग्रहण किया। इसके लिए पूर्ण रूप से हिन्दू धर्म का आडम्बर उत्तरदायी था। हिन्दुओं की मूर्तिपूजा ईसाई पादरियों की आलोचना एवं हँसी का विषय बनी। हिन्दू, मूर्तिपूजा को शास्त्रों के अनुकूल मानते थे, वहीं ईसाई पादरी इस पर प्रहार करते थे। ईसाई पादरियों के अतिरिक्त तत्कालीन हिन्दू धर्म भारतवर्ष के उग्र एवं उत्तेजक युवाओं की आलोचनाओं का भी शिकार हुआ।

डेरोजियोवादियों के आक्षेप

जैसे कि पिछले अध्याय में कहा गया है कि नवीन नगर के नवीन मध्यम वर्ग के जन्म से एक नयी परिस्थिति उत्पन्न हुई। इस मध्यम वर्ग की प्रतिक्रिया की सर्वप्रथम विषय-वस्तु हिन्दू समाज एवं हिन्दू धर्म बना। आरम्भ में इस प्रतिक्रिया ने उग्र रूप धारण किया। डेरोजियोवाद इसका प्रतिनिधित्व करता है। डेरोजियो (1809-31) नामक एक नवयुवक शिक्षक ने उस समय के विद्यार्थी वर्ग को अपनी ओर मधुमक्खी की भाँति आकर्षित किया था। उसके अनुयायी नवयुवक डेरोजियोवादी के नाम से विख्यात हुए जिन्हें यंग बंगाल के नाम से भी जाना जाता है। यहाँ संक्षेप

में डेरोजियो का परिचय देना प्रासंगिक होगा।

हैनरी लुई विवयान डेरोजियो (1809-31) का जन्म यूरेशियन परिवार में हुआ था तथा उसकी शिक्षा कलकत्ता के सुप्रसिद्ध शिक्षा संस्थान ड्रूमाण्ड की अकादमी में हुई थी। वह एक विलक्षण बुद्धि का विद्यार्थी था। वह साहित्यिक प्रतिभा से युक्त था और विद्यार्थी जीवन से ही लिखना आरम्भ कर दिया था। वह कलकत्ता के व्यवसायिक प्रतिष्ठान में लिपिक के पद पर आसीन था। उसे वहाँ से भागलपुर में नील उद्योग में कार्य करने के लिए स्थानान्तरित किया गया। यहाँ उसने अँग्रेज़ी में कुछ श्रेष्ठ कविताओं की रचना की। उसने अट्ठारह वर्ष की आयु में अपनी कविताओं की प्रथम पुस्तक प्रकाशित की, जिसकी भारत और इंग्लैंड में समालोचकों ने कोटि-कोटि प्रशंसा की। वह इंडियन गजट से जुड़े हुए थे। सन् 1826 में वे कलकत्ता में हिन्दू कॉलेज में शिक्षक नियुक्त हुए। यहाँ डेरोजियो ने अपने शिक्षण, व्यक्तित्व एवं उग्र विचारों से विद्यार्थियों को प्रभावित किया था। शीघ्र ही डेरोजियो ने एकेडमिक ऐसोसिएशन नामक संस्था की स्थापना की। इस संस्था ने क्रमिक रूप से सामाजिक अन्याय और रूढ़िवादिता के विरुद्ध विद्रोह की भावना उत्पन्न की। डेरोजियो के अनुयायियों के उग्र विचारों से स्थानीय अनुदारवादी व्यक्तियों में रोष उत्पन्न हुआ। फलतः इन विरोधों के कारण हिन्दू कॉलेज के व्यवस्थापकों ने डेरोजियो पर विद्यार्थियों के नैतिक मूल्यों को विषाक्त करने का आरोप लगाया। कॉलेज के व्यवस्थापकों ने डेरोजियो को त्यागपत्र देने के लिए बाध्य किया। 1831 में डेरोजियो ने पत्रकारिता का पेशा अपनाया तथा 'ईस्ट इंडियन' पत्र आरम्भ किया तथा अपने उग्र विचारों को प्रसारित किया। दिसम्बर 1831 में डेरोजियो की मृत्यु हो गयी।

डेरोजियो ने अपने शिष्यों को कुछ चीजें सिखाईं—अपने आप सोचने का पुनीत कर्त्तव्य, सत्य के लिए जीवित रहना तथा मरना, जीवन में सदगुणों का व्यवहार करना तथा दुगुर्णों से घृणा करना।[1] उसने अपने शिष्यों को आत्म-अनुशीलन, सत्यनिष्ठा, सम्पूर्ण सदाचारों का संरक्षण एवं अभ्यास करना तथा प्रत्येक दिशा में अधर्म को दूर करने आदि पर जोर दिया। प्रायः प्राचीन इतिहास के न्याय, प्रेम, देशभक्ति, विश्व प्रेम के उदाहरणों एवं दृष्टांतों को सूत्र शैली में प्रस्तुत करके उसने अपने शिष्यों के ज्ञान चक्षु खोले तथा उन्हें तर्क करना सिखाया और उनमें कविता तथा साहित्य पढ़ने की रूचि को उत्पन्न किया। उसने हिन्दू कॉलेज में प्रथम वाद-विवाद सभा स्थापित की।[2]

यूरेशियन शिक्षक, दार्शनिक तथा कवि डेरोजियो ने अपने हिन्दू कॉलेज के सम्पर्क के तीन वर्ष के काल में नवयुवकों के विचारों को उत्तेजित करने तथा बढ़ाने का जितना अधिक कार्य किया उतना संभ्भवतः और अध्यापकों ने इतने कम समय

में नहीं किया। उसने कई शिष्यों का प्रेम तथा आदर अर्जित किया।

डेरोजियोवादियों की 1827 में 'ऐकेडमिक ऐसोसियशन' नाम की एक सभा की स्थापना हुई। 'द इनक्वायरर' और 'ज्ञानेश्वर' इनके समाचार पत्र थे। यही वे बुद्धिजीवी थे जो भविष्य में राष्ट्रवादी लेखकों की निन्दा के विषय बने। ये वही थे, जिनके विषय में कहा जाता है कि वे मदिरापान तथा गोमांस भक्षण जैसे कर्मों को यूरोपीय सभ्यता की विशेषता मानते थे। वे रहन-सहन में भी यूरोप की नकल करते थे। किन्तु, उनके जीवन का दूसरा पहलू भी था कि वे शत-प्रतिशत बुद्धिवादी थे। वे ही सर्वप्रथम व्यक्ति थे जिन्होंने बुद्धिवादी, स्वातंत्र्यवाद, मध्ययुगीन विरोध को अपने जीवन में उच्च स्थान दिया। यदि उनका यूरोपियनवाद उन्हें राष्ट्रवादियों की निन्दा का विषय बनाता है तो शास्त्रीय दृष्टि से उनकी बुद्धि उन्हें आधुनिक भारत का अगुआ बनाती है। तर्क बुद्धिवाद की विशेषता है। तर्क-वितर्क का सामाजिक जीवन में प्रसार इन्हीं के द्वारा हुआ। रामगोपाल घोष (1815-68) को, जिनका निवास स्थान डेरोजियन गोष्ठी का केन्द्र था, बंगाल का 'डमास्थनीज़' कहा जाता था।[3] उन्होंने अपने जीवन का सिद्धान्त यह बताया था—जो तर्क नहीं करेगा वह अन्धविश्वासी है, जो तर्क नहीं कर सकता वह मूर्ख है, जो तर्क नहीं करेगा वह दास है।[4]

उस समय हिन्दू कॉलेज के विद्यार्थियों ने 'अधिनियम' नामक पत्रिका प्रकाशित की। इसके द्वारा वे परम्परागत हिन्दू धर्म पर निर्दयता से आक्षेप करते थे। माधवचन्द्र मल्लिक ने लिखा है कि यदि हम हृदय से किसी चीज़ से घृणा करते हैं तो वह है हिन्दूवाद।[5] यह स्वभाविक था कि उत्साह में आ कर उनकी आलोचना ने विरोध का रूप धारण कर लिया। वे सोचते थे कि हिन्दू धर्म मानवीय एवं राष्ट्रीय प्रगति के पथ में बाधक है।

राममोहन राय के विचार

इस समय की वैदिक एवं सामाजिक स्थिति में साधारण हिन्दू अपने धर्म को राष्ट्र का पर्यायवाची मानते थे। फलतः धर्म पर आक्षेप का अर्थ राष्ट्र पर आक्षेप समझा जाता था। यहाँ यह बताना उचित होगा कि आधुनिक राष्ट्रवाद की भावना का कुछ दशकों के बाद जन्म हुआ था। ऐसी स्थिति में एक देशभक्त का स्वभाविक लक्ष्य था कि हिन्दू धर्म एवं समाज को आक्षेपों से बचाना और उन्हें आधुनिकता की बढ़ती हुई रोशनी के अनुकूल बनाने का प्रयास करना। इस महान कार्य की पूर्ति राममोहन राय के जीवन काल में हुई। इस सम्बन्ध में उन्हें कितना सामाजिक एवं बौद्धिक विरोध का सामना करना पड़ा तथा कितनी यातना सहनी पड़ी? इसका उल्लेख करना सरल नहीं है। वे अपने लक्ष्य की पूर्ति निःस्वार्थ दृष्टि से करना चाहते थे।

वेदान्त के सारांश के अनुवाद की भूमिका के अन्त में वे लिखते हैं कि मैं एक ब्राह्मण हूँ। मैंने अन्तःकरण और ईमानदारी का मार्ग अपनाया। इसके फलस्वरूप कुछ सम्बन्धियों की शिकायतों एवं निन्दाओं का शिकार बना। उनके पूर्वाग्रहों और धर्मपद्धति पर आज भी उनके वैयक्तिक हित आधारित हैं। मैं शांतिपूर्वक इन सभी को सहन कर सकता हूँ। यह विश्वास करके कि मेरे अभिप्राय उस ईश्वर की स्वीकृति है जिसे अदृश्य में देखता हूँ एवं दृश्य में क्षतिपूर्ति करता हूँ।[6]

यह तो सर्वविदित है कि राममोहन राय एक धर्म एवं समाज सुधारक थे। उनका दृष्टिकोण ऐहिकवादी था, यह उनके द्वारा लिखे लेखों से स्पष्ट हो जाता है। उन्होंने जनवरी, 1828 ई. में सिल्क बकिंघम को एक पत्र में ऐसा लिख था—मैं तुमसे सहमत हूँ कि अवगुणों की दृष्टि से यूरोपीय एवं अमेरिकी ईसाइयों की तुलना में हिन्दू बुरे नहीं हैं। मुझे खेद के साथ कहना पड़ता है कि हिन्दुओं का वर्तमान धर्म उनके राजनीतिक हितों की वृद्धि में सहायक नहीं है। जाति भेद ने, जिसके फलस्वरूप उनमें असंख्य विभाजन एवं उप-विभाजन हो गये हैं, उन्हें देशभक्ति की भावना से पूर्णतः वंचित कर दिया है। मैं समझता हूँ कि यह आवश्यक है कि कम से कम उनके राजनीतिक लाभ तथा सामाजिक सन्तोष के हेतु उनके धर्म में कुछ परिवर्तन हों।[7]

उक्त उद्धरण यह इंगित करता है कि राममोहन राय के धर्म सुधार की चेष्टा का यह अभिप्राय था कि हिन्दुओं में देशभक्ति की भावना प्रबल बने और वे राजनीतिक दृष्टि से प्रगति कर सकें। वाणिज्य जैसे साहसिक कार्य कर सकें। सामाजिक सुख एवं समृद्धि का भोग कर सकें। अस्तु, ऐहिकवाद उनके धर्म सुधार के मूल में था। स्पष्टतः एवं सत्यतः आधुनिक भारत को दृष्टि में रखकर यदि चिन्तन किया जाय तो यह स्पष्ट हो जाएगा कि उनके द्वारा स्थापित ब्रह्म समाज एक युग पथ-प्रदर्शक था। आधुनिक भारत के सभी धार्मिक सुधारवादी आन्दोलन मूलतः ऐहिकवादी थे। भले ही उन पर धर्म दर्शन के सुधार का आवरण हो।

राममोहन राय ने न केवल तत्कालीन हिन्दू धार्मिक एवं सामाजिक व्यवस्थाओं की आलोचना की, वरन् उन्हेंने हिन्दू धर्म को ईसाइयों के प्रहारों से भी बचाया। उन्होंने बतलाया कि मूर्तिपूजा मूल हिन्दू धर्म नहीं है। उनका ध्येय हिन्दू धर्म का विरोध करना नहीं था, बल्कि उसे जीवित रखना था। उन्होंने अपने संस्मरणों में लिखा है कि सभी शास्त्रों में मेरा पक्ष यही रहा है कि मैं हिन्दू धर्म का विरोधी नहीं, किन्तु हिन्दू धर्म के बिगड़े हुए रूप का विरोधी अवश्य हूँ। मैंने यही दर्शाने का प्रयास किया है कि ब्राह्मण जिस मूर्तिपूजा को मानते हैं, वह उनके पूर्वजों की प्रथा के प्रतिकूल है तथा उन प्राचीन ग्रथों और शास्त्रों के भी जिनके आदर करने एवं मानने का वे दावा करते हैं।[8]

राममोहन राय के अरबी तथा संस्कृत के प्राचीन धर्मग्रन्थों के अध्ययन ने उनकी मूर्तिपूजा विरोधी धारण को और परिपुष्ट किया। इकबाल सिंह के अनुसार पटना में असन्तोष के बीज उत्पन्न हुए जो आगे चलकर उन्नीसवीं शती के हिन्दू सुधार आन्दोलन के रूप में प्रस्फुटित हुए।[9] उनका विश्वास था कि मूर्तिपूजा के साथ बहुत–सी निर्रथक बातों ने धर्म में प्रवेश कर लिया था। मूर्तिपूजा अन्धविश्वासों एवं हानिकारक तथ्यों का स्रोत है।

भारत के अतीत के गौरव के महत्त्व को समझा। उनका विश्वास था कि भारतीय जनता में अन्य सभ्य व्यक्तियों के समान उन्नति करने की क्षमता है। उनका विश्वास था कि एशियाई जातियाँ निम्न कोटि की नहीं हैं। उनका अतीत गौरवशाली है। उन्होंने ईशोपनिषद् की भूमिका के अन्त में लिखा है कि उन्होंने पुरानी अनैतिक एवं अमानुषिक प्रथा का विरोध इसलिए किया कि उन्होंने अपनी जाति का नैतिक पतन देखा। इस सम्बन्ध में उन्होंने कहा कि यह जाति उत्तम कार्य करने योग्य है। उसका चरित्र उसे उच्चाति–उच्च स्थान तक ले जा सकता है। एक प्रसंग में एक ईसाई ने जब एशियाई दुर्बलता के विषय में कुछ कहा तो राममोहन राय ने उसका मुँहतोड़ उत्तर दिया कि सभी प्राचीन धर्म प्रचारक एशिया में पैदा हुए हैं। उन्होंने यह भी गर्व से कहा कि जहाँ तक विज्ञान, साहित्य और धर्म का प्रश्न है, विश्व हमारे पूर्वजों के प्रति ऋणी है।[10]

तत्कालीन जाति तथा वर्ण–व्यवस्था में भी बुराइयाँ देखीं। उन्होंने जाति प्रथा द्वारा उत्पन्न संकट को देखा। वे इस बात से अनभिज्ञ न थे कि वर्ण–व्यवस्था का औद्योगिक सम्पन्नता पर प्रभाव पड़ता है। इस सम्बन्ध में उन्होंने संवाद कौमुदी के आठवें अंक में अपने विचार प्रकट किए थे। इस अंक में प्रकाशित 'एक धनी के आवेदन' से यह स्पष्ट हो जाता है।[11]

राममोहन राय ने धर्म सुधार एवं समाज सुधार का मार्ग इसलिए नहीं अपनाया था कि वे शंकराचार्य बनना चाहते थे।[12] देशभक्त होने के कारण वे तत्कालीन हिन्दू धर्म को राष्ट्र, समाज तथा व्यक्ति की प्रगति में बाधक मानते थे। ऐहिकवाद तथा मानववाद उनके धर्म सुधार की पीठिका था। उनकी हार्दिक इच्छा थी कि भारतीयों में देशभक्ति हो तथा वे सर्वांगीण प्रगति के मार्ग पर अग्रसर हो सकें। भारतीयों की सामाजिक एवं इहलौकिक प्रगति उनके जीवन तथा धर्म सुधार का लक्ष्य था। भारत में जहाँ एक ओर कर्मकांडी व्यक्ति पुरोहितशाही के समर्थक थे वहीं दूसरी ओर ईसाई धर्म प्रचारक इस प्रथा के आधार पर हिन्दू धर्म की आलोचना किया करते थे। राममोहन राय ने बताया कि हिन्दू धर्म की यह विशेषता नहीं है।

वेदान्त के आंग्ल संस्करण की भूमिका में वे अपने प्रयास एवं स्पष्टीकरण को भव्य ढंग से प्रस्तुत करते हैं। उन्होंने लिखा है कि अपने तथा अपने पूर्वजों के धर्म का

समर्थन करने के लिए मैं कुछ समय से यह प्रयास कर रहा हूँ कि अपने देशवासियों को अपनी पुनीत सच्ची पुस्तकों का ज्ञान कराऊँ। यह भी बताना मेरा कार्य रहा है कि जो आरोप मुझ पर लगाये गये हैं, वे तर्कयुक्त नहीं हैं।[13] मैं इस ग्रन्थ के अँग्रेज़ी अनुवाद से अपने यूरोपियन मित्रों को यह बताने की चेष्टा करता हूँ कि उन अन्धविश्वासी व्यवहारों से वास्तविक हिन्दू धर्म का कोई सम्बन्ध नहीं रहा है, उन्हीं के कारण हिन्दू धर्म में विकृति आई है।[14]

वास्तविक हिन्दू धर्म को भारतीयों एवं यूरोपियनों को समझाने के साथ-साथ राममोहन राय ने तत्कालीन भारतीय समाज में स्त्रियों की दशा के सम्बन्ध में अपने विचार प्रस्तुत किए। राममोहन राय स्त्रियों के उद्धार कार्य में भी अग्रणी रहे। तत्कालीन समाज में स्त्रियों की दशा अत्यंत दयनीय थी। वे अज्ञानता तथा दासता की जंजीरों से जकड़ी हुईं थीं। राममोहन राय ने 1822 में Modern Encroachments on the Ancient Rights of Females में बहुत से उद्धरणों द्वारा यह बताया कि सभी प्राचीन नियम निर्माताओं ने पति की मृत्यु के बाद उसकी स्त्री व पुत्र को सम्पत्ति का समान भागीदार माना है। लेकिन, दुर्भाग्य से बाद के मीमांसकों ने इसको रद्द कर दिया। फलतः आज स्त्रियों को पति की सम्पत्ति से वंचित कर दिया गया। इसलिए एक स्त्री जो एक परिवार की स्वामिनी की भाँति रहती थी, पति की मृत्यु के पश्चात पुत्र के अधीन हो जाती है। उन्होंने बहु-विवाह की भी कटु आलोचना की तथा बताया कि बंगाल में जहाँ इस प्रथा का बाहुल्य है वहीं स्त्री-आत्महत्या (सती) का बाहुल्य है। ब्राह्मणों में प्रचलित बहु-विवाह प्रथा प्राचीन नियम निमार्ताओं के प्रतिकूल है। उन्होंने पहली पत्नी के जीवित रहने पर दूसरा विवाह तभी स्वीकार किया है जब पहली पत्नी में कोई विशेष शारीरिक या नैतिक दोष हो।[15]

सती प्रथा के विरुद्ध राजा राममोहन राय ने मानववादी पग उठाया। उन्होंने रूढ़िवादी हिन्दुओं के विरुद्ध आन्दोलन संगठित किया जो सरकार द्वारा सती-प्रथा को नियंत्रित करने का विरोध कर रहे थे। जहाँ तक सरकार का प्रश्न था उन्होंने टालने की नीति अपनाई, किन्तु गैर सरकारी अँग्रेजों ने राममोहन राय के प्रयास से सहानुभूति रखी। इन गैर सरकारी अँग्रेजों के समाचार पत्र 'कलकत्ता जनरल' एवं 'कलकत्ता गजट' में राममोहन राय के तर्कों का समर्थन एवं प्रचार किया। 'इंडियन गजट' ने भी उनके विचारों से सहानुभूति रखी। मार्च 1818 में इस पत्र में उनके हरिहरनन्द के फर्जी नाम से पत्र छपा।

राममोहन राय ने अगस्त 1818 ई. में एक आवेदन लिखा। जिसमें उन्होंने बताया कि ऐसा भी दृष्टांत हैं जब मृत व्यक्ति के निकट सम्बन्धियों ने उसकी स्त्री (पत्नी) को सती होने के लिए बाध्य किया, तब दुःख एवं आवेश की स्थिति में उस स्त्री ने सती होने की अनुमति दे दी, किन्तु बाद में उसने संकोच किया तब उसे सती

होने के लिए बाध्य किया गया। जब उसने जलती हुई चिता से भागने का प्रयस किया तो उसे जबरन सती किया गया। ऐसे अमानुषिक उदाहरण प्रत्येक शास्त्र एवं सामान्य ज्ञान के विपरीत हैं। इस आवेदन के बाद राममोहन राय ने अपनी कलम सती-प्रथा के विरुद्ध उठायी। उन्होंने सती-प्रथा के समर्थकों और उनके विरोधी के वाद-विवाद को बंगला में लिखा, जो नवम्बर, 1818 ई. में अँग्रेज़ी में अनुदित हुआ। यह राममोहन राय की तर्क शैली का अनुपम उदाहरण था। राममोहन राय के निरन्तर प्रयासों से गर्वनर जनरल लार्ड विलियम बेंटिंक तथा परिषद ने सती प्रथा में सरकारी हस्तक्षेप की नीति अपनायी। फलतः 4 दिसम्बर, 1829 में एक सती अधिनियम (XVII) पारित हुआ जिसके फलस्वरूप इस अमानुषिक प्रथा पर प्रतिबन्ध लगा।

राममोहन राय तथा उनके अनुयायियों ने सभी धर्मों की अच्छाइयों को ग्रहण करके हिन्दू समाज तथा धर्म को जीवित रखने का भरकस प्रयास किया। उन्होंने तत्कालीन प्रचलित रूढ़ियों तथा अन्धविश्वासों को शास्त्रों के प्रतिकूल बताया। आधुनिक राष्ट्र नायकों ने भी राममोहन राय की परम्परा का निर्वहन किया। सभी ने इस बात पर जोर दिया कि अन्धविश्वास की दुनिया लौकिक प्रगति के लिए प्रमुख अवरोध है।

सन्दर्भ

1. ई. डब्लू. मैज, हेनरी डेरोजियो, कलकत्ता, 1967, पृ. 9
2. वही, पृ. 41
3. वही, पृ. 11
4. उद्धृत, स्टड़ीज़ इन बंगाल रेनासां, जादवपुर, 1958, पृ. 19
5. शिवनाथ शास्त्री, रामतनु लाहरी, लन्दन, 1907, पृ. 69
6. राजा राममोहन राय, द इंग्लिश वर्क्स, II कलकत्ता, 1946, पृ. 61
7. राजा राममोहन राय, द इंग्लिश वर्क्स, IV कलकत्ता, 1947, पृ. 95-96
8. उल्लेखित मेरी कारपेंटर, द लास्ट डेज़ इन इंग्लैंड ऑफ द राजा राममोहन राय, कलकत्ता, 1915, पृ. 25
9. इकबाल सिंह, राजा राममोहन राय, बम्बई, 1957, पृ. 33
10. राजा राममोहन राय, द इंग्लिश वर्क्स, II कलकत्ता, 1946, पृ. 52
11. रामानन्द चटर्जी, राममोहन राय एण्ड मॉर्डन इंडिया, पृ. 34
12. वही, पृ. 35
13. राजा राममोहन राय, द इंग्लिश वर्क्स, II कलकत्ता, 1946, पृ. 59
14. वही, पृ. 60
15. के.सी व्यास, दि सोशल रेनासां इन इंडिया, बम्बई, 1957, पृ. 25-26

दयानन्द सरस्वती

स्वामी दयानन्द सरस्वती के बचपन नाम मूलशंकर था। उनका जन्म सन् 1824 में काठियावाड़ के मौरवी राज्य के टंकरा गाँव में एक रुढ़िवादी ब्राह्मण परिवार में हुआ था। बाल्यकाल में ही मूलशंकर में अद्‌भुत प्रतिभा के दर्शन होने लगे थे। 14 वर्ष की अवस्था में ही उन्होंने वेदों के कुछ भागों को कंठस्थ कर लिए था। एक बार (1838) शिवरात्रि के पर्व पर उन्होंने अपने पिता की आज्ञा से सम्पूर्ण-रात्रि का व्रत रखा। अर्द्धरात्रि में उन्होंने देखा कि एक चूहा शिवलिंग पर चढ़कर, उस पर अर्पित की हुई पूजा-सामग्री को खा रहा है। इस घटना ने उनके अन्दर एक क्रान्तिकारी परिवर्तन हुआ। उन्होंने सोचा कि महान शक्ति और सृष्टिकर्त्ता का प्रतिरूप माना जाने वाला यह शिवलिंग एक छोटे से चूहे को भी हटाने में असमर्थ है। उनमें मूर्ति के प्रति अविश्वास उत्पन्न हुआ और उन्होंने अपना व्रत तोड़ दिया।

दो वर्ष पश्चात अपनी छोटी बहन और चाचा के मृत्यु से उनका चित्त इस भौतिक जगत से विमुख होने लगा। उन्होंने सत्य-प्राप्ति के लिए सभी प्रकार के सांसारिक सुखों का परित्याग करने का निश्चय किया। वैराग्य का यह सूत्र समय के साथ धीरे-धीरे प्रबल होता गया। माता-पिता ने उनका विवाह कर उन्हें मोहपाश में बाँधने का प्रयास किया, किन्तु उनका यह प्रयास सफल नहीं हो पाया। उन्होंने 22 वर्ष की अवस्था में घर का परित्याग कर दिया।

घर छोड़ने के पश्चात वे अनेक गाँव एवं नगर में घूमते हुये अहमदाबाद एवं वहाँ से बड़ौदा पहुँचे, जहाँ उनकी भेंट चैतन्य-मठ के संन्यासियों से हुई। उन्होंने 24 वर्ष की अवस्था में एक दाक्षिणात्य दण्डी स्वामी पूर्णानन्द सरस्वती से संन्यास ग्रहण किया और अपना नाम दयानन्द सरस्वती रख लिया। इस बीच उन्होंने योगाभ्यास और संस्कृत व्याकरण में अपनी रुचि उत्पन्न की। इधर-उधर विचरण करते हुए तीन वर्ष पश्चात वे मथुरा पहुँचे। जहाँ वे प्रसिद्ध विद्धान स्वामी विरजानन्द से मिले और उनकी शिष्यता में व्याकरण और वेदों का गहन अध्ययन किया। इसके पश्चात गुरु

की आज्ञा के अनुसार उन्होंने हिन्दू जाति को रुढ़ियों एवं निजी स्वार्थों के बन्धनों से मुक्त कराकर सच्चे धर्म पर लाने के लिए प्रयास आरम्भ किये।

स्वामी दयानन्द ने सर्वप्रथम आगरा में 1873 में उपदेश देना आरम्भ किया, यहीं से उन्होंने उत्तर भारत के प्रमुख नगरों में जाकर पुरोहितशाही के समर्थकों को शास्त्रार्थ के माध्यम से पराजित करते हुए वैदिक धर्म का प्रचार प्रारम्भ किया। उन्होंने हिन्दू-धर्म में व्याप्त कुरीतियों और अन्धविश्वासों पर प्रहार ही नहीं किया, वरन् सच्चे हिन्दू धर्म की पुनर्स्थापना का प्रयास किया। वे राजस्थान भी गये वहाँ वे देशी नरेशों से मिले और उनमें व्याप्त दुष्कर्मों का बड़े कठोर रूप में विरोध किया।

दयानन्द सरस्वती ने 10 अप्रैल, 1875 में बम्बई में आर्य-समाज की स्थापना की तथा उसी वर्ष 'सत्यार्थ प्रकाश' प्रकाशित किया। तदुपरान्त 1877 में लाहौर में आर्य समाज का पुनर्गठन किया, जिसमें समाज को दस पवित्र सूत्रों में बाँधा गया। इस प्रकार सत्य का प्रचार और असत्य का पर्दाफाश करते हुए 30 अक्टूबर, 1883 में अजमेर में उनका शरीरान्त हो गया।

स्वामीजी ने जीवनपर्यन्त अखंड ब्रह्मचर्य-व्रत का पालन किया। उन्होंने देश में व्याप्त पाखंडवाद, अन्धविश्वास आदि सामाजिक कुप्रथाओं पर प्रहार किया। उन्होंने समाज में व्याप्त बुराइयों का एक मात्र कारण यह माना कि हिन्दू सच्चे वैदिक धर्म को भूल गये हैं। अतः स्वामीजी के जीवन का लक्ष्य इसी वैदिक धर्म की खोज तथा उसका प्रचार बनाया।

नया युग, नया सुधारक

स्वामीजी ने जिस समय व्यावहारिक जीवन में प्रवेश किया, उस समय हिन्दू-धर्म की स्थिति क्रमशः खराब होती जा रही थी। ब्राह्मण वर्ग ने जनता को अपने कठिन संस्कारों एवं कर्मकांडों में जकड़ रखा था। पण्डे, पुजारी और मठाधीश हिन्दू जनता का शोषण कर रहे थे। प्रत्येक ब्राह्मण अपने को ईश्वर के समतुल्य मानता और उसका शब्द ही धर्म माना जाता था। हिन्दू धर्म की सर्वोच्चता एवं ब्राह्मणों के प्रभाव को ब्लंट ने 1911 की आगरा एवं अवध की रिपोर्ट में बताते हुए लिखा कि यद्यपि यह उचित है कि जन्म के आधार पर ब्राह्मणों की सर्वोच्चता को हिन्दू धर्म के विश्वास के लिए मानने के दिन समाप्त हो गये हैं, मगर फिर भी हम धार्मिकता और सम्पूर्ण समाज पर उनके प्रभुत्व को कम नहीं कर सकते। मध्यकालीन पोप धार्मिक विषयों में निरंकुश था, लेकिन ब्राह्मणों की सत्ता की तुलना में पोप का प्रभुत्व नाम मात्र ही था। एक ब्राह्मण स्वयं में ईश्वर नहीं था, वरन् अन्य धार्मिक विषयों में उसकी सत्ता ईश्वर के समकक्ष ही थी।

समाज में कर्म के आधार पर बनी वर्ण-व्यवस्था में समय के साथ कुछ बुराइयाँ उत्पन्न होती चली गयीं। कालाप्तर में वर्ण-व्यवस्था का आधार जन्म हुआ,

जिससे कि समाज में गतिशीलता कम हो गयी। चार वर्णों ब्राह्मण, क्षत्रिय, वैश्य और शूद्र के अतिरिक्त अन्य कई वर्ण और उपवर्ण बन गये थे जिससे ऊँच-नीच और छुआछूत की भावना उत्पन्न हो गयी थी। तीर्थ-स्थल, मन्दिर, मठ जो शांति प्राप्ति एवं भक्ति के लिए बनाए गये थे आगे चल कर विलासिता के केन्द्र बन गये तथा उनमें विद्या का अभाव हो गया। केवल उच्च वर्ग ही विद्या ग्रहण करने का अधिकारी समझा जाता था। अन्य मनुष्य प्राय: शास्त्रों के ज्ञान से वंचित थे। चारों ओर कर्मकांड का बोलबाला था। ऐसी व्यवस्था पुरोहितशाही वर्ग के लिए सर्वथा अनुकूल सिद्ध हुई जिसने न केवल धर्म की आड़ में अनेक बुराइयों को जन्म दिया, वरन अनाचारों में वृद्धि की जिसके फलस्वरूप हिन्दू जनता का क्रमश: नैतिक पतन होता चला गया।

पुरोहितशाही ने हिन्दू धर्म को ऐसे अनेक धार्मिक पाखंडों में जकड़ रखा था कि उनकी सोचने की शक्ति का क्रमश: ह्रास हो गया था। हिन्दू धर्म एक प्रकार से एक गढ़-सा बन गया था, जिसमें बाहर से प्रवेश असम्भव था और यदि कोई इस गढ़ से बाहर चला जाता था तो उसका भी पुन: प्रवेश वर्जित था। ऐसी परिस्थिति से मुसलमान एवं ईसाई धर्मप्रचारकों ने लाभ उठाया। बहुसंख्यक दरिद्र वर्ण के सदस्य सरलता से इन धर्म प्रचारकों के कार्यों के शिकार बनते चले गये। इस प्रकार संगठन की दृष्टि से हिन्दू धर्म कई सदियों से अवनति की ओर अग्रसर था।

कोई भी समाज जिसमें अन्धविश्वासों-परम्पराओं एवं रुढ़ियों का बोलबाला हो, वह प्रगति नहीं कर सकता। उसके सदस्य स्वतन्त्र चिन्तन और मनन नहीं कर सकते। उनमें अध्ययन का अभाव होता है तथा उसमें ज्ञान एवं विज्ञान की वृद्धि सम्भव नहीं होती। अतीत के युग में हिन्दू समाज में ज्ञान वृद्धि को प्रोत्साहन मिलता था। समाज परिवर्तनशील था, लेकिन मध्ययुगीन हिन्दू समाज में सामान्यत: ज्ञान और जिज्ञासा का अभाव था, और संकुचित विचारों का प्रभाव। इन्हीं कारणों से वह अपनी अवनति करता आया था।

लेकिन अँग्रेज़ी शासन के अन्तर्गत नई शिक्षा व्यवस्था, नई अर्थव्यवस्था, नई शासन व्यवस्था एवं नई कानून व्यवस्था के कारण एक नए मध्यम वर्ग का जन्म हुआ। जिस प्रकार पश्चिमी देशों में मध्यम वर्ग पुनर्जागरण का अग्रदूत माना जाता था उसी प्रकार भारत में भी यह वर्ग नई चेतना का जन्मदाता बना। इस मध्यम वर्ग के सदस्य आधुनिक उदार व्यवसायों (डॉक्टर, वकील, अध्यापक, पत्रकार, सरकारी कर्मचारी आदि) के सदस्य थे। इसके अन्तर्गत उत्तरी भारत की अनाज मण्डियों के व्यापारी तथा विदेशी माल के विक्रेता भी थे। यह मध्यम वर्ग व्यक्तिवादी, संचयशील, बुद्धिवादी एवं स्पर्द्धाशील था। आधुनिक नगर की भाँति परिवर्तन एवं प्रगति इसकी विशेषताएँ थीं। ऐसे समय में उत्तरी भारत में दयानन्द का आन्दोलन ज़ोर पकड़ रहा था, जिसके विचार बढ़ते हुए मध्यम वर्ग के लिए हृदयानुकूल सिद्ध हुए।

इसमें कोई सन्देह नहीं कि मध्ययुग में भी धार्मिक एवं सामाजिक आन्दोलन हुए जिन्होंने हिन्दू धर्म में निहित बुराइयों पर कुठाराघात किया। लेकिन, उस काल में आधुनिक युग के समान न तो नई समाजिक व्यवस्था (नई शिक्षा, नया कानून एवं नई अर्थव्यवस्था) का शुभारम्भ हुआ था और न ही प्रगतिशील मध्यम वर्ग का उदय हुआ था। फलतः जहाँ मध्ययुगीन आन्दोलन केवल नकारात्मक एवं इतिहास के विषय मात्र रहे, वहीं दयानन्द का आर्य समाज राममोहन राय के ब्रह्म समाज की भाँति नए युग का पथ प्रदर्शक बना।

दयानन्द का विश्वास था कि समस्त बुराइयों का एक मात्र कारण पुरोहित वर्ग की प्रभुता है और जब तक इस बुराई को दूर नहीं किया जाएगा तब तक हिन्दू धर्म सही मायने में प्रगति नहीं कर सकता। अतः उन्होंने ब्राह्मणों की प्रभुता पर प्रहार किया एवं एक नए वैदिक धर्म का प्रचार किया।

कर्मकांडी किले का विध्वंस

दयानन्द का परम लक्ष्य वैदिक सभ्यता की पुनः स्थापना करना था। यह पहले ही बताया जा चुका है कि उस समय मध्यकाल की भाँति न तो मूर्तिपूजा थी, न असंख्य संस्कार, न छुआछूत और न ही असंख्य उपवर्ण। उस समय वेदों को ही सर्वोच्चता प्राप्त थी एवं धार्मिक संस्कारों को सम्पन्न करने के लिए सभी को समान अधिकार था।

मध्यकाल से ही पुरोहितशाही वर्ग ने हिन्दू-धर्म को एक कारागार एवं किले में बदल दिया था, इसको तोड़ने का श्रेय स्वामी दयानन्द सरस्वती तथा उनके आर्य समाज को है। इस महान कार्य द्वारा स्वामीजी हिन्दुओं को समाज में प्रगति एवं आधुनिकता की ओर ले गये। जिस समय दयानन्द ने इस दिशा में कदम उठाया उस समय हिन्दू धर्म में मूर्तिपूजा, कर्मकांड, अन्धविश्वास इत्यादि का बोलबाला था। पंडितों ने समाज में अपनी प्रभुता बनाए रखने के लिए कर्मकांडों का एक जाल सा बिछा रखा था। गंगा स्नान, श्राद्ध, तर्पण, तीर्थाटन, आदि संस्कारों में हिन्दू जनता उलझी हुई थी। वह इसमें इतना रम गयी थी कि उससे बाहर सोचना उसके लिए असम्भव-सा हो गया था। दयानन्द ने उपर्युक्त संस्कारों का खंडन करते हुए एकेश्वरवाद का प्रचार किया। उन्होंने बताया कि ईश्वर एक है, किन्तु वेदों में उसको कई नामों से सम्बोधित किया गया है, जैसे—विष्णु, वरुण, मित्र, अग्नि आदि। अमुक नाम उस परमेश्वर की विभिन्न शक्ति के द्योतक हैं। उन्होंने यह भी कहा कि गंगा स्नान, तीर्थाटन से मनुष्य को मुक्ति नहीं मिल सकती। इस प्रकार दयानन्द ने मध्यकाल से चले आ रहे कर्मकांडों, रूढ़ियों एवं अन्धविश्वासों पर कठोर प्रहार किये।

पंडितों ने अपनी प्रभुता बनाए रखने के लिए जनमानस के द्वारा वेदों के अध्ययन पर प्रतिबन्ध लगा रखा था। उनका कहना था कि ब्राह्मण ही वेदों का अध्ययन कर

सकते हैं, अन्य किसी को उसका अधिकार नहीं है। दयानन्द ने इस प्रतिबन्धता के राज का पर्दाफाश किया और बिना किसी धर्म, लिंग, जाति आदि के भेदभाव के सभी लोगों के द्वारा वेदों के अध्ययन का समर्थन किया। साधारणतः उस समय अधिकांश ब्राह्मणों को वेदों का पूर्ण रूप से ज्ञान नहीं होता था। धार्मिक संस्कार को समाज में सम्पन्न कराने के लिए वे केवल वेदों के कुछ भाग कंठस्थ कर लिया करते थे। दयानन्द ने इस सच्चाई को उद्घाटित किया। उन्होंने मनुस्मृति के आधार पर, जिस पर ब्राह्मण विश्वास करते थे, बताया कि सही अर्थों में ब्राह्मण वही है, जिसको वेदों का सम्पूर्ण ज्ञान हो और जो इस स्तर तक नहीं पहुँचता, वह ब्राह्मण कहलाने योग्य नहीं है।

दयानन्द ने जातिवाद पर भी कठोर प्रहार किया। जाति-व्यवस्था अपने आप में कठोर एवं अप्रगतिशील व्यवस्था थी, जिसका आधार जन्म था। इसकी सदस्यता एवं व्यवसाय प्रत्येक व्यक्ति को स्वीकार करना पड़ता था। उसके लिए जाति से बाहर जाना असम्भव था पुरुष सूत्र के अनुसार, समाज चार प्रमुख वर्णों (ब्राह्मण, क्षत्रिय, वैश्य एवं शूद्र) में बँटा हुआ था। इसमें ब्राह्मणों को सर्वोच्च स्थान प्राप्त था। दयानन्द ने ब्राह्मणों की सर्वोच्चता को समाप्त करने के लिए जाति के जन्म के आधार को गलत सिद्ध किया। उन्होंने कर्म को प्रधानता दी और बताया कि यदि हिन्दू-धर्म को जीवित रखना है तो जातिवाद के प्रभाव को समाप्त करना होगा। आज जैसी जाति-व्यवस्था है वह विघटनकारी है और वैदिक युग में पायी जाने वाली वर्ण-व्यवस्था से सर्वथा विपरीत है। अपने मत के समर्थन के लिए उन्होंने वेदों से उचित तर्क दिये। उनका विश्वास था कि जाति-प्रथा एक राजनीतिक संस्था के रूप में है, जिसका निर्माण शासकों ने अपने स्वार्थ की पूर्ति हेतु किया था। इसलिए जाति-व्यवस्था को एक धार्मिक एवं प्राकृतिक संस्था के रूप में नहीं माना जा सकता।

इस प्रकार दयानन्द ने हिन्दू-धर्म के उस गढ़ को विध्वंस किया, जो कि पंडितों की शक्तियों का केन्द्र था। पंडितशाही ने हिन्दू धर्म को उस गढ़ की भाँति बना दिया था, जिसमें बाहर से प्रवेश असम्भव ही था, अर्थात यदि कोई व्यक्ति हिन्दू धर्म का परित्याग करके अन्य धर्म स्वीकार कर लेता था या परिवर्तित कर लिया जाता था तो वह पुनः हिन्दू धर्म में प्रवेश नहीं कर सकता था। दयानन्द ने इस खोखली प्रतिबन्धता को समाप्त किया और शुद्धि-प्रक्रिया द्वारा उन सभी को हिन्दू धर्म में स्थान दिया, जो कि अन्य धर्मों में शामिल किये जा चुके थे या हो चुके थे।

कट्टरवादी सेनानी

दयानन्द ने अपने अभीष्ट लक्ष्य, सत्य की स्थापना तथा असत्य के निर्मूलन को सामने रखते हुए, लोगों को बताया कि प्रत्येक मनुष्य का यह पहला कर्त्तव्य होना चाहिए कि समाज में व्याप्त बुराइयों के विरुद्ध आवाज उठाये और सामाजिक न्याय

और सत्य की प्राप्ति के लिए प्रयास करे। दयानन्द ने उपर्युक्त लक्ष्य को सामने रखते हुए हिन्दू धर्म में व्याप्त अन्धविश्वासों और कर्मकांडों पर एक कट्टरवादी सेनानी की भाँति प्रहार किया।

दयानन्द का उद्देश्य वैदिक धर्म को पुनः स्थापित करना था। उनके अनुसार वैदिक धर्म वेदों पर आधारित होने के कारण सर्वोच्च सत्य है, और वे सभी धर्म, जो वेदों की सर्वोच्चता स्वीकार करते हैं, सत्य हैं। उन्होंने यही नहीं कहा कि हमारा धर्म सत्य है, बल्कि यहाँ तक कहा कि केवल हमारा धर्म ही सत्य है बाकी दूसरे धर्म असत्य हैं। यहाँ पर दयानन्द की कट्टरवादी प्रवृत्ति स्पष्ट झलकती है।

आर्य समाजियों ने भी दयानन्द के उद्देश्य हिन्दू-धर्म में सुधार वाले अंश का समर्थन किया जो कि काल्विनवाद के काफी समतुल्य था। यह स्वाभाविक था कि दयानन्द के कट्टरवादी एवं विरोध की भावना ने, जिसे बाद में आर्यसमाजियों ने अपने कार्यरूप में परिणत किया, न केवल पाखंडवाद और कर्मकांड पर प्रहार कर सनातनियों का विरोध किया, वरन् देश में बढ़ते हुए ईसाई धर्म के प्रभाव को भी रोकने में सफलता प्राप्त की।

आर्यसमाजियों द्वारा चलाया गया शुद्धि एवं संगठन आन्दोलन दयानन्द की कट्टरवादी एवं सेनानी प्रवृत्ति का द्योतक था। इस आन्दोलन द्वारा उन्होंने न केवल अस्पृश्य जातियों को ही हिन्दू धर्म में मिलाया, बल्कि उनको भी हिन्दू-धर्म की ओर आकृष्ट किया, जो मुसलमान और ईसाई थे। इस प्रकार उन्होंने हिन्दुओं को संगठित रूप में एकत्र किया, जिससे कि वह अपने को बाह्य धर्मों के प्रहारों से बचा सके। आर्यसमाजियों ने युयुत्स एवं लड़ाकू प्रवृत्ति से प्रेरित होकर जो शुद्धि एवं संगठन आन्दोलन चलाया, उसके पीछे स्वामीजी का एक विशाल स्वप्न था। वह स्वप्न, जिसमें उन्होंने पूर्णतः वेदों पर आधारित एक विश्व धर्म को देखा था।

बीसवीं शताब्दी के प्रारम्भ में जबकि देश में राष्ट्रीय भावना एवं विदेशी सरकार विरोधी भावना काफी तीव्र थी उसी समय मुस्लिम समाज के अन्दर एक नए वर्ग का जन्म हो रहा था। इस वर्ग ने सरकारी नौकरियों, व्यापार आदि में समान प्रतिनिधित्व की माँग की। यहीं से दोनों समुदायों में स्पर्धा एवं विरोध की भावना उत्पन्न हुई जो कालन्तर में हिन्दू-मुस्लिम सम्प्रदायिकता का कारण बनी। आर्यसमाजी, जो कि प्रारम्भ से ही मुसलमानों की इस प्रवृत्ति के विरोधी थे, इस नवजागृत मुस्लिम मध्यम वर्ग के विरोध में आए। इस तरह आर्य समाज ने एक सैनिक-टुकड़ी के रूप में कार्य किया, जो एक ओर तो देश के अन्दर व्याप्त अन्धविश्वासों एवं कुरीतियों पर प्रहार करने को प्रतिबद्ध थे तो वहीं दूसरी ओर देश में बढ़ते हुए ईसाईवाद और मुस्लिमवाद के प्रभाव को क्षीण करने में प्रयत्नशील।

दयानन्द के कार्यों का महत्त्व

दयानन्द की चिन्तनधारा का आधार वेद थे। वे वेदों को समस्त ज्ञान का स्रोत मानते थे। कहा जाता है कि सृष्टि निर्माण के पूर्व ही इसकी रचना हुई थी, अतएव यह ईश्वरवादी हैं। स्वामी दयानन्द इसी आधार पर यह कहते थे कि केवल वही धर्म सत्य है, जो वेदों की सर्वोच्चता स्वीकारता है। उनके अनुसार वेदों में सभी विषयों का समावेश है। सुप्रसिद्ध पुरातत्त्ववेत्ता मैक्समूलर के मतानुसार, दयानन्द ने यही नहीं कहा कि वेदों में जो कुछ है, वह सत्य है, वरन् उससे भी एक कदम आगे वेदों की व्याख्या द्वारा अपने को और दूसरों को इस बात का विश्वास दिलाया कि उन ग्रन्थों में जो कुछ है, वही सर्वोच्च सत्य है। यहाँ तक कि आधुनिक युग में होने वाले जितने भी अविष्कार एवं अनुसन्धान हुए हैं उन सभी का विवरण वेदों में मिलता है।

ऐसे तर्क द्वारा दयानन्द ने एक नई चिन्तन धारा को बढ़ाने में अपना योग दिया। पुनर्जागरण के अग्रदूतों ने भी अपनी आधुनिक अनुभूतियों को प्राचीन संस्कृति, समाज एवं संस्थाओं में देखा। राजा राममोहन राय ने भी अपनी मानववादी सुधार योजनाओं की पुष्टि के लिए प्राचीन धर्मग्रन्थों की शरण ली थी, किन्तु इस प्रवृत्ति को दयानन्द ने एक नया रूप एवं नया बल दिया। आगे चलकर जब प्रारम्भिक राष्ट्रवादियों ने जनतन्त्र एवं स्वायत्त शासन की माँग की, तो ब्रिटिश शासन ने कहा कि भारतीय ऐसे शासन के योग्य नहीं हैं। साम्राज्यवादियों ने यह तर्क प्रस्तुत किया कि किसी भी अंश में, भारत में प्रजातांत्रिक एवं स्वायत्त शासन सफल नहीं हो सकता। लार्ड मार्ले ने 1909 के अधिनियम के सम्बन्ध में लार्ड-सभा में कहा कि भारतीय वातारण में स्वायत्त शासन वैसे ही अनुपयुक्त है, जैसे कि वहाँ की जलवायु में कनाडा का फर का कोट।

साम्राज्यवादी राजनीतिज्ञों के तर्क का आधार काफी हद तक साम्राज्यवादी ब्रिटिश इतिहासकारों की रचनाएँ थीं। इन इतिहासकारों का कहना था कि प्राचीन भारत में राजनीति, स्वतन्त्र शासन या प्रशिक्षण नहीं था, और उस युग में जनतन्त्र जैसी व्यवस्था का पूर्ण अभाव था। पुनर्जागरण के इतिहासकारों ने इस धारणा का खंडन किया और सकारात्मक दृष्टि से राष्ट्रवादियों ने स्वायत्त शासन की माँग को बौद्धिक पुष्टि दी। इस महान कार्य में दयानन्द द्वारा तैयार किए गये उक्त वातावरण के परोक्ष योगदान का अनुमान सरलता से किया जा सकता है। दयानन्द की उक्त वेदों से सम्बन्धित धारणा के.पी. जायसवाल तथा डी.आर. भंडारकर की राजनीतिक धारणाओं में अभिव्यक्त होती है। के.पी. जायसवाल एवं डी.आर. भंडारकर ने अपने शोधों में बतलाया कि प्राचीन भारत में जनतन्त्र व्यवस्था थी। तिलक ने कर्मयोग की भावना, गाँधी ने शांति, अहिंसा एवं अपरिग्रह की धारणा को भारतीय संस्कृति में देखा।

इन्हीं प्रेरणाओं के फलस्वरूप 1920–30 में राष्ट्रवादियों ने भारत को एक अखंड रूप में देखा, जबकि देश में साम्प्रदायिकता की भावना में वृद्धि हो रही थी। अँग्रेज़ी शासक 'फूट डालो और शासन करो' की नीति द्वारा इस प्रवृत्ति को और बढ़ावा दे रहे थे। जब राष्ट्रवादियों ने शासन की माँग की तो साम्राज्यवादियों ने यह तर्क प्रस्तुत किया कि भारत एक इकाई नहीं है, वरन वह सम्प्रदायों का समूह है और अँग्रेज़ी शासन उसकी कृत्रिम एकता बनाए हुए है। ऐसे समय में राष्ट्रवादी बुद्धिजीवियों ने भारत की अखंडता को अतीत में देखा। टैगोर ने भारत की एकता की पुष्टि करते हुए कहा कि भारत सभी धर्मों एवं सम्प्रदायों का एक सामाजिक कारखाना है। इतना ही नहीं इन राष्ट्रवादियों ने अँग्रेजों के इस दावे को भी गलत सिद्ध किया कि राष्ट्रीयता आधुनिक देन है। लाला लाजपत राय, एक प्रसिद्ध आर्यसमाजी थे, उनका कहना था कि राष्ट्रवाद एवं देशप्रेम के विचार उतने ही पुराने हैं जितने धरती पर विभाजित विभिन्न देश और अनादि काल से चले आ रहे कुल एवं धर्म के विभेद हैं।

इसी परम्परा को जवाहरलाल नेहरु ने भी कायम रखा। उन्होंने अपने लेखों में बताया कि धर्मनिरपेक्षता की धारणा, मानवतावाद, स्वतन्त्रता, समाभता, ज्ञान की जिज्ञासा एवं ज्ञान की सर्वोच्चता आदि आधुनिक विचार प्राचीन विरासत की देन हैं। आगे चलकर साम्यवादी चिन्तकों ने प्राचीन भारत में वर्ग–संघर्ष का विश्लेषण किया और मार्क्स तथा एंजिल्स के कथनों की पुष्टि की। राज्य एक वर्गीय संस्था है, वह समाज से परे या पूर्व नहीं, उसका जन्म समाज के विकास के इतिहास में उस स्थिति पर होता है, जब वर्गों का सामंजस्य असम्भव हो जाता है।

नए सम्प्रदाय की स्थापना

दयानन्द का उद्देश्य किसी नए धर्म का निर्माण या किसी नए मत का प्रचार करना नहीं था, वरन् उनका उद्देश्य एक ऐसे सम्प्रदाय की स्थापना करना था, जो बाह्य आक्रमणों से हिन्दू धर्म को सुरक्षित रख सके और समस्त हिन्दू समाज के पुनरुत्थान में अपना सहयोग दे सके। यह आर्य समाज के मूल नियमों से स्पष्ट हो जाता है। यह तो पहले बताया जा चुका है कि 1875 में आर्य समाज की स्थापना बम्बई में हुई थी, जिसमें पूरे आर्य–समाज को 28 पवित्र सूत्रों में बाँधा गया था और इसी के आधार 1877 में लाहौर में आर्य समाज का पुनर्गठन किया गया जिसमें समाज को दस पवित्र सूत्रों में बाँधा गया। प्रत्येक वह व्यक्ति, जो आर्य समाज की सदस्यता स्वीकार करता था, उसे इन नियमों को मानना पड़ता था। ये दस नियम इस प्रकार हैं—

1. ईश्वर ही परम शक्ति एवं ज्ञान का भंडार है। उसी के माध्यम से मनुष्य सम्पूर्ण ज्ञान की प्राप्ति कर सकता है।
2. ईश्वर, जिसके ब्रह्म, परमात्मा आदि नाम हैं, जो सच्चिदानन्द लक्षणयुक्त है, जिसके गुण, कर्म, स्वभाव पवित्र हैं, जो सर्वज्ञ, निराकार, सर्वव्यापक,

अजन्मा, अनन्त सर्वशक्तिमान, दयालु, न्यायकारी, सृष्टिकर्ता, धर्ता एवं हर्ता है। सब चीजों का कर्मानुसार सत्य, न्याय के अनुसार फल देने वाला है, उसी को मैं परमेश्वर मानता हूँ।

3. प्रमुख चार वेद ही ईश्वर के शब्द हैं, जो पूर्णतया स्वच्छ और सर्वोच्च हैं। प्रत्येक आर्य का यह प्रमुख कर्त्तव्य है कि वह उनका अध्ययन करके सम्पूर्ण मानव जाति का कल्याण करे।
4. प्रत्येक आर्य का यह कर्त्तव्य होना चाहिए कि वह सत्य का प्रचार एवं असत्य का नाश करे।
5. जो पक्षपात रहित, न्यायाचरण, सत्यभाषण आदि युक्त ईश्वराज्ञा वेदों से अविरुद्ध है, धर्म है और जो पक्षपातयुक्त अन्यायाचरण, मिथ्या भाषा आदि से युक्त है वह वेदों के विरुद्ध है, अधर्म है।
6. समाज का प्रमुख उद्देश्य मानव-जाति की शारीरिक, मानसिक एवं सामाजिक दशाओं में सुधार करके मानव जाति का कल्याण करना है।
7. प्रत्येक व्यक्ति का यह कर्त्तव्य होना चाहिए कि प्रेम, सहयोग, न्याय एवं योग्यता को सामने रखते हुए परस्पर व्यवहार करे।
8. प्रत्येक आर्य का यह कर्त्तव्य होना चाहिए कि ज्ञान का प्रसार करके अज्ञानता को समाप्त करे।
9. किसी भी व्यक्ति को अपने ही सुख को सुख नहीं समझना चाहिए वरन् प्रत्येक स्त्री एवं पुरुष का यह कर्त्तव्य होना चाहिए कि वह एक दूसरे के सुख को अपना सुख समझे।
10. जहाँ तक सम्पूर्ण मानवजाति का कल्याण है प्रत्येक मनुष्य का यह कर्त्तव्य होना चाहिए कि कोई भी ऐसा कार्य न करे जिससे कि दूसरे के हित में बाधा पड़े अर्थात् व्यक्तिगत कल्याण के समक्ष सामूहिक कल्याण को बढ़ावा देना चाहिए।

प्रथम तीन नियमों के अन्तर्गत दयानन्द ने एकेश्वरवाद का प्रचार और मूर्तिपूजा का खंडन करते हुए पुरोहितशाही की सत्ता पर कुठाराघात किया। दयानन्द का विश्वास था कि वेद ही सर्वोच्च सत्य एवं समस्त ज्ञान का भंडार हैं। अत: प्रत्येक आर्य का यह कर्त्तव्य होना चाहिए कि वह वेदों का अध्ययन करके समस्त मानवजाति का कल्याण करे। इसी बात को लेकर स्वामी दयानन्द और ब्रह्म समाजियों में काफी मतभेद रहा। मैक्समूलर के शब्दों में—दयानन्द वेदों को न केवल समस्त ज्ञान का भंडार ही मानते थे, वरन् उनको पूर्ण ऐतिहासिक और पूर्णमानवीय भी मानते थे। उन्होंने यह बताया कि वेदों में जो कुछ है, सर्वोच्च सत्य है। यह धारणा दयानन्द को प्राचीन धर्मावलम्बियों के काफी समरूप बनाती है।

आर्य समाज के आठवें नियम के अन्तर्गत दयानन्द ने एक ऐसी शिक्षा का प्रसार किया जिसमें वेदों का सर्वोच्च महत्त्व था। इसीलिए आर्य समाजी शिक्षण-संस्थाओं के पाठ्यक्रम में वेदों के अध्ययन को सर्वोच्च स्थान दिया गया। आर्य समाज के अन्य नियमों के अन्तर्गत एक नई आचार संहिता का निर्माण किया गया। दयानन्द ने बताया कि प्रत्येक व्यक्ति को असत्य को छोड़कर सत्य की प्राप्ति के लिए अपना जीवन लगाना चाहिए। उन्होंने समामजिक सुख के आगे व्यक्तिगत सुख को तुच्छ बताया। इस प्रकार उन्होंने समाजिक कल्याण की भावना को बढ़ावा दिया और इसी को मनुष्य का सबसे बड़ा दर्शन एवं नीति बतायी।

आर्य समाज की एक प्रमुख विशेषता है उसका सुव्यवस्थित एवं सुसंगठित संगठन। साधारणतया प्रत्येक नगर में एक या एक से अधिक समाज की इकाइयाँ होती हैं। प्रत्येक वह व्यक्ति जो उपर्युक्त बताए गये दस नियमों को मानता है उसी को आर्य समाज की सदस्यता दी जाती है। प्रत्येक व्यक्ति को अपनी आमदनी का एक प्रतिशत भाग समाज के कोष में देना होता है।

सप्ताह में एक बार समाज की बैठक होती है। उसमें प्रत्येक व्यक्ति को बिना किसी जाति, धर्म, लिंग आदि के भेदभाव के सम्मिलित होने का अधिकार है। समाज की अपनी एक कार्यकारिणी समिति होती है। इसके अन्तर्गत कुछ निर्वाचित पदाधिकारी—अध्यक्ष, उपाध्यक्ष, सचिव एवं पुस्तकाध्यक्ष होते हैं। इनका निर्वाचन समानुपतिक प्रतिनिधित्व मतदान प्रणाली के अन्तर्गत एक वर्ष के लिए किया जाता है। वार्षिक अधिवेशन में पुराने पदाधिकारियों द्वारा सालाना आय-व्यय का ब्यौरा रखा जाता है एवं आगामी वर्ष के लिए कार्यक्रम निर्धारित किया जाता है। वे व्यक्ति, जो समाज के नियम मानने में असमर्थ होते हैं एवं किसी दुराचरण के वशीभूत होते हैं उनको समाज की सदस्यता से इसी अधिवेशन में बहिष्कृत कर दिया जाता है।

आर्य समाज की एक प्रान्तीय एवं केन्द्रीय सभा भी होती है। प्रान्तीय सभा के सदस्यों का निर्वाचन समाज के आकार पर निर्भर करता है। समाज की प्रत्येक शाखा को अपनी आमदनी का दस प्रतिशत भाग प्रान्तीय सभा के कार्यक्रम को सुचारू रूप से चलाने के लिए देना होता है। समाज के नियमों में परिवर्तन करने के लिए प्रत्येक कर्मठ प्रभावकारी (Effective) सदस्यों का मत लिया जाता है। केन्द्रीय सभा में विभिन्न प्रान्तीय सभाओं के निर्वाचित सदस्य होते हैं। इस केन्द्रीय सभा का कार्य प्रान्तीय सभाओं में सम्बन्ध स्थापित करना एवं उन पर अपना अंकुश रखना होता है।

इस प्रकार दयानन्द द्वारा स्थापित समाज में जनतन्त्रवादी तत्त्वों (स्वतन्त्रता, समानता एवं बन्धुत्व) का समावेश था। समाज में प्रत्येक धर्मावलम्बियों एवं मतालम्बियों को आश्रय दिया जाता था तथा उन पर पुरोहित वर्ग का कोई प्रभाव न था। उपर्युक्त समाज के संगठन से ज्ञात होता है कि किसी भी व्यक्ति को निरकुंश

सत्ता प्राप्त नहीं थी। दयानन्द का विश्वास था कि किसी एक ही व्यक्ति में, चाहे वह कितना ही सुयोग्य क्यों न हो, शासन सत्ता केन्द्रित नहीं होनी चाहिए। उन्होंने 'सत्यार्थ-प्रकाश' में लिखा कि "किसी भी व्यक्ति को निरंकुश सत्ता नहीं दी जानी चाहिए और उसे अपनी इच्छाओं को परिषद की इच्छाओं के अधीन रखना चाहिए। राजा तथा परिषद दोनों को जनता की इच्छाओं का सम्मान करना चाहिए, जबकि जनता को परिषद के कानूनों तथा आदेशों का पालन करना चाहिए।" इसका प्रत्यक्ष प्रमाण हमें समाज की सभी संस्थाओं में मिलता है।

उक्त संगठन के वर्णन से स्पष्ट है कि आर्य समाज आधुनिकता लिए हुए है वह एक आधुनिक जनवादी संगठन की भाँति था। यह विशेषता उसे सनातन धर्म से भिन्न और नई बनाती है। यही नहीं, यह उसे पूर्ववर्ती आधुनिक, धार्मिक, सामाजिक आन्दोलनों जैसे ब्रह्म समाज या प्रार्थना समाज से अलग करती है। आर्य समाज आदर्शों एवं संगठन की दृष्टि से, पूर्णत: एक नवीन धर्म सम्प्रदाय था और इसका अस्तित्व आज भी है।

नयी शिक्षा-पद्धति

अन्य आधुनिक समाज-सुधारकों की तरह स्वामी दयानन्द ने भी जीवन में शिक्षा को उच्च स्थान दिया, क्योंकि अज्ञानता का वातावरण ही पुरोहितशाही के पनपने का सबसे महत्त्वपूर्ण कारण था। हिन्दू धर्म के सच्चे ज्ञान का प्रसार स्वामीजी के जीवन का लक्ष्य था। वही उनके लिए गुरुदक्षिणा थी कि अज्ञानता एवं अशिक्षा को दूर करके सच्चे ज्ञान का प्रसार करें। इधर अँग्रेज़ी शिक्षा तथा पाश्चात्य सम्पर्क देश में बढ़ता जा रहा था। फलत: उन्होंने आर्य समाज का एक प्रमुख लक्ष्य ज्ञान प्रसार का बनाया। पुनर्जागरण के एक योग्य अग्रदूत की भाँति स्वामीजी की दृष्टि में, ज्ञान का अर्थ था भारतीय संस्कृति तथा आधुनिक विज्ञान का ज्ञान।

दयानन्द की दृष्टि में आदर्श हिन्दू वह है जिसे अपने देश की सांस्कृतिक थाती पर गौरव हो, अपनी परम्परा का ज्ञान हो, आधुनिक सभ्यता की देनों की जानकारी हो एवं जिसकी मान्यताएँ पुरातन तथा आधुनिकता के समन्वय पर आधारित हों। ऐसे व्यक्ति के निर्माण में आर्य समाज की शिक्षा पद्धति सचेष्ट रही है। इस आदर्श को दृष्टि में रखते हुए स्वामीजी ने एक नई शिक्षा पद्धति का शुभारम्भ किया।

दयानन्द की राष्ट्रीय पुनरुत्थान योजना में शिक्षा का विशेष महत्त्व था। लाला लाजपत राय ने शिक्षा-पद्धति का लक्ष्य ऐसा बताया—राष्ट्रीय भाषा एवं देशीय भाषा के प्रोत्साहन द्वारा शिक्षितों एवं अशिक्षितों को एक करना, वेदों एवं संस्कृत के अध्ययन पर बल देकर नैतिक एवं आध्यात्मिक सत्यों के ज्ञान का प्रसार करना, जीवन के निर्माण में सघन एवं सशक्त आदतों पर बल देना एवं अँग्रेज़ी साहित्य से सघन परिचय को प्रोत्साहन देना था।

दयानन्द की मृत्यु के पश्चात उनके इन शिक्षा सम्बन्धी विचारों को आर्य समाज ने व्यावहारिक रूप दिया। 1885 में दयानन्द एंग्लो वैदिक कॉलेज की स्थापना की योजना बनायी गयी। उसको जनता के मूल्यांकन के लिए वितरित किया गया। योजना की भूमिका में यह कहा गया था कि शिक्षा तभी उत्तम बन सकती है जबकि उसके स्वल्प एवं गुण को राष्ट्रीय बनाया जाए। निःसन्देह शिक्षा का मुख्य लक्ष्य है—मानसिक गुणवत्ता का विकास और उसके स्वल्प का व्यावहारिक परिचालन। शिक्षा-पद्धति ऐसी होनी चाहिए कि वह व्यक्ति को सामूहिक राष्ट्रीयता में आबद्ध कर सके। अतः आर्य समाज की शिक्षण संस्था का निश्चित ध्येय था—शिक्षा को एक राष्ट्रीय चरित्र एवं राष्ट्रीय स्वरूप देना।

1 जून, 1886 में लाहौर में दयानन्द ऐंग्लो वैदिक स्कूल की स्थापना की गयी। लाला (बाद में महात्मा) हंसराज इसके अवैतनिक प्रधानाचार्य नियुक्त किए गये। इनके कठिन परिश्रम एवं सच्ची लगन द्वारा दस वर्षों में यही स्कूल कॉलेज के रूप में विकसित हुआ। संस्था के स्कूल तथा कॉलेज उत्तरी भारत में शिक्षा विकास में आज भी महत्त्वपूर्ण स्थान रखते हैं। ये वे बीज थे, जो कि आगे चल कर बहु-शाखाओं वाले वृक्ष के जन्मदाता बने। न केवल पंजाब में, वरन् उत्तरप्रदेश के प्रमुख नगरों जैसे कानपुर, देहरादून, लखनऊ आदि में भी दयानन्द ऐंग्लो वैदिक कॉलेजों की स्थापना हुई।

अन्य आधुनिक प्रकार की शिक्षण संस्थाओं की भाँति दयानन्द ऐंग्लो वैदिक शिक्षण संस्थाओं में भी उसी पाठ्यक्रम के अनुसार शिक्षा दी जाती थी। इन संस्थाओं में भी स्थानीय विश्वविद्यालयों तथा प्रान्तीय एवं माध्यमिक शिक्षा संस्थाओं की भाँति अँग्रेज़ी एवं विज्ञान की शिक्षा दी जाती थी। किन्तु, डी.ए.वी. संस्थाओं की अपनी एक विशेषता थी इनमें हिन्दी, संस्कृत एवं वेदों के अध्ययन का एक विशेष स्थान था, जो कि अन्य आधुनिक शिक्षा संस्थाओं से सर्वथा भिन्न था।

डी.ए.वी. संस्थाओं के शासन एवं शिक्षा सम्बन्धी कार्यों को सुचारु रूप से चलाने के लिए उनकी अपनी कार्यकारिणी परिषद होती थी। इस परिषद में उन सभी निर्वाचित प्रतिनिधियों को रखा जाता था जिनका कॉलेज के कोष में योगदान था। साधारणतः परिषद के सदस्यों का चुनाव आधुनिक एवं जनवादी पद्धति के अनुसार होता था। डी.ए.वी. की शासन एवं शिक्षा सम्बन्धी कार्यप्रणाली को उस समय की अन्य शिक्षण संस्थाओं ने अपनाया। इस प्रकार डी.ए.वी. शिक्षण संस्थाओं ने उस समय उत्तर भारत में अन्य शिक्षण संस्थाओं के लिए एक नया मार्ग प्रशस्त किया, जो कि पूर्णतः आधुनिक एवं जनवादी था।

उपर्युक्त विशेषताओं के अलावा डी.ए.वी. संस्थाओं के अपने कुछ निहित उद्देश्य होते थे। इसकी सबसे महत्त्वपूर्ण बात यह थी कि इनमें शिक्षण का कार्य

पूर्णतः भारतीयों के हाथ में सौंपा गया था। उस समय की अन्य आधुनिक शिक्षण संस्थाएँ मुख्यतः विदेशियों के प्रोत्साहन द्वारा स्थापित की गयी थीं और इन संस्थाओं में मुख्यतः एक या दो विदेशी अध्यापक होते थे। लेकिन डी.ए.वी. संस्थाओं में, जो पंजाब और क्रमशः उत्तरप्रदेश में स्थापित की गयी थीं, इनमें शिक्षण कार्य पूर्णतया भारतीयों के हाथ में दिया गया था। इस प्रकार भारतीयों के हाथ में शिक्षण कार्य देकर आर्य समाजियों ने जो आत्मसम्मान और आत्मयोग की भावना उत्पन्न की वह पहले सर्वथा अछूती थी।

डी.ए.वी. संस्थाओं को सरकार की किसी भी प्रकार की मूलतः धन सम्बन्धी सहायता से वंचित रखा गया था। कॉलेज के मैनेजर का यह नैतिक कर्त्तव्य था कि वह सरकार से किसी भी प्रकार की वित्तीय सहायता न लेगा। हालाँकि इस स्वयोग की भावना को अँग्रेज शासकों ने काफी सन्देह की दृष्टि से देखा। उन्होंने बताया कि इन शिक्षण संस्थाओं का उद्देश्य विद्यार्थियों के अन्दर अँग्रेज़ी शासन के प्रति वैमनस्यता एवं विरोध की भावना बढ़ाना है। लेकिन वास्तव में कॉलेज का उद्देश्य भारतीयों में आत्मसम्मान, आत्मनिर्भरता एवं देशभक्ति की भावना जागृत करना था।

कुछ ही वर्षों में आर्यसमाजियों और डी.ए.वी. संस्थाओं में दी जाने वाली शिक्षा पद्धति में मतभेद उत्पन्न हो गया। विरोधी पक्ष का यह कहना था कि इन संस्थाओं में दी जाने वाली शिक्षा दयानन्द के आदर्शों के अनुकूल नहीं है। इसी मतभेद के फलस्वरूप आर्य समाज में फूट पड़ गयी और उसकी दो शाखाएँ डी.ए.वी. एवं गुरुकुल बन गयीं। इनको सामान्य बोलचाल में मांसाहारी एवं शाकाहारी भी कहते हैं। शाकाहारी वर्ग का नेतृत्व लाल मुंशीराम ने किया, जो कि बाद में स्वामी श्रद्धानन्द के नाम से विख्यात हुए। 1921 के असहयोग आन्दोलन में स्वामीजी का विशेष योगदान था। हिन्दू-मुस्लिम एकता हेतु इस आन्दोलन के सिलसिले में उन्होंने जामा मस्जिद, दिल्ली में मुसलमान के हाथ से पानी पिया। 1926 मे एक मुसलमान द्वारा उनकी हत्या कर दी गयी, जो कि राष्ट्रीय शिविर में एक दुःखद घटना थी।

स्वामी श्रद्धानन्द के सतत् प्रयासों द्वारा 1902 में हरिद्वार से 5 मील दूर कांगड़ी में गुरुकुल संस्था की स्थापना की गयी। उन्होंने गुरुकुल कांगड़ी-शिक्षा के निम्न उद्देश्य बताए—

1. प्राचीन ब्रह्मचर्य की संस्था को पुनः स्थापित करना अर्थात् विद्यार्थी को एक सच्चे ब्रह्मचारी की भाँति रहना।
2. गुरु-विद्यार्थी का सम्बन्ध पिता-पुत्र जैसा हो।
3. शारीरिक उन्नति को विशेष रूप से बल देना।
4. शिक्षा-प्रणाली में संस्कृत और हिन्दी को प्रमुख स्थान देना।

5. आधुनिक विज्ञान तथा अँग्रेज़ी भाषा को समुचित स्थान देना। और
6. प्राचीन भारतीय इतिहास के अन्वेषण तथा शोध का विशेष रूप से प्रबन्ध करना।

गुरुकुल एक आवासीय शिक्षण-संस्था थी। यहाँ पर छः सात वर्ष की आयु में बालक का प्रवेश होता था। 16 वर्ष की आयु तक बालक को पवित्रता एवं आडम्बर रहित जीवन बिताना पड़ता था। इन वर्षों में बालक अपने-अपने घरों में आ जा नहीं सकते थे। इस व्यवस्था में बालक को प्रारम्भ से ही आध्यात्मिक गुरु के संरक्षण में रहना पड़ता था। गुरु का स्तर बालक के लिए पिता से ऊपर होता था। कुल मिलाकर मनुस्मृति का सच्चा अनुसरण इस व्यवस्था में था—वही पूजयनीय है, पिता है जो बालक को ज्ञान देता है, जन्म देने वाला नहीं।

गुरुकुल की शिक्षा पद्धति की एक प्रमुख विशेषता यह थी कि शिक्षा का माध्यम हिन्दी था। संस्कृत के ज्ञान एवं धार्मिक विषयों के अध्ययन पर विशेष बल दिया जाता था। उच्च कक्षाओं में अँग्रेज़ी अनिवार्य विषय था। अन्य राष्ट्रीय शिक्षण संस्थाओं की भाँति गुरुकुल में पूर्व तथा पश्चिम, प्राचीन तथा आधुनिक का सुन्दर समन्वय था। किन्तु, डी.ए.वी. एवं अन्य राष्ट्रवादी संस्थाओं के विपरीत गुरुकुल में भारतीयता एवं प्राचीनता का प्राधान्य था।

भारतीय संस्कृति की नींव पर निर्मित यह शिक्षण संस्था पूर्णतः स्वतन्त्र और आत्मनिर्भर थी। सरकारी सहायताओं से मुक्त इस शिक्षण संस्था में खुद की अलग प्रकार की डिग्रियाँ थीं। (जैसे—वेदालांकार, सिद्धान्तालंकार, विद्यालंकार, विद्यावाचस्पति आदि)। इन्हीं विशेषताओं के कारण गुरुकुल कांगड़ी, अँग्रेज शासकों के सन्देह का कारण बना। आलोचकों ने तो यहाँ तक कहा कि इस प्रकार की शिक्षण संस्थाएँ अनिश्चित एवं अपरिचित खतरों को उत्पन्न करने वाली हैं।

लेकिन, सही मायने में गुरुकुल कांगड़ी का उद्देश्य अँग्रेज़ी शासन का विरोध या वैमनस्यता की भावना जागृत करना नहीं था। वह तो संन्यासियों एवं तपस्वियों की एक ऐसी सेना तैयार करना चाहती थी जिसका लक्ष्य ही भारत में आर्य-धर्म का प्रचार करना था। एक लब्ध प्रतिष्ठित विद्वान ने जो कि 'लन्दन स्कूल ऑफ इकोनॉमिक्स' के संस्थापक थे, इस शिक्षा पद्धति की सराहना करते हुए कहा कि वह सम्पूर्ण जगत के लिए एक मनोहारिणी शिक्षा-प्रणाली है।

अतः आर्य समाज द्वारा जिन शिक्षण संस्थाओं (डी.ए.वी. और गुरुकुल) का निर्माण किया गया, उन्होंने आत्मसम्मान, आत्मयोग, स्वाभिमान राष्ट्रीय गौरव एवं देशप्रेम की भावना उत्पन्न करने में योग दिया। जिस प्रकार बह्म समाज ने बंगाल में आधुनिक शिक्षा का प्रसार करके लोगों में राष्ट्रीय चेतना की भावना जागृत की उसी प्रकार उत्तर भारत में हिन्दू संस्कृति एवं हिन्दी के अध्ययन को विशेष महत्त्व देकर

आर्य समाजी शिक्षण संस्थाओं ने जो भावना उत्पन्न की, उसने राष्ट्रीय आन्दोलन में काफी योगदान दिया। इन शिक्षण संस्थाओं को एक बड़ी संख्या में राष्ट्रवादी नेताओं एवं देशभक्तों को जन्म देने का श्रेय है।

चेतना की चिंगारी

वैसे तो आर्य सामज मूलतः एक धार्मिक एवं सामाजिक संस्था थी, किन्तु उसका राजनीतिक चेतना की वृद्धि में भी योगदान महत्त्वपूर्ण रहा। जहाँ दयानन्द सरस्वती ने हिन्दू धर्म की रुढ़ियों एवं धर्माधिकारियों के पाखंड का नग्न चित्रण किया, वहीं दूसरी ओर उन्होंने ईसाई धर्म के विरुद्ध भी आवाज उठायी। दयानन्द की लड़ाकू प्रवृत्ति ने जिस प्रकार हिन्दू धर्म एवं समाज सुधार किया उसका प्रभाव राजनीतिक क्षेत्र में भी पड़ा। एक प्रकार से उन्होंने प्रत्यक्ष एवं परोक्ष रूप से राष्ट्रीय चेतना की भावना को जागृत किया।

वेदों को समस्त ज्ञान का स्त्रोत तथा प्राचीन संस्कृति और सभ्यता को महान बताकर दयानन्द ने राष्ट्रीय चरित्र के निर्माण एवं राष्ट्रीय चेतना की वृद्धि में सराहनीय योगदान दिया। उन्होंने अपने अनुगामियों में आत्मगौरव, आत्मनिष्ठा, आत्मनिर्भरता एवं आत्मविश्वास की भावना उत्पन्न की, जिसके बल पर आगे चल कर उन्होंने व्यापक पैमाने पर योग्य राष्ट्रीय चरित्रों का निर्माण किया।

उस समय ईसाई मिशनरियों का प्रभाव तेजी से बढ़ रहा था। ईसाई धर्म प्रचारक गाँवों में जाकर वहाँ के निम्न वर्ग और दलित जातियों में अपने धर्म का प्रचार करते, तथा उनके उत्थान में सहायता देकर उन्हें अपने धर्म के प्रति आकृष्ट करते थे। शिक्षा एवं स्वस्थ जीवन के प्रचार के साथ–साथ वे हिन्दू धर्म की, मुख्यतः जाति–प्रथा की, आलोचना करते थे। इस व्यवस्था की तुलना वे ईसाई धर्म से करते थे और कहते थे कि उसमें व्यक्ति की समानता है। अकाल एवं संक्रामक रोग के समय वे समाजसेवा का कार्य करते थे। ऐसे प्रचार तथा इन कार्यों द्वारा वे धर्म परिवर्तित कराते थे।

शुद्धि संगठन एवं समाजसेवा का आर्य समाज के कार्यक्रम में महत्त्वपूर्ण स्थान था। समाज ने एक ओर उन व्यक्तियों को शुद्धि द्वारा पुनः हिन्दू धर्म में लाने की प्रयास किया, जो पादरियों के प्रचार द्वारा ईसाई बन गये थे, तो वहीं दूसरी ओर ईसाईयों के धार्मिक प्रचार का खंडन किया। ईसाई धर्म की आलोचना करते हुए उन्होंने अपने वैदिक धर्म की प्रशंसा की। जैसा कि पहले बताया जा चुका है कि आर्य समाज ने केवल ईसाई धर्म की ही नहीं, वरन् अन्य धर्मों की भी आलोचना की। अकाल तथा संक्रामक रोग के समय इन्होंने भी जनसेवा में सक्रिय भाग लिया। ऐसी स्थिति में अँग्रेज पादरियों तथा तीखी वाणी वाले आर्य समाजियों में मुठभेड़ अवश्यम्भावी थी। पादरी और एक जिले के अँग्रेज पदाधिकारी में घनिष्ठ सम्बन्ध

स्वाभावत: होता था। आर्य समाजियों में यह सन्देह स्वाभवत: उत्पन्न हुआ कि अँग्रेज शासक पादरियों के हिमायती हैं। ऐसे वातावरण में समाजियों को दयानन्द की एक उक्ति याद आई– ''विदेशी सरकार, चाहे वह सब प्रकार के धार्मिक पक्षपातों से मुक्त तथा देशवासियों एवं विदेशियों के प्रति निष्पक्ष क्यों न हो, लोगों को पूर्ण रूप से सुख एवं समृद्धि नहीं प्रदान कर सकती।'' यह उक्ति एक चिनगारी थी।

डी.ए.वी. संस्थाओं से निकले हुए बुद्धिजीवी तथा आर्य समाज के अतिश्योक्तिपूर्ण राष्ट्रीय गौरव के वातावरण में रहने वाले कार्यकर्त्ताओं का शासन विरोध स्वाभाविक था। उन्नीसवीं सदी के अन्तिम भाग तथा बीसवीं सदी के आरम्भ में उग्र राष्ट्रवादी वातावरण उत्तरोत्तर वृद्धि करता जा रहा था। ऐसे ही समय में उदारवादी देशभक्तों जैसे—दादाभाई नौरोजी, महादेव गोविन्द रानाडे, गोपालकृष्ण गोखले, जी. सुब्रह्मण्यम अय्यर तथा रमेशचन्द्र दत्त ने अपनी तरह से भारत के आर्थिक शोषण, भारतीयों की दरिद्रता एवं गरीबी का चित्रण किया। इनमें से मुख्यत: रमेशचन्द्र दत्त ने ब्रिटिश शासन के पूर्व की भारतीय औद्योगिक समृद्धि के विषय में बताया तो ऐसे समय में भी आर्यसमाजियों को स्वामीजी की उक्त उक्ति बार-बार याद आई। इस प्रकार वे उत्तरी भारत में राष्ट्रवाद के विकास में अग्रदूत बने।

1905 के बंगभंग के सप्रसिद्ध आन्दोलन का प्रभाव भारत के अन्य भागों पर भी पड़ा। उत्तरी भारत में आर्य समाज ने उग्र राष्ट्रवादी भावना के प्रसार में पर्याप्त योगदान दिया। 1907 के सुप्रसिद्ध सूरत के ऐतिहासिक विद्रोह में बाल, पाल, लाल में लाल लाजपतराय का होना आर्य सामज के उग्रवाद का सूचक था। 1907 में सर ल्यूडेन, पंजाब के लेफ्टिनेंट गवर्नर के सम्मुख आर्य समाज के सभापति के नेतृत्व में जब शिष्ट मंडल ने आर्य समाज की स्वामी भक्ति का आश्वासन दिया तो उन्होंने कहा कि जहाँ-जहाँ आर्य समाज का जोर है, वहाँ राजद्रोह प्रबल है। धार्मिक एवं सामाजिक उन्नयन के लिए समाज को इसके समुचित लक्ष्यों से अलग-अलग नहीं होना चाहिए और उसे एक ऐसे राजनीतिक संगठन के रूप में नहीं लाया जाना चाहिए, जिसका उद्देश्य प्रतिष्ठित सरकार की निष्ठा के विपरीत हो।

अँग्रेज शासक आर्य समाज को विद्रोह की उर्वर भूमि के रूप में देखते थे। सर वेलेन्टाइन शिरोल जो कि लन्दन टाइम्स का संवाददाता था, 1907 में भारत आया। उसने अपने 'इंडियन अनरेस्ट' के अन्तर्गत लिखे गये लेखों के मूल्यांकन में कहा कि—आर्य समाज का प्रमुख उद्देश्य हिन्दूवाद को सुधारने के बजाय समाज को ब्रिटिश शासन के विरुद्ध सक्रिय विरोध में रखना था जिसके कारण विदेशियों के बढ़ते हुए प्रभाव को भारत में रोका जा सके, जो उसके विचार में इसे अराष्ट्रीय बनाने की धमकी दे रहे थे।

शिरोल के विचारों में कहाँ तक सच्चाई है, यह एक बड़े वाद-विवाद का

विषय है। वास्तविकता यह है, जैसा लाल लाजपत राय ने कहा कि समाजियों की वाक्पटुता, विचारों की स्वतन्त्रता, विरोध की भावना एवं आगे बढ़ने का साहस, अँग्रेज़ी सरकार के लिए सन्देह का कारण बना। यहाँ पर इस उक्ति का विश्लेषण अत्यन्त आवश्यक है। ये विशेषताएँ दयानन्द की वैयक्तिक विशेषताओं एवं उनके सिद्धान्तों के अनुरूप थीं। दयानन्द स्वयं वाक्पटु थे। उन्होंने शास्त्रार्थ के माध्यम से ईसाई धर्म का विरोध किया था और कहा था कि केवल हमारा धर्म सत्य है अन्य धर्म असत्य हैं।

दयानन्द सरस्वती ने ओजस्वी स्वर में कहा था, तुम महान ऋषियों की सन्तान हो। तुम उस देश के रहने वाले हो, जहाँ पर वैदिक दर्शन एवं वैदिक ज्ञान की प्रभुता रही है। इस प्रकार उन्होंने आत्मगौरव और स्वाभिमान की भावना जगायी। इसी को आर्यसमाजियों ने अपनाया। स्वामी श्रद्धानन्द ने अपनी पुस्तक 'आर्य समाज एवं उसके चिन्तक' में लिखा कि आर्य समाज प्राचीन भारत के गौरव का गुणगान करता है जो कि दैवी ज्ञान की व्याख्या करने वाले लोगों की भूमि है। इस पवित्र भूमि में वेदों का प्रचार रहा है। यहाँ वैदिक दर्शन और आध्यात्मिकता ने पूर्ण विकास प्राप्त किया। यहाँ वह पवित्र जलवायु है, जहाँ के महान लोगों ने अपने आचरण से वेदों की नैतिक शिक्षाओं के उच्च आदर्शों का समावेश किया। यहीं से राष्ट्रवादी तत्त्वों को एक विशिष्ट बल मिलता है।

अत: दयानन्द सरस्वती के विचारों ने जिसको आर्यसमाजियों ने कार्यरूप में परिणित किया, जनता में प्रत्यक्ष एवं परोक्ष रूप से राष्ट्रीय चेतना की चिनगारी को जन्म दिया। यह वह चिनगारी थी, जिसने देश को विदेशी शासकों से स्वतन्त्र कराने में महत्त्वपूर्ण योगदान दिया।

आर्य समाज का प्रभाव

दयानन्द ही उत्तरी भारत में पुनर्जागरण के अग्रदूत माने जाते हैं। एक धार्मिक एवं सामाजिक सुधारक के रूप में उनके प्रभाव को कम नहीं किया जा सकता। ब्रह्म समाज का बंगाल के नवजागृत वर्ग के लिए जो योगदान रहा, वही आर्य समाज का उत्तरी भारत में रहा है। यद्यपि दोनों में काफी समानता थी, लेकिन कुछ विषयों में वे एक दूसरे से काफी भिन्न थे।

ब्रह्म समाज की भाँति आर्य-समाज भी मध्ययुगीन व्यवस्था एवं शक्ति-प्रभुता का विरोधी था। वह भी मध्यकाल से चली आ रही कुरीतियों, अंधविश्वासों और रुढ़ियों पर प्रहार करके ब्राह्मणों की सत्ता को समाप्त करने का पक्षधर था। इस प्रकार वस्तुत: दोनों ने जन्म के आधार को, जिससे कि समाज में मनुष्य का स्तर निश्चित किया जाता था, समाप्त करके व्यक्ति में आत्मसम्मान एवं सक्रियता की भावना जागृत की। लेकिन, दोनों में भिन्नता भी थी दयानन्द सरस्वती के आदर्शों का

स्रोत वेद थे, जबकि ब्रह्मसमाजी पश्चिमी शिक्षा एवं पश्चिमी हेतुवादी विचारों से प्रभावित थे।

यह उल्लेखनीय है कि दयानन्द सरस्वती का पाश्चात्य शिक्षा एवं बुद्धिवाद से कोई सम्पर्क नहीं था तथापि उस समय राष्ट्रीय जीवन में विद्यमान सारे असत्य एवं अविचार बुद्धि से लड़ना उन्होंने अपने जीवन का उद्देश्य बनाया। पाश्चात्य शिक्षा से उत्प्रेरित हुए बिना दयानन्द सरस्वती का उक्त बातों पर प्रहार कर उस समय देशभक्तों में सामाजिक सुधार की प्रेरणा को बल दिया। प्रारम्भिक राष्ट्रवादियों ने इसे दयानन्द की भारतीयता कहा, किन्तु एक निष्पक्ष दृष्टि एवं अध्ययन हमें यह कहने को बाध्य करता है कि उन्होंने समकालीन राष्ट्रीयता एवं देशभक्ति की उत्कंठा का प्रतीकीकरण किया।

दयानन्द जनता में राष्ट्रीय चेतना उत्पन्न करने तथा हिन्दुओं में फिर से प्राण फूँकने में सफल इसलिए हुए क्योंकि उन्होंने अतीत के एक महत्त्वपूर्ण तत्त्व को लेकर उसे आधुनिक जीवन की धारा में प्रवाहित किया। उन्होंने अतीत से जो सीख ली, वह थी वेदों की संस्कृति। उसी के माध्यम से उन्होंने भारतीयों में अतीत के गौरव की प्रेरणा एवं देशप्रेम की भावना को बढ़ावा दिया।

दयानन्द द्वारा स्थापित आर्य समाज का समकालीन जीवन पर व्यापक प्रभाव पड़ा। आर्य समाज की सबसे अलग विशेषता थी उसकी सामुदायिक उपासना। यह सप्ताह में एक बार आर्य समाज द्वारा निर्मित मन्दिर में होती थी। ये मन्दिर सनातनियों के मन्दिर से काफी भिन्न थे। इसने लोगों के अन्दर पारस्परिक सहयोग एवं सहानुभूति की भावना को जागृत किया। वास्तव में इस प्रकार की सभा का आयोजन केवल धार्मिक क्रियाकलापों के लिए ही नहीं होता था, वरन् इसमें वर्तमान समस्याओं एवं गतिविधियों के बारे में भी विचार विमर्श भी किया जाता था। इस प्रकार अन्य सम्प्रदायों से भिन्न आर्य समाज ने नवजागृत शिक्षित वर्ग को अपने विचारों को व्यक्त करने के लिए एक राजनीतिक मंच दिया। यह समाज का आधुनिकता की ओर बहुत बड़ा कदम था।

शिक्षा के क्षेत्र में जो कार्य आर्यसमाजियों ने किया, उसका राष्ट्रीय पुनर्जागरण में काफी योगदान रहा। आर्य समाज द्वारा जो शैक्षणिक संस्थाएँ (जैसे डी.ए.वी. और गुरुकुल) स्थापित की गयी थीं। वे ज्ञान, पवित्रता एवं देशभक्ति की भावनाओं से ओतप्रोत थीं। उनकी स्वायत्तता एवं हिन्दू संस्कृति के अध्ययन के प्रचार ने लोगों के अन्दर आत्मसम्मान एवं स्वसहयोग की भावना को जागृत किया। वास्तव में इन शिक्षण संस्थाओं ने एक बड़ी संख्या में राष्ट्रवादी नेताओं को जन्म दिया। इन संस्थाओं ने उस शिक्षित वर्ग को जन्म दिया जिसने राष्ट्रीय आन्दोलन में काफी योगदान दिया। लेकिन डी.ए.वी. संस्थाओं से शिक्षा प्राप्त देशभक्त अन्य शिक्षण

संस्थाओं जैसे गुरुकुल पद्धति से सर्वथा भिन्न थे। गुरुकुल शिक्षा ने ऐसे राष्ट्रवादी एवं देशभक्त उत्पन्न किये जो कि कट्टरवादी एवं गाँधी की आत्मसंयमता के काफी अनुरूप रहे। पुरुषोत्तमदास टंडन एवं लालबहादुर शास्त्री भी इसी वर्ग से सम्बन्धित थे।

आर्य समाज का सबसे प्रमुख कार्य था अस्पृश्य एवं अछूत जातियों का पुनरूद्धार। आर्य समाज ने उनको समाज में वही स्थान दिया जो समाज के अन्य वर्गों का था। इसके लिए समाजियों ने दयानन्द के आदर्शों के अनुसार शुद्धि आन्दोलन चलाया। इस आन्दोलन के द्वारा उन्होंने न केवल अस्पृश्य जातियों को अपने धर्म में मिलाया, बल्कि, उन्हें भी अपने धर्म में स्थान दिया, जो ईसाई मिशनरियों द्वारा ईसाई धर्म में परिवर्तित हो गये थे। इस आन्दोलन का सबसे प्रशंसनीय कार्य हंसराज एवं श्रद्धानन्द द्वारा उन 2500 हिन्दुओं को, जो मालाबार के मोप्पिला द्वारा बलात मुस्लिम धर्म में मिला लिए गये थे, पुन: हिन्दू धर्म में स्थान देना था। आर्य समाज ने न केवल लोगों को अपने धर्म में परिवर्तित किया, वरन् लोगों को संगठित भी किया। उसने हिन्दुओं को इसके लिए प्रेरित किया कि अब उनको अन्य धर्मों के प्रचारकों का डटकर मुकाबला करना चाहिए। इस प्रकार आर्यसमाजियों ने ईसाई एवं इस्लाम धर्म के विरुद्ध लोगों को उत्प्रेरित किया और उन सभी लोगों को हिन्दू धर्म में मिलाया जो कि जबरन ईसाई एवं मुस्लिम धर्म में परिवर्तित कर लिए गये थे। इस प्रकार आर्य समाज नेहरू के शब्दों में अपने में एक सुधारवादी आन्दोलन तो था ही साथ ही यह बाहरी आक्रमणों से हिन्दू धर्म की रक्षा करने का एक रक्षात्मक संगठन भी था।

दयानन्द ने अपने सम्पूर्ण जीवनकाल में अपने पुरुषत्व, दृढ़ आत्मशक्ति, धर्म के प्रति आस्था एवं विश्वास के कारण सनातनियों एवं रुढ़िवादी वर्ग का डटकर सामना किया। इसी दृढ़ता के फलस्वरूप उन्हें कई वर्गों का सहयोग भी प्राप्त हुआ। पंजाब एवं उत्तर प्रदेश में इस समय नई व्यवस्था (नयी अर्थ एवं सामाजिक व्यवस्था) के अन्तर्गत वैश्य सम्प्रदाय आर्थिक दृष्टि से काफी समृद्ध हो रहा था और हिन्दू समाज में अपना एक विशिष्ट स्थान प्राप्त करने की ओर उन्मुख था। ऐसे समय में दयानन्द के सामाजिक समानता एवं ब्राह्मणों की प्रभुता को समाप्त करने का उपदेश, इस वर्ग के लिए ब्रह्मबाण सिद्ध हुए। इसके पश्चात ही दयानन्द के उपासकों और सहयोगियों की सेना तैयार हुई, जिसने आगे चल कर उनके उपदेशों एवं आदर्शों को काफी प्रचलित किया। इसके अतिरिक्त दयानन्द ने लोगों को एक ऐसा वातावरण दिया, जो देशप्रेम, आत्मसहयोग, स्वावलम्बन एवं राष्ट्रीयता की भावना से ओतप्रोत था। वे हिन्दू, जिन्होंने खुले रूप में आर्य समाज के नियमों का समर्थन किया, वे दयानन्द की देशप्रेम एवं जनकल्याण की भावना से काफी प्रभावित हुए। यद्यपि दयानन्द का प्रभाव उत्तर प्रदेश में उतना नहीं था जितना कि पंजाब में रहा,

किन्तु फिर भी उन्होंने जिस मानसिक और सामाजिक वातावरण की रचना की, उसने उत्तर प्रदेश और पंजाब मात्र को ही नहीं बल्कि सारे राष्ट्र को व्यापक स्तर पर प्रभावित किया।

सन्दर्भ

1. के.सी. व्यास, सोशल रेनासां इन इंडिया, बम्बई, 1957
2. सी.एच. हेम्साथ, इंडियन नेशनलइज्म एण्ड हिन्दू सोशल रिफार्म मूवमेंट, प्रिंस्टन, 1964
3. केन्नेथ जोन्स, आर्य धर्म: हिन्दू कॉन्शेसन्यस इन नाइन्टिन्थ सेंचुरी पंजाब, कैलिफोर्निया, 1976
4. ए. आर . देसाई सोशल बैकग्राण्ड ऑफ इंडियन नेशनलइज्म, बम्बई, 1959
5. डी. एस. शर्मा हिन्दूइज्म थ्रू द ऐजेस, बम्बई, 1956
6. बी.बी. मजूमदार, हिस्ट्री ऑफ इंडियन सोशल एण्ड पॉलिटिकल आइडियाज़ फ्राम राममोहन राय टू दयानन्द, कलकत्ता, 1967
7. बी.बी. मजूमदार, मिलिटेन्ट नेशनलिज्म एण्ड इट्स सोशियो-रिलिज्यस बैक ग्राउन्ड, 1897-1917, कलकत्ता, 1966
8. हरप्रसाद शारदा, लाइफ ऑफ दयानन्द सरस्वती, लोक भारतीय प्रकाशन, इलाहाबाद, 1982
9. देवेन्द्र मुखोपाध्याय, महर्षि दयानन्द का जीवन चरित्र, आर्य साहित्य मंडल, अजमेर
10. जे.टी.एफ. जार्डन, दयानन्द सरस्वती, हिज लाइफ एण्ड आइडियाज, भाग 1 एवं 2, आक्सफोर्ड यूनिवर्सिटी प्रेस, 1978
11. हरप्रसाद शारदा, आर्य धर्मेंद्र जीवनी, परोपकारिणी सभा, अजमेर, 1968
12. छज्जूसिंह बाबा, लाइफ एण्ड टिचिंग्स ऑफ दयानन्द सरस्वती, लाहौर, 1903
13. एच.सी.ई. जकारिया, दि रेनासां इंडिया, आक्सफोर्ड यूनिवर्सिटी प्रेस, लन्दन, 1933
14. इन्द्र विद्यावाचस्पति, आर्य समाज का इतिहास, भाग 1, प्रकाशक सार्वदेशिक आर्य प्रतिनिधि सभा, दिल्ली 1952
15. इन्द्र विद्यावाचस्पति, आर्य समाज का इतिहास भाग 2 प्रकाशक सार्वदेशिक आर्य प्रतिनिधि सभा, दिल्ली, 1957
16. शिव दयालु, आर्य प्रतिनिधि सभा उत्तरप्रदेश का 75 वर्षीय इतिहास प्रकाशन, लखनऊ 1963
17. दयानन्द स्वामी 'सत्यार्थ प्रकाश', वैदिक यन्त्रालय, अजमेर, 1943

स्वामी विवेकानन्द

भारतीय पुनर्जागरण के चिन्तकों में स्वामी विवेकानन्द महत्त्वपूर्ण स्थान रखते हैं। उन्होंने भारतीय वेदान्त के दर्शन को ग्रहण किया और साथ ही पाश्चात्य दर्शन से भी प्रेरणा ली। उनका सबसे बड़ा योगदान यह रहा कि उन्होंने वेदान्त के सिद्धान्त की सैद्धान्तिक व्याख्या पाश्चात्य जगत में की तथा उसे (वेदान्त के सिद्धान्त) को व्यवहार में लाने के लिए भारतवासियों से अपील की। उनकी विचारधारा केवल वेदान्त दर्शन तक ही सीमित नहीं रही, बल्कि उन्होंने भारतवर्ष में व्याप्त निर्धनता तथा सामाजिक असमानता के प्रति भी विचार प्रकट किए। उन्होंने वेदान्त के आध्यात्मिक दर्शन को अमेरिका तथा इंग्लैंड की धर्मनिरपेक्ष संस्कृति से मिला करके एक आदर्श समाज की रचना का विकल्प रखा। इस दृष्टि से वे भारतीय पुनर्जागरण के सच्चे प्रतिनिधि थे।

भारतीय पुनर्जागरण के इस महान प्रतिनिधि का मूल नाम नरेन्द्रनाथ दत्त था। उन्होंने महान हिन्दू धर्मग्रन्थों के माध्यम से जीवन की समस्याओं का बहादुरी से सामना करना सीखा था। इनका जन्म सन् 1862 में कलकत्ता के क्षत्रिय जाति परिवार में हुआ था। इनकी माँ उच्च श्रेणी की शिक्षित महिला थीं तथा पिता स्वतन्त्र स्वभाव के व्यक्ति थे। नरेन्द्रनाथ के पितामह धनी एवं सुसंस्कृत व्यक्ति थे जिन्होंने पच्चीस वर्ष की अवस्था में गृह त्याग कर संन्यास ग्रहण कर लिया था।

नरेन्द्रनाथ दत्त ने बाल्यकाल में ही अपनी विलक्षण प्रतिभा का परिचय दे दिया था। वे बाल्यकाल से ही चिन्तनशील एवं विनोदप्रिय थे। वे मुक्केबाजी, कुश्ती, तैराकी तथा घुड़सवारी में विशेष दक्षता रखते थे। वे धार्मिक नृत्य भी बड़ी कुशलता से करते थे। उनका स्वर बहुत ही मधुर था जिसने रामकृष्ण परमहंस का मन मोह लिया था।

युवा नरेन्द्रनाथ विलक्षण प्रतिभा के धनी थे जिसका परिचय उन्होंने महाविद्यालयीन शिक्षा के दौरान ही दे दिया था। वे प्रत्येक विषय को सहजता से लेते थे। उन्होंने भारतीय एवं पाश्चात्य दर्शन का अध्ययन किया। दर्शन के अतिरिक्त

उन्होंने अँग्रेज़ी एवं संस्कृत के कवियों की रचनाओं को भी पढ़ा। उनके प्रिय अँग्रेज़ी कवि वर्डसवर्थ एवं शैली थे। उनकी रुचि इतिहास में भी थी। उन्होंने ग्रीन तथा गिब्बन के ऐतिहासिक लेखन का भी अध्ययन किया। मिस्टर हैस्टिस (Hastice) जो महाविद्यालय के प्रधानाध्यापक थे, ने नरेन्द्रनाथ की क्षमताओं के बारे में विश्वास प्रकट किया कि वे भविष्य में महान होंगे। उन्होंने कहा कि नरेन्द्रनाथ वास्तव में विलक्षण हैं। मैंने दूर-दूर तक भ्रमण किया, परन्तु मुझे ऐसी योग्यताओं एवं क्षमताओं से भरपूर कोई बालक नहीं मिला। यहाँ तक कि जर्मन विश्वविद्यालयों के दर्शन के विद्यार्थियों में भी ऐसे गुण दिखाई नहीं दिये। वह अपने जीवन में अपनी इन क्षमताओं को प्रदर्शित करेगा।[1] ऐसी क्षमताओं वाले नरेन्द्रनाथ ने अपने महाविद्यालय की शिक्षा के दिनों में डिकार्ट, कान्ट, फिश्ते, स्पिनोंजा, हीगल, आगस्ट कॉम्टे, डार्विन आदि का अध्ययन किया।

नरेन्द्रनाथ को हर्बर्ट स्पेन्सर (Herbert Spencer) तथा जॉन स्टुअर्ट मिल के समकालीन दर्शन का भी बहुत अच्छा ज्ञान था। वे दर्शन से सम्बन्धित प्रश्नों पर अपने सहयोगियों तथा बजेन्द्रनाथ सील जैसे अपने वरिष्ठ विलक्षण विद्यार्थियों के साथ विचार-विमर्श करते थे। दर्शन की गुत्थियों के समाधान पर उनसे सुझाव लेते थे।[2] शाश्वत सत्य की खोज में नरेन्द्रनाथ ब्रह्म समाज के सम्पर्क में भी आये। कुछ समय के लिए यह लगा कि ब्रह्म समाज उनकी जिज्ञासा को सन्तुष्ट कर देगा। उन्होंने ब्रह्म समाज के सुधारवादी कार्यों जैसे बहु देवतावाद, मूर्तिपूजा एवं जातीय भेदभाव के विरोध में बढ़-चढ़ कर भाग लिया, किन्तु फिर भी उनकी अन्तरात्मा किसी शाश्वत सत्य की खोज में भटकती रही। इसके पीछे यह कारण था कि पाश्चात्य दर्शन से प्रभावित नरेन्द्रनाथ यथार्थवादी थे।

नरेन्द्रनाथ के अधीर मन को एक मार्ग मिला जिसे उनके प्रधानाध्यापक मिस्टर हैस्टिस (Hastice) ने दिखाया। मिस्टर हैस्टिस ने कक्षा में विद्यार्थियों को कवि वर्डसवर्थ के अनुभव को उनकी किसी कविता की व्याख्या करते हुए कहा था कि "ऐसे अनुभव मस्तिष्क की शुद्धता एवं किसी विशेष उद्देश्य में ध्यान केन्द्रत करने के परिणामस्वरूप होते हैं और यह इन दिनों में वास्तव में बहुत कम दिखायी देता है। मैंने केवल एक व्यक्ति में इस प्रकार की मस्तिष्क की दशा को अनुभव किया है, वह है दक्षिणेश्वर के रामकृष्ण परमहंस। तुम तभी यह समझ सकते हो यदि तुम वहाँ जाओगे और वहाँ स्वयं देख सकोगे।"[3] नरेन्द्रनाथ अपने शिक्षक के परामर्श को मानते हुए दक्षिणेश्वर गये और तभी से उनके जीवन की धारा बदल गयी। नरेन्द्रनाथ के परमहंस से यह पूछने पर कि आपने ईश्वर को देखा है तो उन्होंने उत्तर दिया "हाँ"[4] परमहंस ने कहा "मैं ईश्वर को वैसे ही देखता हूँ जैसे तुम्हें, परन्तु अन्तर यह है कि उसे गहन रूप में देखता हूँ।" आगे उन्होंने कहा "ईश्वर मसूहस किया जा

सकता है। कोई भी उसे देख सकता है और उससे बात कर सकता है जैसे कि मैं तुमसे कर रहा हूँ, परन्तु कौन ऐसा करने की चिन्ता करेगा? लोग अपनी पत्नी और बच्चों के लिए आँसू बहाते हैं, परन्तु कौन ईश्वर के लिए सोचता है? यदि कोई ईश्वर के लिए गंभीरता से रोता है, वह स्वयं उसके लिए समाहित हो जाता है।''[5] इन वचनों को सुनते ही नरेन्द्रनाथ सम्मोहित हो गये। परमहंस से उनके सबसे बड़े प्रश्न का सबसे सन्तोषजनक उत्तर मिल गया था। यहीं से नरेन्द्रनाथ का नवीन जीवन आरम्भ होता है।[6]

इस घटना के बाद नरेन्द्रनाथ कई बार दक्षिणेश्वर गये। यह उल्लेखनीय है कि वे किसी बात या मत को तुरन्त स्वीकार नहीं करते थे। यही कारण है कि वे जब कभी दक्षिणेश्वर जाते थे तो उनके मस्तिष्क में जिज्ञासा और शंका रहती थी और वे वहाँ उनके उत्तर खोजते रहते थे। अत: उनके मस्तिष्क की ऐसी दशा थी कि वे जल्दी ही किसी व्यक्ति का शिष्य बनने को तैयार नहीं थे। उनकी विवेक में परम आस्था थी तथा वे किसी भी मत को शीघ्र स्वीकार करने को तैयार नहीं थे। वे उसी मत को स्वीकार करने को तैयार थे जो उनकी विवेक की परीक्षा में खरा उतरे। रामकृष्ण परमहंस ने नरेन्द्रनाथ की विलक्षण विद्वता और उनके जिज्ञासु प्रश्नों को पसन्द किया, परन्तु कई बार नरेन्द्रनाथ के प्रश्नों से परमहंस को दु:ख पहुँचा। अब नरेन्द्रनाथ ईश्वर के सम्बन्ध में और अधिक नहीं जानना चाहते थे। उनकी आत्मा तो शाश्वत सत्य और शांति की खोज में थी।

शीघ्र ही परिस्थितियों ने एक नया मोड़ लिया, नरेन्द्रनाथ को जीवन की वास्तविकता का सामना करना पड़ा। सन् 1884 में उनके पिता का देहावसान हो गया और उनके ऊपर पूरे परिवार का दायित्व आ गया। जीवकोपार्जन के लिए उन्हें नौकरी की तलाश में एक कार्यालय से दूसरे कार्यालय के चक्कर लगाने पड़े। वे भूखे ही नौकरी का तलाश में घूमते रहे। इन कठिन परिस्थतियों में अपनी बौद्धिक जिज्ञासा की प्यास को छोड़कर जीवन की वास्तविकताओं पर गंभीरता से विचार करना पड़ा। रामकृष्ण परमहंस इसी समय की प्रतीक्षा कर रहे थे जब नरेन्द्रनाथ लोगों की पीड़ा तथा दु:ख के सम्पर्क में आ सकें। परमहंस समझते थे कि पीड़ा के बोझ से नरेन्द्रनाथ की बौद्धिक प्यास और गर्व कम हो जाएगा। पीड़ा के बोझ से दबे हुए नरेन्द्रनाथ कुछ समय पश्चात 1884 में ही रामकृष्ण परमहंस से पूर्णरूप से जुड़ गये और उनकी शिष्यता ग्रहण कर ली। रामकृष्ण ने उन्हें भिक्षु के परीक्षण के अन्तर्गत रखा तथा कालांतर में नरेन्द्रनाथ को अपना उत्तराधिकारी चुना।

कुछ समय पश्चात ही रामकृष्ण का स्वास्थ्य बिगड़ने लगा और उनका देहावसान 16 अगस्त, 1886 में हो गया। परमहंस के कार्यभार का दायित्व नरेन्द्रनाथ के कन्धों पर आ गया। उन्होंने बारानगर (Baranagore) में रामकृष्ण

भ्रातृत्व संगठन की स्थापना की। यहाँ उन्होंने विचार-विमर्श किया तथा ध्यान के कार्यक्रम आयोजित करके रामकृष्ण की परम्परा का अनुकरण किया। बारानगर में बिताये दिनों के दौरान नरेन्द्रनाथ के हृदय में इच्छा उत्पन्न हुई कि वे भारतीय संस्कृति और समाज को निकट से देखें। इसके लिए उन्होंने 1888 में मठ से सम्बन्ध तोड़ दिए तथा 1893 तक पूरे भारतवर्ष का पैदल भ्रमण किया। इस भ्रमण के दौरान उनका सम्पर्क विभिन्न प्रकार के लोगों से हुआ जो भिन्न सामाजिक विधियों तथा रीति-रिवाजों के अन्तर्गत रहते थे। उनके इस प्रकार के भ्रमण से उनका दृष्टिकोण विस्तृत हुआ और वे अपने पूर्वाग्रहों को त्यागने में सफल हुए। यह एक रोचक विषय है कि वे कुछ ऐसे लोगों के सम्पर्क में आये जो एकदम भिन्न रीति-रिवाजों का पालन करते थे।[7]

नरेन्द्रनाथ के इस भारत भ्रमण से उनकी भारतीय जनमानस से समीपता बढ़ी और उन्हें देश के बारे में अधिक जानकारी मिली। इसी दौरान उन्हें भारतीय सभ्यता और संस्कृति को निकटता से देखने का अवसर मिला। इसके पश्चात उन्होंने भारत के इतिहास एवं संस्कृति के विविध आयामों को समझा जिससे वे भारत तथा एशिया की आध्यात्मिक एकता के बारे में जान सके।

भारतीय सभ्यता और संस्कृति के बारे में जानने के अतिरिक्त नरेन्द्रनाथ को अपने भ्रमण के दौरान भारतीय लोगों की गरीबी और कष्ट को देखने का अवसर मिला। वे जहाँ भी गये वहाँ उन्हें लोगों में गरीबी ही दिखी। यही कारण था कि उन्होंने अपनी क्षमता के अनुसार दरिद्रों की दशा सुधारने का कार्य किया। उनका विचार था कि गरीबी का निवारण करना प्रत्येक व्यक्ति और भिक्षु का कार्य है। मध्य भारत में उन्होंने अत्यधिक गरीबी देखी और उन्होंने जब यह सुना कि यहाँ भूख के कारण मौतें हुईं तो उन्हें बहुत कष्ट हुआ। उन्होंने लोगों से याचना की कि इन जनों की सहायता करें। भारत-भ्रमण के बाद वे अन्तिम दौर में कन्याकुमारी (Cape Comorin) पहुँचे। वे कन्याकुमारी से मद्रास गये और यहीं उन्होंने अपना नाम विवेकानन्द रखा।

विवेकानन्द 1893 में शिकागो (अमेरिका) गये जहाँ उन्होंने 'पार्लियामेंट ऑफ रिलीजन' में अपना विख्यात भाषण दिया। इस संसद में विवेकानन्द ने पाश्चात्य जगत के सम्मुख पहली बार भारतीय संस्कृति की महत्ता को प्रभावशाली रूप में प्रकट किया जिससे लोग बड़ी संख्या में उनसे प्रभावित हुए। अमेरिका की पत्रिकाओं में विवेकानन्द के भाषण की कोटि-कोटि प्रशंसा प्रकाशित हुई। इन पत्रिकाओं में न्यूयार्क हेराल्ड (Newyork Herald), बोस्टन इवनिंग ट्रान्सपोर्ट (Boston Evening Transport), रिव्यू ऑफ रिव्यूस (Review of Reviews), इन्टिरयर शिकागो (Interior Chicago) आदि प्रमुख थीं।[8]

विवेकानन्द ने इस संसद में उपस्थिति देने के पश्चात अमेरिका और इंग्लैंड में भ्रमण किया और हिन्दू धर्म का प्रचार किया। स्वदेश आने पर उन्होंने अपने गुरु की स्मृति में 1897 में बारानगर (Baranagore) में 'रामकृष्ण-मिशन' की स्थापना की। इसके पीछे उनका उद्देश्य अपने गुरु के आदर्शों, उपदेशों एवं कार्यों को जन-जन तक पहुँचाना था। उन्होंने मिशन के तीन उद्देश्य निर्धारित किये- पहला, वेदान्त के आध्यात्मवाद का सन्देश दूर-दूर तक प्रसारित करना। दूसरा, विभिन्न धर्मों एवं सम्प्रदायों के बीच समन्वय और सद्भाव स्थापित करना और तीसरा, मानव सेवा को ईश्वर सेवा समझना। 1899 में विवेकानन्द ने कलकत्ता में बेलूर मठ की स्थापना की। यही कालांतर में मिशन की गतिविधियों का केन्द्र बना।

रामकृष्ण मिशन के सिद्धान्तों का आदर्श वेदान्त दर्शन है। मिशन के अनुसार ईश्वर निराकार, मानव बुद्धि से परे और सर्वव्यापी है। आत्मा ईश्वर का अंश है। सभी धर्म मौलिक रूप से एक हैं, पर वे अपने विभिन्न रूपों में ईश्वर तक पहुँचने के अलग-अलग रास्ते मात्र हैं। ईश्वर साकार और निराकार दोनों हैं और उनकी अनुभूति विभिन्न प्रतीकों के रूप में भी की जा सकती है।

रामकृष्ण मिशन के आदर्शों से स्वामी विवेकानन्द ने अपने गुरु रामकृष्ण परमहंस के धार्मिक आदर्शों को लोकप्रिय बनाया तथा उसे प्रचारित किया। सबसे महत्त्वपूर्ण यह बात थी कि स्वामी विवेकानन्द ने इन आदर्शों को उस स्वरूप में रखा जो तत्कालीन भारतीय समाज की आवश्यकताओं के अनुकूल हों। स्वामी विवेकानन्द ने सामाजिक कार्य पर अधिक जोर दिया। उनका मानना था कि जिस ज्ञान में कर्म न हो वह निरर्थक है। अपने गुरु की भाँति सभी धर्मों को मौलिक रूप से एक मानते थे तथा धार्मिक विषय में किसी भी प्रकार की संकीर्णता का विरोध करते थे। इसलिए धार्मिक सौहार्द के सम्बन्ध में स्वामी विवेकानन्द ने 1898 में लिखा थे—"हमारी अपनी मातृभूमि के लिए दो महान प्रणलियों—हिन्दू धर्म और इस्लाम धर्म का संगम ही एकमात्र आशा है।"[9] इतना होने पर भी वे भारतीय समाजिक दार्शनिक परम्परा के उच्च वैचारिक दृष्टिकोण को स्वीकार करते थे। वे वेदान्त के प्रति कृतसंकल्प थे और उसमें उनका अटूट विश्वास था। वे वेदान्त को पूर्ण रूप से विवेकपूर्ण विचारधारा मानते थे। वेदान्त के आध्यात्म में विश्वास रखने वाले स्वामी विवेकानन्द का मानना था कि "हमें बाहर निकलना चाहिए, हमें विश्व पर आध्यात्मिकता तथा दर्शन के माध्यम से विजय प्राप्त करनी चाहिए। इसके अतिरिक्त हमारे पास कोई विकल्प नहीं है। हमें यह अवश्य करना चाहिए अन्यथा मर जाना चाहिए। जागृत और सबल राष्ट्रीय जीवन का यही विकल्प है कि भारतीय विचार द्वारा विश्व की विजय की जाय।"[10]

यही नहीं विवेकानन्द ने भारतीयों की इस बात के लिए आलोचना की कि उन्होंने शेष विश्व से सम्पर्क नहीं रखा। इसी कारण भारतीय कोई भी प्रगति नहीं कर

सके और वे अवरोधित हो गये। उन्होंने लिखा कि "हमारे पतन का वास्तविक कारण विश्व के अन्य राष्ट्रों से अलग-थलग रहना है तथा इस दशा से उबरने का सही विकल्प है कि विश्व की मुख्य धारा से जुड़ा जाए। गतिशीलता ही जीवन की निशानी है।"[11]

विवेकानन्द जहाँ भारतवर्ष को पतन की स्थिति से उबारने के लिए कृतसंकल्प थे, वहीं वे इसे भारतीय समाज की सबसे बड़ी बुराई जाति-प्रथा पर प्रहार करने में नहीं चूकते थे। उन्होंने तत्कालीन भारतीय समाज में व्याप्त संकीर्णता एवं अन्धविश्वास का बड़े स्पष्ट शब्दों में विरोध किया। उन्होंने हिन्दुओं के कर्मकांड एवं जातीय भेदभाव की भर्त्सना की और स्वतन्त्रता, समानता एवं स्वतन्त्र चिन्तन का उपदेश दिया। उन्होंने तत्कालीन भारतीय समाजिक व्यवस्था पर कटु आक्षेप करते हुए लिखा था कि "हमारे धर्म का रसोईघर में प्रवेश करने का खतरा है। हम न तो वेदान्तिक हैं, हममें से अधिकांश लोग न तो पौराणिक हैं और न तो तांत्रिक हैं। हमारा ईश्वर भोजन बनाने वाले बर्तन में है तथा हमारा धर्म 'मुझे मत छुओ में, मैं पवित्र हूँ।' यदि यह स्थिति एक शताब्दी तक चलती रहे तो हम सब पागलखाने में रहेंगे"[12]

जाति-प्रथा के अतिरिक्त उन्होंने अन्य सामाजिक बुराइयों पर भी कटाक्ष किया था। उन्होंने कहा था कि हमारा धर्म एक बालिका को बारह या तेरह वर्ष का आयु में माँ बनाना है। यह विवेकानन्द का 'आयु सम्मति' के लिए स्वतन्त्र विचार था।[13] इस प्रकार विवेकानन्द ने भारतीय समाज की बुराइयों पर मानवतावादी ढंग से कटाक्ष किया।

मानवतावादी होने के कारण विवेकानन्द भारत के पिछड़ेपन, पतन एवं गरीबी से दुःखी थे। नरेन्द्रनाथ के रूप में जब उन्होंने समस्त भारत का भ्रमण किया था तो उन्होंने देश की दरिद्रता एवं गरीबी को निकटता से देखा था। इसी कारण मानवतावादी भावना से अभिभूत होकर उन्होंने लिखा—"एकमात्र भगवान जिसमें मैं विश्वास करता हूँ वह है सभी आत्माओं का कुल योग, और सबसे पहले मेरे भगवान सभी जातियों के कुष्ठ पीड़ित, दरिद्र हैं।"[14] वे चाहते थे कि प्रत्येक भारतीय का यह कर्तव्य होना चाहिए कि वह गरीबी से देश को मुक्त करे। इस सन्दर्भ में उन्होंने लिखा—"जब तक करोड़ों लोग भूख और अज्ञान से पीड़ित हैं तब तक मैं हर व्यक्ति को देशद्रोही समझूँगा, जो उनके खर्च से शिक्षित बनकर उनके प्रति तनिक भी ध्यान नहीं देते।"[15] ये मानवतावादी दृष्टिकोण विवेकानन्द को अपने गुरु से विरासत में मिला था। रामकृष्ण परमहंस ने सत्य की खोज में अनेक प्रयोग किये। इसी सत्य की खोज में उन्होंने यह माना कि कुष्ठ रोगियों और भिखारियों को भोजन कराना सच्चा धर्म होगा।

रामकृष्ण परमहंस के आदर्शों से प्रेरित रामकृष्ण मिशन लोगों की सेवा भावना

एवं मानवतावादी दृष्टिकोण से प्रेरित है। यह अपनी स्थापना से ही लगातार समाज सेवा के कार्य में संलग्न है। आज भी देश के विभिन्न स्थानों पर मिशन के कई अस्पताल, स्कूल, कॉलेज और हॉस्टल आदि चल रहे हैं जो लोकसेवा तथा समाज सुधार के केन्द्र बन गये हैं। साथ ही मिशन राष्ट्रीय विपत्तियों में लोक सेवा के क्षेत्र में महत्त्वपूर्ण कार्य कर रहा है। विवेकानन्द द्वारा प्राचीन भारतीय मूल्यों का प्रतिपादन स्वदेशी आन्दोलन में युवाओं के लिए प्रेरक रहा है। आज मिशन की शाखाएँ केवल भारत में ही नहीं, वरन पाकिस्तान, वर्मा, श्रीलंका, मलाया, फिजी, मॉरिशस, उत्तर व दक्षिण अमेरिका और यूरोप के विभिन्न देशों में स्थापित हैं।

संक्षेप में रामकृष्ण परमहंस तथा विवेकानन्द की गतिविधियों से भारतवर्ष के सांस्कृतिक पुनरुत्थान एवं जागरूकता पर गहन प्रभाव पड़ा। रामकृष्ण परमहंस ने पाश्चात्यीकरण की धारा के प्रभाव को रोकने का प्रयास किया तथा पाश्चात्य शिक्षा प्राप्त युवाओं से अपने धर्म और संस्कृति को गर्व से देखने तथा उसका सम्मान करने की पुरजोर वकालत की। स्वामी विवेकानन्द के 1893 के 'पार्लियामेंट ऑफ रिलीजन' में दिए गये भाषण से भारतवासियों में गर्व एवं विश्वास की अनुभूति जागृत हुई। विवेकानन्द द्वारा दिये गये वक्तव्यों से भारतीय लोग यह महसूस करने लगे थे कि वे पाश्चात्य जगत से आध्यात्मिक श्रेष्ठता में आगे हैं। यदि पाश्चात्य जगत भौतिक प्रगति में आगे है तो भारत और पूर्वी जगत उससे (पाश्चात्य जगत) धर्म तथा दर्शन में अग्रणी है। विवेकानन्द के वैचारिक दृष्टिकोण के कारण भारत एवं पूर्वी देशों ने प्रथम बार अपने को हीन दशा से उबारा। भारतवासी एवं पूर्वी देश के लोग पाश्चात्य जगत को समानता एवं बराबरी की दृष्टि से देखने लगे। अब वे अपने को भारतवासी एवं एशियावासी कहलाने में शर्म महसूस नहीं करते थे। अब उनमें नये तरह का आत्मविश्वास जन्म ले चुका था।

रामकृष्ण परमहंस और विवेकानन्द ने भारतीय लोगों को भारतीय चिन्तनधारा को गहरायी से समझने के लिए प्रेरित किया। साथ ही भारतीयों से अनुरोध किया कि वे अपने देश के दर्शन की तुलना तत्कालीन यूरोप से करें जो कि भौतिक प्रगति के उथलेपन से ग्रसित है। धार्मिक पुनरुत्थान तथा धर्मिक सुधार के काल में भारतीय जन देश की सीमा लांघ कर बाहर के जगत को भी देखने लगे। वृहत् दृष्टिकोण, जो भारतीयों में विकसित हुआ था, के कारण वे अपने पूर्वजों की उपलब्धियों एवं अपनी क्षमताओं के प्रति जागरूक हुए। भारतीयों ने अपने में एक नवीनता पायी और इस खोज (नवीनता) के कारण उन्हें आशा और शक्ति प्राप्त हुई।

इस धार्मिक पुनर्जागरण ने राष्ट्रीय चेतना को भी प्रभवित किया। रामकृष्ण परमहंस ने अपनी शिक्षा एवं उपदेशों से बंगाल के बुद्धिजीवियों की बौद्धिक बेचैनी को दूर किया। परमहंस ने परम्परागत हिन्दू साधना में भाग लेते हुए भी बुद्धिजीवियों

को नया मार्ग दिखाया। इस नये मार्ग का अनुकरण विवेकानन्द ने भी किया। विवेकानन्द के हिन्दू पुनर्जागरण के विचार ने भारतीय राष्ट्रीय काँग्रेस के उग्रवादियों की चिन्तनधारा को भी प्रभावित किया। अरविन्द घोष, बिपिनचन्द्र पाल और बालगंगाधर तिलक आदि जैसे उग्रवादियों की चिन्तनधारा तथा विवेकानन्द की विचारधारा की समान पीठिका थी। वास्तविकता यह है कि बहुत से उद्धरण ऐसे हैं कि दोनों आन्दोलन—विवेकानन्द का पुनरूद्धारवादी आन्दोलन तथा उग्रवादियों का राष्ट्रीय आन्दोलन एक जैसे लगते हैं। वेलेंटाईन शिरौल ने इंडियन अनरेस्ट (Indian Unrest) में लिखा था कि सन् 1905 के स्वदेशी आन्दोलन का राष्ट्रवाद केवल राजनीतिक एवं आर्थिक माँगों तक सीमित नहीं था, बल्कि यह पूरे राष्ट्र के पुनरुत्थान से सम्बन्धित था। दूसरे शब्दों में कह सकते हैं कि उग्रवादी आन्दोलन प्राचीन भारतीय परम्परा, सामाजिक तथा धार्मिक, बौद्धिक एवं नैतिक के पुनरुत्थान से जुड़ा हुआ था। इस प्रकार धार्मिक पुनरुत्थान के आन्दोलनों ने राष्ट्रवादियों को एक विचारधारा प्रदान की। अत: विवेकानन्द द्वारा आरम्भ की गयी धार्मिक पुनरुत्थान आन्दोलन की विचारधारा को उग्रवादी राष्ट्रवादी राजनीति में लाये जिससे धार्मिक-सामाजिक आन्दोलन की धारा भारतीयों की स्वतन्त्रता की धारा में मिल गयी।

सन्दर्भ

1. के. सी. व्यास, द सोशल रेनासां इन इंडिया, बम्बई, 1957, पृ. 12
2. वही, पृ. 95
3. डी. एस. शर्मा, हिन्दूज्म थ्रू द एजेस, बम्बई, 1956, पृ. 150
4. महर्षि देवेन्द्रनाथ टैगोर से भी प्रश्न किया कि आपने ईश्वर को देखा है? महर्षि देवेन्द्रनाथ टैगोर नरेन्द्रनाथ को सकारात्मक उत्तर नहीं दे सकें।
5. डी. एस. शर्मा, हिन्दूज्म थ्रू द एजेस, बम्बई, 1956, पृ. 150
6. वही, पृ. 195
7. अपने भ्रमण के दौरान नरेन्द्रनाथ ने पहाड़ी जनजाति के लोगों को देखा जो बहुपति विवाह का अनुपालन करते थे। ऐसी प्रथा जौनसार-भाबर में प्रचलित थी और यह प्रथा इन जनजातियों में आज भी देखी जा सकती है।
8. के. सी. व्यास, द सोशल रेनासां इन इंडिया, बम्बई, 1957, पृ. 103
9. बिपिनचन्द्र, हिस्ट्री ऑफ मॉर्डन इंडिया, नई दिल्ली, 2011, पृ. 223
10. के. सी व्यास, द सोशल रेनासां इन इंडिया, बम्बई, 1957, पृ. 107
11. बिपिनचन्द्र, हिस्ट्री ऑफ मॉर्डन इंडिया, नई दिल्ली, 2011, पृ. 223
12. वही, पृ. 223
13. सुमित सरकार, मॉडर्न इंडिया 1885-1947, मद्रास, 1983, पृ. 72-73
14. बिपिनचन्द्र, हिस्ट्री ऑफ मॉर्डन इंडिया, नई दिल्ली, 2011, पृ. 223
15. वही, पृ. 223

ऐनी बेसेंट

ऐनी बेसेंट बहुमुखी प्रतिभा सम्पन्न महिला थीं। उन्होंने मानवता की सेवा विविध रूपों में की। उनका समस्त जीवन सत्य के अनुसन्धान एवं मानवता की सेवा में व्यतीत हुआ। यह कहना अतिशयोक्ति न होगी कि वह उस युग की अभूतपूर्व वक्ता, योग्य नेत्री, अग्रणी सम्पादिका, शिक्षा एवं समाज सुधारक, राजनीतिज्ञ, लेखिका, कुशल संचालिका एवं संस्थापिका, धार्मिक सन्त महिला एवं विनम्र लोक सेविका थीं। उनका जीवन सरलता एवं आध्यात्मिकता से ओतप्रोत था।

उनका जन्म 1 अक्टूबर, 1847 ई. में लन्दन के वुड परिवार में हुआ था। विवाह से पूर्व उनका नाम ऐनी वुड था। वुड के पिता डब्लू.बी. पासीर्वुड अँग्रेज एवं माता इमली वुड आयरिश थीं। पिता व्यवसाय से चिकित्सक थे, किन्तु वे इसके साथ ही दर्शन, साहित्य, एवं गणित के ज्ञाता भी थे। माता विदुषी एवं धार्मिक प्रकृति की महिला थीं। ईसाई धर्म पर उनकी अगाध श्रद्धा थी, किन्तु वह अन्धविश्वासी न थीं। श्रीमती बेसेंट के व्यक्तित्व पर माता की धार्मिक निष्ठा की छाप पड़ना स्वभाविक ही था।

सन् 1852 ई. में वुड के पिता का देहान्त हो गया। डॉ. वुड अपने परिवार के लिए कोई सम्पत्ति नहीं छोड़ गये थे। इस कारण श्रीमती वुड पर विपत्तियों का पहाड़ टूट पड़ा। इस स्थिति में वुड अपने ज्येष्ठ पुत्र एवं पुत्री वुड को लेकर हैरो आ गयीं। वहाँ पर उन्होंने एक छात्रावास का संचालन किया इससे प्राप्त आय द्वारा अपने पुत्र की शिक्षा की व्यवस्था की। हैरो में उनकी भेंट शिशु शिष्य विशेषज्ञ मिस मेरियाट से हुई। मिस मेरियाट धनी एवं धार्मिक प्रकृति की महिला थीं उन्होंने श्रीमती वुड के सामने बालिका को नि:शुल्क शिक्षा की सुविधा देने का प्रस्ताव रखा। श्रीमती वुड के लिए यह प्रस्ताव दैवी वरदान था। अत: उन्होंने इसे स्वीकार कर वुड को उनके संरक्षण में रख दिया। वुड को यहाँ शारीरिक, मानसिक, नैतिक एवं धार्मिक शिक्षा के साथ सामान्य ज्ञान एवं अँग्रेज़ी, जर्मन एवं फ्रेंच भाषाओं का भी ज्ञान प्राप्त हुआ। शिक्षा प्राप्ति के बाद वुड अपनी माता के पास लन्दन आ गयीं। यहाँ उन्होंने संगीत के

अभ्यास के साथ-साथ जर्मन, फ्रैन्च साहित्य, दर्शन एवं धार्मिक साहित्य का अध्ययन किया। इस समय उनकी धार्मिक निष्ठा चरम सीमा पर थी। उनकी आन्तरिक इच्छा सन्यासिनी बनने की थी। कुमारी वुड के हृदय में प्रथम बार सन् 1866 ई. में धार्मिक संशय उत्पन्न हुआ। उन्होंने अनुभव किया कि धार्मिक ग्रन्थों की कुछ बातें तर्कपूर्ण नहीं हैं। उनके मन और मस्तिष्क में द्वन्द्व उत्पन्न हो गया। इसी समय वह एक नवयुवक पादरी रेवरेड फ्रेंक बेसेंट Frank Besant के सम्पर्क में आईं। कालान्तर में यह संक्षिप्त भेंट उनके विवाह का कारण बन गयी। यद्यपि इस समय उनके मस्तिष्क में धर्म के प्रति शंका उत्पन्न हो गयी थी, तथापि उनका हृदय अब भी धर्म के प्रति निष्ठावान था। जीवन के प्रति उनकी अपनी एक आध्यात्मिक कल्पना थी। प्रारम्भ में उन्होंने पादरी से विवाह का प्रस्ताव अस्वीकार कर दिया, क्योंकि उनकी दृष्टि में पादरी ईश्वर का प्रतिनिधि अथवा देवदूत के समान था कालान्तर में माता के आग्रह पर उन्हें विवाह की सहमति देनी पड़ी।

श्रीमती बेसेंट स्वतन्त्र विचार एवं आत्मगौरव वाली महिला थीं जबकि फ्रेंक बेसेंट व्यक्ति के रूप में रुढ़िवादी, हठधर्मी, अहंकारी एवं संकुचित दृष्टिकोण वाला था। वह अधीनता में रहने के लिए जन्मी ही न थीं। फ्रेंक बेसेंट पत्नी के स्वतन्त्र व्यक्तित्व को सहन नहीं कर सका। इस दृष्टि से उनका फ्रेंक बेसेंट से विवाह अनमेल था। पारिवारिक कटुता को भुलाने के लिए श्रीमती बेसेंट ने अध्ययन में मन लगाया और छोटी-छोटी धार्मिक कहानियाँ लिखनी प्रारम्भ कर दीं। इस समय उनकी एक कहानी The Lives of Black Letter Saints प्रकाशित हुई जिससे उन्हें 30 शिलिंग प्राप्त हुये। यह उनके लेख का प्रथम पुरस्कार था, इससे उनमें आत्मनिर्भरता की भावना जागृत हुई। फ्रेंक बेसेंट पत्नी के लेखन कार्य को पसन्द नहीं करता था इसलिए उसने उस धन पर अपना अधिकार जमा लिया। इस प्रकार श्रीमती बेसेंट का यह सुखद स्वप्न भी धूमिल हो गया।

सन् 1869 में श्रीमती बेसेंट ने एक पुत्र तथा एक वर्ष बाद एक पुत्री को जन्म दिया। बच्चों के जन्म के उपरान्त उनका समस्त ध्यान बालकों में केन्द्रित हो गया। सन् 1871 ई. में उनके दोनों बालक काली खाँसी से पीड़ित हो गये और उनकी दशा गम्भीर हो गयी। बालकों को मृत्यु के मुख में जाते देख माता का हृदय व्यथित हो गया, उनकी ईश्वर के प्रति आस्था डाँवाडोल हो गयी। उन्हें ईश्वर की दयालुता पर सन्देह हो गया। सौभाग्य से कुछ दिन बाद बालक स्वस्थ हो गये, किन्तु ईश्वर विरोधी जो भावनाएँ श्रीमती बेसेंट के हृदय में उत्पन्न हो गयी थीं वह मिट न सकीं। फ्रेंक बेसेंट पत्नी की ईश्वर विरोधी भावनाओं के कारण बहुत अमानवीय व्यवहार करने लगा। फलत: श्रीमती बेसेंट अपने बालकों सहित अपनी माता के पास लन्दन आ गयीं। इस पर फ्रेंक बेसेंट ने क्रुद्ध होकर आदेश दिया कि वह अब कभी वापस

न आये। इस प्रकार पति की हठधर्मी एवं अमानवीय व्यवहार ने श्रीमती बेसेंट को अनीश्वरवादी एवं ईसाई धर्म विरोधी बना दिया।

सन् 1872 ई. में लन्दन में श्रीमती बेसेंट की एक ईश्वरवादी उपदेशक चार्ल्स वोयसे (Charles Voysey) से भेंट हुई। इस सम्पर्क से वह ईसाई धर्म के दैवी पक्ष की अपेक्षा मानवीय पक्ष को अधिक महत्त्वपूर्ण मानने लगीं। इसी समय वह स्वतन्त्र विचारक थामस स्कॉट (Thomas Scott) के सम्पर्क में आईं, स्कॉट अनीश्वरवादी था। वह व्यक्ति को धार्मिक अन्धविश्वास एवं रूढ़ियों से मुक्त कराने का समर्थक था। वह स्वतन्त्र विचार पर एक मासिक पत्रिका का प्रकाशन करता था। उसके सम्पर्क से श्रीमती बेसेंट को मानसिक शान्ति प्राप्त हुई। सन् 1873 ई. में फ्रेंक बेसेंट ने विवाह सम्बन्ध भंग कर दिया। अब श्रीमती बेसेंट के समक्ष जीविकोपार्जन का प्रश्न प्रमुख था। इस विषय में स्कॉट ने उनकी विशेष सहायता की।

सन् 1874 ई. में श्रीमती बेसेंट 'स्वतन्त्र विचारक संस्था' की सदस्या बन गयीं। स्वतन्त्र विचार पर उन्होंने अनेक लेख लिखे। अब वह पूर्णत: अनीश्वरवादी बन गयी थीं। इसी समय लन्दन में उनका परिचय चार्ल्स ब्रेडला से हुआ। श्रीमती बेसेंट ने ब्रेडला के नेतृत्व में 14 वर्ष कार्य किया। ब्रेडला उनके राजनीतिक गुरु थे। गुरु के राजनीतिक विचारों की छाप श्रीमती बेसेंट के व्यक्तित्व पर आजीवन रही। ब्रेडला भारत के प्रति सहानुभूति रखते थे, सम्भवत: श्रीमती बेसेंट की भारत के प्रति रुचि का प्रारम्भ यहीं से हुआ था। सार्वजनिक समाचार पत्र National Reformer में उन्होंने अल्प वेतन पर कार्य प्रारम्भ किया। कालान्तर में वह इस समाचार पत्र की उप सम्पादिका बन गयीं। 1877 में श्रीमती बेसेंट ने ब्रेडला के साथ 'नॉलटन पेम्पलेट' (Knowlton Pamphlet) अथवा परिवार नियोजन आन्दोलन में भाग लिया। परिणामस्वरूप इन दोनों पर अभियोग चलाया गया। इस अभियोग में श्रीमती बेसेंट ने न्यायालय में अपने मुकदमे की स्वयं पैरवी की। इसी समय फ्रेंक बेसेंट ने पत्नी पर अनीश्वरवादी होने का आरोप लगाकर न्यायालय की सहायता से बालकों को उनसे छीन लिया। इस घटना से श्रीमती बेसेंट को गहरा आघात पहुँचा, किन्तु उन्होंने बड़े धैर्य एवं साहस से उसको सहन किया। तत्पश्चात उन्होंने अपना समस्त जीवन मानवता की सेवा में अर्पित कर दिया।

सन् 1879 ई. में विज्ञान का अध्ययन प्रारम्भ किया और लन्दन विश्वविद्यालय से प्रथम श्रेणी में मैट्रिक परीक्षा उत्तीर्ण की। तत्पश्चात दो वर्ष उपरान्त वनस्पति विज्ञान में विशेष योग्यता सहित इन्टरमीडियट परीक्षा पास की। कालान्तर में उनका विचार बी.एस.सी. परीक्षा देने का था, किन्तु उनके अनीश्वरवादी विचारों के कारण बाधा उत्पन्न हो गयी। तत्पश्चात वह विज्ञान की अध्यापिका बन गयीं।

सन् 1884 ई. में श्रीमती बेसेंट फेबियन समाजवाद की ओर आकर्षित हुईं

और सन् 1885 ई. में उसकी सदस्या बन गयीं। अब ब्रेडला से उनका राजनीतिक सम्बन्ध भंग हो गया। समाजवादी विचारों का प्रचार करने के लिए उन्होंने Our Corner नामक समाचार-पत्र का प्रकाशन आरम्भ किया जिसमें उन्होंने अनेक लेख लिखे। सन् 1888 ई. में उन्होंने Link नामक साप्ताहिक पत्रिका का प्रकाशन आरम्भ किया और उसके माध्यम से समाजवादी विचारों का प्रकाशन प्रभावशाली ढंग से किया। उनके कार्यों से श्रमिकों में संगठन एवं आत्मविश्वास दृढ़ हुआ। फलतः अनेक श्रमिक संगठनों का निर्माण हुआ। श्रीमती बेसेंट अनेक वर्षों तक इन श्रमिक संगठनों की मन्त्री बनी रहीं।

सन् 1889 ई. में श्रीमती बेसेंट थियोसोफी समाज की संस्थापिका एच.पी. ब्लावेट्स्की (H.P. Blavatsky) के सम्पर्क में आईं और थियोसोफी धर्म से विशेष रूप से प्रभावित हुईं। फलतः 10 मई, सन् 1893 को वह इस समाज की सदस्या बनीं और कालान्तर में उसकी अध्यक्षा बन गयीं। थियोसोफी शब्द थिआस अर्थात् ब्रह्म, सोफिया अर्थात् विद्या से मिलकर बना है। इस प्रकार थियोसोफी का अर्थ ब्रह्मविद्या या परमतत्त्व का ज्ञान माना गया है। वर्तमान काल में थियोसोफी का अर्थ थियोसोफिस्ट अथवा ब्रह्मजिज्ञासु विचारकों के दार्शनिक विचारों से है। ब्रह्मजिज्ञासुओं का मत है कि थियोसोफी तत्त्वज्ञान, धर्म एवं विज्ञान है। तत्त्वज्ञान इसलिए है कि इससे ज्ञात होता है कि सूर्यमंडल ईश्वर या आत्मा का व्यक्त रूप है। इसी से जीवात्मा एवं शरीरों का विकास एक निश्चित क्रम से होता है। मनुष्य ईश्वर या परमात्मा का अंश है। इसलिए स्वयं आत्मा है। मनुष्य जीवन का लक्ष्य पूर्णता प्राप्त करना अथवा मोक्ष प्राप्ति है। धर्म इस कारण है कि यह व्यक्ति को विकास क्रम का ज्ञान कराके उसे शीघ्र पूर्णता प्राप्त करने का मार्गदर्शन करता है, व्यक्ति को ज्ञान होता है कि विश्व का कल्याण करने वाले सन्त महात्मा अथवा सिद्ध संघ होते हैं, उनसे सम्पर्क स्थापित करना सम्भव है। थियोसोफी में विज्ञान के भी गुण हैं। विज्ञान की भाँति उसने भी निरन्तर प्रयोग एवं परीक्षण द्वारा कुछ नियम निर्धारित किये हैं। उदाहरण स्वरूप प्रकृति के सूक्ष्म लोकों, मनुष्य के जीवन काल एवं मृत्यु के उपरान्त की अवस्थाओं का परीक्षण एवं अनुसन्धान करके कुछ निष्कर्ष निकाले हैं। ब्रह्म जिज्ञासुओं ने अपने स्थूल शरीर का त्याग कर अदृश्य लोकों का अवलोकन किया तत्पश्चात पुनः अपने स्थूल शरीर में प्रवेश कर अवलोकित तथ्यों को लेखबद्ध किया। इस प्रकार थियोसोफी तत्त्वज्ञान धर्म और विज्ञान भी है।

थियोसोफी समाज के मुख्यतः तीन उद्‌देश्य

प्रथम—जाति, धर्म, वर्ण एवं सम्प्रदाय के भेदभाव का तिरस्कार कर समाज को विश्वबन्धुत्व एवं मानव कल्याण का केन्द्र बनाना।

द्वितीय—विभिन्न धर्मों, तत्त्वज्ञानों एवं पदार्थ विद्या के अध्ययन को प्रोत्साहन देना।

तृतीय—प्रकृति के अज्ञात नियमों, एवं मानव की अर्न्तनिहित शक्तियों का अनुसंधान तथा सभी धर्मों के प्रति आदर, सहिष्णु, एवं बन्धुत्व की भावना को प्रोत्साहित करना।

थियोसोफी समाज का सदस्य बनने के लिए किसी व्यक्ति को न तो अपना धर्म त्याग करना पड़ता था और न नवीन धर्म अपनाना आवश्यक था। थियोसोफी व्यक्ति को उसके अपने धर्म के गूढ़ रहस्यों का ज्ञान कराकर उसे अपना निर्धारित कर्तव्य पालन करने की प्रेरणा देता था। प्रत्येक धर्म, जाति, सम्प्रदाय एवं वर्ण के व्यक्ति इसके सदस्य हो सकते थे, यदि उनमें सत्य के अनुसंधान की जिज्ञासा, मानव कल्याण की आकांक्षा हो। इस प्रकार थियोसोफी व्यक्ति को नास्तिकता से मुक्त करवाकर सही धर्म की ओर अग्रसर करता है।

थियोसोफी दर्शन ईश्वरवादी दर्शन है। यह हिन्दू धर्म के कर्म सिद्धान्त, पुर्नजन्म, योग, आत्मा की एकता के सिद्धान्त, बौद्ध धर्म, यूनानी दर्शन एवं रहस्य विद्या आदि से प्रभावित था। ईश्वर के अस्तित्व पर आस्था इसकी मौलिक मान्यता थी। ईश्वर या परमात्मा विश्व का निर्माता एवं संचालक है। वह निर्गुण, निराकार, सर्वव्यापी, एवं कल्याणमय है। समस्त जड़ एवं चेतन की उत्पत्ति का मूल वही है। समस्त जीवों में आत्मा स्वरूप वही विद्यमान है। आत्मा के नाते समस्त मानव एक ही ईश्वर की सन्तान हैं। इस प्रकार आत्मा की एकता के सिद्धान्त के आधार पर यह विश्वबन्धुत्व का प्रतिपादन करता है।

परमब्रह्म या एक ईश्वर से उत्पन्न होने के उपरान्त आत्मा का अवतरण चिरकाल तक भूत योनि के अदृश्य जगत में चलता रहता है इस स्तर पर आत्मा सुप्त रहती है। इसके उपरान्त आत्मा का अवतरण दृश्य जगत में क्रमशः खनिज वनस्पति, कीट, पक्षी एवं पशु योनि में होता है। इस स्तर पर भी आत्मा सुप्त रहती है। पशु योनि के बाद जीव मनुष्य योनि अथवा पृथक व्यक्तित्व वाला जीवात्मा का रूप धारण करता है इस स्तर पर आत्मा को अपने स्वरूप एवं विकासक्रम का ज्ञान होने लगता है। इस ज्ञान के साथ ही कर्म सिद्धान्त प्रारम्भ हो जाता है। कर्म सिद्धान्त में दण्ड की भावना नहीं है। मनुष्य के दुःख एवं सुख का कारण अज्ञान एवं पूर्वजन्मों का फल है कष्ट एवं दुर्भाग्य मानव आत्मा का परिष्कार कर उसे उन्नति के मार्ग पर अग्रसर करने का साधन है।

जीव या आत्मा के पुर्नजन्म का कारण एवं अनुभव प्राप्त करके सही कर्म करना है। मानव जीवन का लक्ष्य पूर्णतः मोक्ष प्राप्ति है। इसके लिए आत्मा को अनेक अभ्यास करने पड़ते हैं। थियोसोफी के अनुसार मोक्ष का अर्थ अस्तित्व की

समाप्ति या परमब्रह्म में विलीन होना, अथवा जीवात्मा का स्वयं दैवी आनन्द की प्राप्ति नहीं है, अपितु अज्ञान से मुक्त होकर दैवी विधान का एक आत्मज्ञानी कार्यकर्त्ता बनना, अथवा अन्धकार में भटकने वाले असंख्य जीवों को मोक्ष प्राप्ति में सहायता देना है। इस मान्यता के कारण थियोसोफी दर्शन में मुक्त आत्मा, अर्हत अथवा सिद्ध संघ का महत्त्वपूर्ण स्थान है। यह सिद्ध पुरुष अथवा सिद्ध संघ पृथ्वी पर ईश्वर के प्रतिनिधि हैं। पृथ्वी के जीवों के कल्याण एवं विकास का उत्तरदायित्व इन पर है। मानव जाति के आत्मविकास एवं मोक्ष प्राप्ति में सहायता देने की दृष्टि से यह सिद्ध पुरुष कुछ लोगों को शिष्य बनाते हैं और उन्हें विभिन्न कार्यों का प्रशिक्षण देते हैं। प्रत्येक वह व्यक्ति जिसका हृदय शुद्ध, आचरण पवित्र और मानव कल्याण का इच्छुक है, वह इन सिद्ध पुरुषों का शिष्य बन सकता है और इनसे सम्पर्क स्थापित कर सकता है। यह सम्पर्क, आत्मविद्या, योगाभ्यास अथवा आध्यात्म विद्या द्वारा मानसिक शक्तियों को एकाग्र करके स्थापित किया जा सकता है। इसके लिए निरन्तर प्रयास, कठिन अनुशासित जीवन एवं निरामिष खान-पान अपेक्षित है।

इन सिद्ध संघों के अनेक वर्ग एवं विभिन्न कार्य हैं। प्रत्येक कार्य का एक पृथक विभाग एवं अधिपति है। उदाहरण स्वरूप एक विभाग के अधिपति का कार्य पृथ्वी पर विभिन्न जातियों का विकास करना है। प्रत्येक बड़ी जाति का एक प्रधान अधिकारी होता है वह उसकी नींव डालता है उसे अन्य जाति से भिन्न विशेषताएँ प्रदान करता है तथा उसकी उन्नति का निरीक्षण करता है। इस प्रकार थियोसोफी दर्शन जातीय भेदभाव का खंडन करता है। दूसरे विभाग का कार्य धर्म एवं शिक्षा से सम्बन्धित है। समस्त महान धर्मों के संस्थापक इसी वर्ग से उत्पन्न हुये हैं। इस वर्ग के अधिपति विश्व में जब नये धर्म की आवश्यकता समझते हैं तभी स्वयं अथवा अपने किसी शिष्य द्वारा उसकी स्थापना करते हैं। इस प्रकार सभी धर्मों का मूल एक ही है। कालान्तर में यह विभिन्न जातियों में विभिन्न रूपों में प्रकट होता है। इस मान्यता के कारण थियोसोफी दर्शन धार्मिक समन्वय का प्रतिपादन करता है।

16 नवम्बर, 1893 ई. में श्रीमती बेसेंट भारत आईं और यहाँ थियोसोफी समाज की उपाध्यक्षा नियुक्त हुईं। थियोसोफी के माध्यम से वह हिन्दू धर्म के सम्पर्क में आईं और वे उससे प्रभावित हुईं। भारत के प्रति उनकी एक स्वर्णिम कल्पना थी। प्राचीन भारतीय सभ्यता, संस्कृति एवं धर्म के प्रति उनके मन में महान आदर था। वह भारतीय कहलाने में गौरव अनुभव करती थीं। उन्होंने भारतीय जीवनयापन शैली अपना ली और काशी को अपना निवास स्थल बनाया। उन्होंने हिन्दू धर्म ग्रन्थों का अध्ययन करने के लिए संस्कृत भाषा सीखी। उन्हें हिन्दू धर्म का गूढ़ ज्ञान था, इस विषय पर उन्होंने बहुत कुछ लिखा भी है।

श्रीमती बेसेंट का कार्यक्षेत्र प्रारम्भ में दक्षिण भारत तक सीमित था। 1894 ई.

में उन्होंने मद्रास के अड्यार नामक स्थान में दलित वर्ग के लिए विद्यालय अथवा पंचम स्कूल स्थापित किये और राष्ट्रीय शिक्षा के प्रसार के लिए प्रयास आरम्भ किया। तत्पश्चात भारत की प्राचीन गरिमा को पुनर्जीवित करने के लिए उन्होंने एक सुनियोजित, विवेकपूर्ण एवं क्रमबद्ध योजना बनाई। उसका लक्ष्य राष्ट्रनिर्माण एवं देश को विदेशी दासता से मुक्त कराना था। इस उद्देश्य से प्रेरित होकर उन्होंने सर्वप्रथम आध्यात्मिक सुधार का प्रयास किया। इसके लिए प्राचीन भारतीय आदर्शों की युगानुकूल नवीन व्याख्या की और धार्मिक शिक्षा पर बल दिया। यद्यपि उस समय स्वशासन का विचार भी प्रचलित था, तथापि श्रीमती बेसेंट ने इस ओर ध्यान नहीं दिया, क्योंकि उनका मत था कि आदर्श नागरिकता एवं राष्ट्रीय एकता के अभाव में स्वशासन सफल नहीं हो सकता। अत: उन्होंने आध्यात्मिक शिक्षा द्वारा भारतीयों में देशप्रेम, राष्ट्रीय एकता, आत्मसम्मान एवं आदर्श नागरिकता की भावना जागृत करने का प्रयत्न किया। उस समय भारतीय पाश्चात्य सभ्यता एवं अँग्रेज़ी शिक्षा के प्रभाव से अपने धर्म एवं संस्कृति के प्रति उदासीन थे। श्रीमती बेसेंट ने प्राचीन भारतीय आदर्शों को पुनर्जीवित कर भारतीयों को उनके गौरवमय अतीत से परिचित कराते हुए उसके प्रति आदर एवं गौरव की भावना जागृत की।

धर्म सुधार के साथ श्रीमती बेसेंट ने शिक्षा एवं समाज सुधार का कार्य भी किया। उन्होंने अनुभव किया कि तत्कालीन ब्रिटिश शिक्षा नीति अराष्ट्रीय एवं भौतिकवादी है। इसके द्वारा व्यक्ति आत्मनिर्भर एवं आदर्श नागरिक नहीं बन सकता हैं। अत: इससे प्रेरित होकर उन्होंने प्राचीन भारतीय आदर्शों पर आधारित राष्ट्रीय शिक्षा नीति पर बल दिया। इस नीति को कार्यान्वित करने के लिए सन् 1898 ई. में उन्होंने काशी में केन्द्रीय हिन्दू विद्यालय की स्थापना की। कालान्तर में मालवीयजी ने इसे काशी हिन्दू विश्वविद्यालय के रूप में परिणित किया। काशी हिन्दू विश्वविद्यालय के निर्माण में मालवीयजी को प्रोत्साहन देने में श्रीमती बेसेंट का भी योगदान था। शिक्षा में उन्होंने धार्मिक शिक्षा, संस्कृत के अध्ययन एवं मातृभाषा के माध्यम से शिक्षा तथा हिन्दी को राष्ट्रभाषा बनाने का आग्रह किया। थियोसोफी समाज के विद्यालय भारत में आदर्श माने जाते थे। यहाँ के अनेक विद्यार्थियों ने राष्ट्रीय नेता बनने का गौरव प्राप्त किया।

सामाजिक क्षेत्र में उन्होंने व्यक्ति को अन्धविश्वास एवं रुढ़ियों से मुक्त कराने का प्रयास किया। इस उद्देश्य से उन्होंने जातिभेद, पर्दा-प्रथा, बाल-विवाह आदि का खंडन किया। बाल विवाह को रोकने के लिए हिन्दू स्कूल में विवाहित छात्रों से दूना शिक्षण शुल्क लिया जाता था। नारी शिक्षा को प्रोत्साहन देने के लिए काशी में हिन्दू कन्या विद्यालय की स्थापना की और उनके लिए एक विशेष पाठ्यक्रम बनाया। श्रीमती बेसेंट दलित वर्ग का उत्थान राष्ट्र निर्माण के लिए आवश्यक मानती

थीं। अत: उनके लिए भी विद्यालय स्थापित किये। इसके साथ ही राष्ट्र की आर्थिक उन्नति के लिए उन्होंने घरेलू उद्योग धन्धों के पुनर्गठन एवं स्वदेशी वस्तुओं के प्रयोग पर बल दिया। राष्ट्रीय एकता के विकास के लिए वह सर्वधर्म समन्वय, भारतीय वेशभूषा, परम्पराओं एवं जीवन पद्धति अपनाना आवश्यक मानती थीं। इस प्रकार उन्होंने हिन्दू धर्म को विभिन्न कुप्रभावों एवं मिशनरियों के प्रभाव से रक्षा करने का प्रयास किया।

धार्मिक, शैक्षिक एवं सामाजिक सुधार के पश्चात श्रीमती बेसेंट ने सन् 1913 में भारतीय राजनीतिक क्षेत्र में प्रवेश किया और 06 वर्षों तक महत्त्वपूर्ण कार्य किया। भारतीय राजनीति में इनकी रुचि भारत आगमन से पूर्व से ही थी। 1898 में लन्दन में उनकी एक पुस्तिका प्रकाशित हुई थी जिसका शीर्षक था Egnland India and Afganistan इस पुस्तक में भारत में अँग्रेज़ी शासन की नीतियों की कटु आलोचना की गयी थी। उनके इस कार्य को देशद्रोह पूर्ण माना गया। सन् 1899 में उन्होंने राष्ट्रनिर्माण के लिए भारत में विभिन्न सम्प्रदायों की एकता पर बल दिया था। सन् 1902 में ब्रिटिश सरकार की भूमि-व्यवस्था की आलोचना की और ब्रिटेन को परामर्श दिया कि भारतीयों का शासन उन्हीं की इच्छानुसार होना चाहिए, इसमें भारत एवं ब्रिटेन दोनों का ही हित हैं। इसी वर्ष उन्होंने लन्दन में भारतीय स्वतन्त्रता के पक्ष में प्रभावशाली भाषण दिया। सन् 1903 में उन्होंने 'इन्डो कॉमनवेल्थ' की कल्पना पर विचार व्यक्त किये तथा 1905 में बंग-भंग का विरोध किया और काँग्रेस के स्वदेशी प्रचार का समर्थन किया।

श्रीमती बेसेंट ने 1906 में मद्रास में Sons and Daughters of India Association की स्थापना की। इसका उद्देश्य समाज सुधार एवं नागरिक चेतना का विकास था। इसी वर्ष काँग्रेस मंच से प्रथम स्वराज्य अर्थात् ब्रिटेन के अन्तर्गत स्वतन्त्र औपनिवेशक स्वराज्य की माँग की गयी। श्रीमती बेसेंट ने इसका समर्थन किया। सन् 1907 में काँग्रेस में फूट पड़ गयी इसे उन्होंने खेद पूर्ण कहा और भारतीयों को आदर्श नागरिक बनने का परामर्श दिया। 1908 ई. में गरमदल काँग्रेस से पृथक हो गया था। श्रीमती बेसेंट भारतीय राजनीति की इन प्रवृत्तियों को चिन्ता की दृष्टि से देखती थीं। 1909 ई. के मार्ले-मिन्टो सुधार की उन्होंने आलोचना की।

उपर्युक्त पृष्ठभूमि में उन्होंने 1913 से राजनीति के क्षेत्र में प्रवेश किया और अँग्रेजों को चेतावनी दी कि भारतीयों की निष्ठा प्राप्त करने के लिए भारत को स्वतन्त्रता प्रदान करें। उन्होंने प्राचीन भारतीय ग्राम पंचायत व्यवस्था लागू करने पर बल दिया। मद्रास में Brothers of Service नामक एक संगठन बनाया, जिसका एक उद्देश्य नागरिकों को राजनीतिक प्रशिक्षण देना था। इसी समय 'कॉमनवील' नामक साप्ताहिक पत्र का प्रकाशन प्रारम्भ किया तथा 'Wake Up India' नामक एक

पुस्तिका लिखी। भारतीय राजनीति के गम्भीर अध्ययन द्वारा वह इस निर्णय पर पहुँचीं कि भारत एवं आयरलैंड की स्थिति में बहुत कुछ समानता है। भारतीय स्वराज्य की माँग एवं आयरिश स्वतन्त्र पार्लियामेंट की माँग का स्वरूप समान है। काँग्रेस के उदारवादी नेताओं के समान आयरिश नेता भी प्रार्थना पत्रों, प्रस्तावों एवं प्रतिनिधि मंडलों द्वारा इंग्लैंड का लोकमत अपने पक्ष में करना चाहते थे। दोनों ही ब्रिटिश साम्राज्य के अन्तर्गत स्वराज्य चाहते थे। ब्रिटिश सरकार आयरलैंड की भाँति यहाँ भी धार्मिक विद्वेष भड़का कर लाभ उठा रही थी। आयरलैंड में स्वतन्त्रता के प्रश्न पर दो दल हो गये थे। एक सिनफिन दल जो उग्र आतंकवादी था दूसरा राष्ट्रवादी जिसकी पद्धति शान्तिपूर्ण एवं वैधानिक थी। श्रीमती बेसेंट उग्र आतंकवादी साधनों के विरुद्ध थीं।

श्रीमती बेसेंट ने अनुभव किया कि भारत में उग्र आन्दोलन का सूत्रपात हो गया है। कई क्रान्तिकारी समितियाँ बन चुकी हैं। काँग्रेस की नरम नीति राष्ट्रीय आवश्यकता की पूर्ति में असमर्थ है। यदि गरमदल एवं क्रान्तिकारी परस्पर मिल गये तभी यहाँ उग्र आन्दोलन प्रारम्भ हो सकते हैं। अत: उन्होंने इस दुर्घटना को रोकने के लिए होमरुल आन्दोलन का सूत्रपात किया। 1914 में वह इंग्लैंड गयीं वहाँ ब्रिटेन सरकार से भारतीय स्वतत्रंता के प्रश्न पर विचार करने का आग्रह किया। इसी वर्ष उन्होंने New India नामक दैनिक पत्र का भी प्रकाशन प्रारम्भ किया। इसके माध्यम से उन्होंने अपने राजनीतिक विचारों का प्रभावशाली ढंग से प्रचार किया। इस समय प्रथम महायुद्ध प्रारम्भ हो चुका था। दिसम्बर में काँग्रेस मंच से भाषण करते हुये श्रीमती बेसेंट ने ब्रिटिश सरकार से स्वतन्त्रता प्रदान करने का आश्वासन देने को कहा।

सन् 1915 ई. में श्रीमती बेसेंट काँग्रेस अधिवेशन में सम्मिलित हुईं और उनके विधान में ऐसा संशोधन कराने में सफल हुईं जिसके द्वारा गरमदल के लिए काँग्रेस मे पुन: सम्मिलित होना सम्भव हुआ। जनता को राजनीतिक प्रशिक्षण देने के उद्देश्य से श्रीमती बेसेंट ने मद्रास पार्लियामेंट की स्थापना की। इसी समय उन्होंने काँग्रेस को शक्तिशाली बनाने के लिए उसके समक्ष होमरुल लीग की स्थापना का सुझाव रखा, परन्तु काँग्रेस के कुछ प्रभावशाली नेता इससे सहमत न थे। अत: यह योजना उस समय स्थगित कर दी गयी।

सन् 1916 ई. में काँग्रेस के दोनों दलों में एकता स्थापित हो गयी। फलत: लोकमान्य तिलक एवं उनके साथी प्रसिद्ध लखनऊ काँग्रेस सम्मेलन में सम्मिलित हुये। यहीं पर काँग्रेस एवं मुस्लिम लीग समझौता भी सम्पन्न हुआ। श्रीमती बेसेंट के प्रभावशाली व्यक्तित्व ने साम्प्रदायिक कटुता मिटाने में विशेष योग दिया। सितम्बर में श्रीमती बेसेंट ने मद्रास में अखिल भारतीय होमरुल लीग की स्थापना की। इससे

पूर्व लोकमान्य तिलक ने अप्रैल में पूना में होमरुल लीग की स्थापना की थी। दोनों नेताओं का लक्ष्य समान था इसलिए दोनों ने साथ-साथ देश के विभिन्न राज्यों में भ्रमण एवं प्रचार किया। श्रीमती बेसेंट ने अँग्रेजों को चेतावनी देते हुए कहा कि "भारत वह शिशु नहीं रहा जो साम्राज्य की शिशुशाला में पलता रहे। होमरुल भारत का जन्मसिद्ध अधिकार है भारत को जितनी शीघ्र स्वतन्त्रता प्राप्त होगी उतना ही अँग्रेजों के हित में होगा।" होमरुल का विचार भारत के लिए नया नहीं था, अपितु ब्रिटिश साम्राज्य के अन्तर्गत स्वशासन प्राप्ति का नया नाम था। श्रीमती बेसेंट को इस नाम की प्रेरणा आयरलैंड से प्राप्त हुई थी। सन् 1876 में सुरेन्द्रनाथ बनर्जी एवं आनन्द मोहन बोस ने इंडियन एसोसिएशन नामक एक संस्था स्थापित की थी जिसका उद्देश्य स्वशासन प्राप्ति था। काँग्रेस का लक्ष्य भी सन् 1886 से यही रहा है, यद्यपि सन् 1906 में प्रथम बार इसकी माँग की थी। 1916 में लन्दन में भी एक होमरुल की शाखा स्थापित हुई। उसने वहाँ भारतीय स्वतन्त्रता के पक्ष में प्रभावशाली प्रचार किया।

सन् 1917 ई. में श्रीमती बेसेंट ने प्रभावशाली ढंग से होमरुल आन्दोलन प्रारम्भ किया। होमरुल आन्दोलन संवैधानिक एवं शान्तिपूर्ण था। इसका लक्ष्य स्वशासन प्राप्ति एवं जन-चेतना जागृत करना था। सरकार इस आन्दोलन से चिंतित हुई, उसने होमरुल की लोकप्रियता समाप्त करने के लिए मद्रास में ब्राह्मण विरोधी आन्दोलन करवा दिया। इसके बाद श्रीमती बेसेंट के समाचार पत्र New India से 20 हजार की जमानत माँगी गयी। इसके दो मास उपरान्त श्रीमती बेसेंट के बम्बई एवं मध्यप्रान्त में प्रवेश पर प्रतिबन्ध लगा दिया गया। उन्होंने सरकार के ऐसे अनुचित कानून का उल्लंघन नहीं किया। कानून की मर्यादा के प्रश्न पर ही उनका गाँधीजी से मतभेद हो गया था।

सरकार ने इसी समय बिना कारण बताये उन्हें और उनके दो सहयोगियों को बन्दी बना लिया। उनकी नजरबन्दी के विरोध में देश में सविनय अवज्ञा जैसे आन्दोलन का प्रारूप तैयार होने लगा। ब्रिटिश कॉमन सभा में प्रश्न पूछे गये। नजरबन्दी की अवधि में उनके अस्वस्थ होने की सूचना पर जनता ने विरोध में अनेक स्थानों पर सत्याग्रह एवं विदेशी माल का बहिष्कार किया। इसी समय ब्रिटिश सरकार ने भारतीय स्वशासन की सम्भावनाओं पर भारतीय नेताओं से विचार-विमर्श करने के लिए भारत-मन्त्री मॉन्टेग्यू के भारत आने की घोषणा की। फलतः वातावरण को शान्त बनाने के लिए श्रीमती बेसेंट को कारावास से मुक्त कर दिया गया। मुक्त होने पर एक ओर जनता ने उनका भव्य स्वागत किया तो वहीं दूसरी ओर काँग्रेस ने उन्हें अध्यक्षा का पद प्रदान कर गौरवान्वित किया। अध्यक्षा पद से उन्होंने कई महत्त्वपूर्ण भाषण दिये। उनके नेतृत्व में काँग्रेस एक सक्रिय संस्था बन गयी तथा

साम्प्रदायिक सद्भाव दृढ़ हुआ। इसी वर्ष उन्होंने भारतीय महिला संघ एवं भारतीय बॉय स्काउट (Boy Scott) संघ की स्थापना की।

सन् 1918 ई. में मान्टेग्यू चैम्सफोर्ड सुधार योजना प्रकाशित हुई। काँग्रेस में गर्मदल का बहुमत होने के कारण इसका विरोध किया गया, जबकि श्रीमती बेसेंट इस योजना में कुछ सुधार करके स्वीकृत करने के पक्ष में थीं। इस समय गाँधीजी का कार्यक्रम भी प्रारम्भ हो रहा था। 1920 में गाँधीजी ने असहयोग आन्दोलन प्रारम्भ किया, जिसका श्रीमती बेसेंट ने समर्थन नहीं किया, किन्तु रॉलेट एक्ट, तुर्की सन्धि, एवं जलियाँवाला बाग हत्याकांड पर सरकार की कड़ी आलोचना की।

गाँधीजी से मतभेद होने के कारण उनके समर्थकों की संख्या दिनों-दिन घटने लगी। 1922 में श्रीमती बेसेंट ने भारतीय संविधान बनाने के लिए एक सर्वदलीय सम्मेलन आमंत्रित किया। 1925 ई. में वह संविधान को लेकर इंग्लैन्ड गयीं और ब्रिटिश संसद के सदस्यों को दिया। मजदूर दल की कार्यकारिणी ने इसे स्वीकृत कर लिया। इसी वर्ष संसद में इसका प्रथम वाचन हुआ, तत्पश्चात 1927 में दूसरा वाचन हुआ। इस संविधान में सर्वप्रथम भारतीय स्वशासन की रूपरेखा प्रस्तुत की गयी थी। 1929 ई. में कॉमनवेल्थ ऑफ इंडिया लीग ने भारत में ब्रिटिश शासन की नीतियों के विरोध में लन्दन में एक प्रदर्शन किया इसमें श्रीमती बेसेंट ने भारतीय स्वतन्त्रता के पक्ष में प्रभावशाली भाषण दिया। सन् 1933 ई. में यह महान महिला संसार से विदा हो गयी, किन्तु भारतीय स्वतन्त्रता संग्राम में अपना स्थान सदा के लिए सुरक्षित कर गयीं।

श्रीमती बेसेंट ने सन् 1915 ई. में जब राजनीतिक क्षेत्र में प्रवेश किया तब उस समय राजनीतिक क्षेत्र में कोई भी प्रभावशाली नेता नहीं था। गोखले एवं फिरोजशाह मेहता का देहान्त हो चुका था, लोकमान्य तिलक मांडले जेल में थे, दादाभाई बहुत वृद्ध हो चुके थे और गाँधीजी का अभी सक्रिय भारतीय राजनीति में आगमन नहीं हुआ था। इसी समय प्रथम विश्व युद्ध भी प्रारम्भ हो गया था और सरकार युद्ध व्यवस्था में व्यस्त थी। युद्ध की परिस्थितियाँ ऐसी थीं कि जिनसे सहज ही नागरिक चेतना को प्रोत्साहन दिया जा सकता था। इस समय एक प्रभावशाली नेता की आवश्यकता थी। ऐसे ही समय में श्रीमती बेसेंट का राजनीतिक आगमन एक दैवी देन थी। परिस्थितियों ने उन्हें नेता बनने में बहुत योग दिया।

उस युग में जब भारत की जनता अँग्रेज़ी सरकार से भयभीत एवं आतंकित थी और सरकार की आलोचना करने का साहस कोई नहीं कर सकता। ऐसी स्थिति में एक अँग्रेज महिला द्वारा भारत की प्राचीन सभ्यता एवं संस्कृति की प्रशंसा करना, समानता के आधार पर भारतीय स्वतन्त्रता की माँग करना तथा स्वतन्त्रता प्राप्ति के लिए आन्दोलन चलाना आदि ऐसी बातें थीं जिनसे जनता सहज ही उनके प्रति

आकर्षित हो गयी। ब्रिटिश सरकार होमरुल आन्दोलन से घबरा गयी, उसके लिए अपनी जाति की महिला आन्दोलनकर्मी को वश में करना समस्या बन गया। यद्यपि बंग–भंग के दौरान भी आन्दोलन हुआ था, किन्तु उसका क्षेत्र बंगाल तक ही सीमित था। इसके विपरीत होमरुल आन्दोलन का स्वरूप अखिल भारतीय था। इसने भारतीय राजनीति को नई दिशा, नया उत्साह एवं नया मोड़ दिया। यह एक ऐसा मंच था जिस पर विभिन्न धर्म, सम्प्रदाय एवं विचारों वाले व्यक्ति एक उद्देश्य के लिए संगठित हुए। होमरुल आन्दोलन को 1921 के आन्दोलन का पूर्वज कहना गलत न होगा। इसमें सन्देह नहीं कि गाँधीजी के लिए पृष्ठभूमि श्रीमती बेसेंट ने ही तैयार की थी।

काँग्रेस के विकास में भी श्रीमती बेसेंट का महत्त्वपूर्ण योगदान रहा। यद्यपि काँग्रेस के प्रारम्भिक नेताओं का भी उसके विकास में योगदान रहा है, तथापि श्रीमती बेसेंट ने उसे अधिक रचनात्मक एवं कार्यशील बनाया। वह भारतीय नवजागरण की परम्परा से प्रभावित थीं, उन्होंने उसके गुणों को अपनाया और उसके द्वारा राष्ट्रीय चेतना के उत्थान में योग दिया। श्रीमती बेसेंट ने यद्यपि उसी भाषा का प्रयोग किया जिसका अन्य नवजागरण के नेताओं ने किया था, किन्तु इनकी विशेषता यह थी कि इनके प्रचार का ढंग आकर्षक, प्रभावशाली एवं नवीन था जिसमें इनके व्यक्तित्व ने बहुत सहायता की।

श्रीमती बेसेंट पाश्चात्य मानवतावाद, उदारवाद, बुद्धिवाद एवं फेबियन समाजवादी विचारों से प्रभावित थीं। इस पृष्ठभूमि में उन्होंने भारतीय विचारों का विश्लेषण किया। इनके चिन्तन एवं मनन् की पद्धति यूरोपियन थी, किन्तु विषयवस्तु एवं शैली भारतीय थी। इसी प्रकार इनके प्रचार, विज्ञापन, समाचार–पत्र, सभा, मंच एंव शिक्षा आदि की पद्धति पाश्चात्य थी, किन्तु विषयवस्तु एवं शैली भारतीय थी। भारतीय राजनीति में उनकी यह नवीन देन थी। नये विचार, शिक्षा द्वारा राष्ट्रीय चेतना का विकास नवीन चीज है। थियोसोफी विद्यालयों ने योग्य व्यक्ति निर्मित किये। श्री नेहरू भी थियोसोफी विचारों से प्रभावित थे।

श्रीमती बेसेंट ने राजनीति में आध्यात्मिकता, सेवा, त्याग एवं शुद्ध साध्य एवं साधन को महत्त्व दिया। उनकी मान्यता थी राजनीति समाज सेवा का साधन है। यद्यपि श्री गोखले, टैगोर एवं गाँधीजी ने भी इन विचारों को महत्त्व दिया है, तथापि श्रीमती बेसेंट ने इन विचारों को नये रूप में विवेकवादी ढंग से आगे बढ़ाया और गाँधीवाद के लिए मार्ग प्रशस्त किया।

श्रीमती बेसेंट ने राजनीति को एक डिबेट का रूप दिया। वह आलोचकों के राजनीतिक प्रश्नों का उत्तर अपने सार्वजनिक भाषणों एवं लेखों में दिया करती थीं। यह राजनीति में उनकी अनोखी देन है, जो अब तक जारी है। इसे गोखले, देशबन्धु

चितरंजन दास, मुहम्मद अली जिन्ना तथा नेहरू ने भी अपनाया। यद्यपि गोखले के समय भी यह पद्धति थी उनके संसद सम्बन्धी भाषण प्रसिद्ध हैं, तथापि श्रीमती बेसेंट ने उसे और प्रोत्साहन दिया और राष्ट्रीय क्षेत्र में लागू किया।

श्रीमती बेसेंट राजनीतिक क्षेत्र में एक विरोधी दल की भाँति रहीं। जिस प्रकार ब्रिटिश पार्लियामेन्ट में विरोधी दल कार्य करता है, सम्भवतः उसी प्रकार का कार्य उनका भी था। यह एक रुचिकर एवं नवीन वस्तु थी। श्री ए.ओ. ह्यूम एवं लार्ड डफरिन ने काँग्रेस की स्थापना इसलिए की थी कि यह भारत में ब्रिटिश विरोधी दल जैसा कार्य करे। यह लक्ष्य तीस वर्षों बाद पूर्ण हुआ। श्रीमती बेसेंट के नेतृत्व में काँग्रेस उस स्थिति में पहुँची कि विरोधी दल जैसा कार्य कर सके।

भारतीय पुनर्जागरण के विचारों, योजनाओं एवं तथ्यों का एक महत्त्वपूर्ण पहलू यह था कि इसने प्राचीन सभ्यता एवं संस्कृति को राष्ट्रीय जीवन में आदरणीय स्थान प्रदान किया। इस पहलू को श्रीमती बेसेंट के समर्थन एवं प्रचार द्वारा प्रबल बल मिला। फलतः गाँधीवाद की सफलता के लिए एक उचित वातावरण तैयार हुआ। श्रीमती बेसेंट की सर्वोत्कृष्ट देन उनकी राजनीतिक प्रचार पद्धति थी जिसके कारण उनके विचार बिजली की भाँति फैल जाते थे। यह पद्धति अज्ञात रूप से राष्ट्रीय पद्धति बन गयी, उनके कार्यों द्वारा राष्ट्रीय स्वतन्त्रता आन्दोलन को बहुत बल मिला। इससे काँग्रेस को एक सक्रिय संस्था बनने में योग मिला। वर्षों पूर्व श्रीमती बेसेंट ने जो विचार व्यक्त किये थे उनमें से अनेक ने स्वतन्त्र भारत में मूर्त रूप धारण किया। जैसे भारतीय संविधान भारतीयों द्वारा निर्मित हो, ग्राम पंचायत का पुनर्गठन हो, विश्व शांति के लिए भारत एवं इंग्लैंड में मित्रता आवश्यक है, इसके लिए राष्ट्रमंडल की कल्पना की थी। आज स्वतन्त्र भारतीय संविधान में उपर्युक्त बातों को अपनाया गया है। यह भी उनकी एक महत्त्वपूर्ण देन है।

विदेशी होने के कारण श्रीमती बेसेंट को भारतीय भाषा का ज्ञान नहीं था। अतः वह जन साधारण से सीधा सम्पर्क स्थापित न कर सकीं। यह उनकी बहुत बड़ी कमजोरी थी। इसी कारण सम्भवतः उन्हें अपने महान त्याग एवं देशसेवा का उचित पुरस्कार न मिल सका। इस सम्बन्ध में गाँधीजी सफल रहे, वर्तमान जन-जागृति का श्रेय उन्हीं को है।

सन्दर्भ

1. के.सी. व्यास, द सोशल रेनासां इन इंडिया, बम्बई, 1957
2. के. एन. पन्निकर, कल्चर, आयडोलॉजी एण्ड हेजोमनी, नई दिल्ली
3. पी. सीतारमैया, हिस्ट्री ऑफ इंडियन नेशनल काँग्रेस, दो खंडों में, बम्बई, 1946-47
4. सी.एच. हेम्साथ, इंडियन नेशनलइज्म एण्ड हिन्दू सोशल रिफार्म मूवमेंट, प्रिंस्टन, 1964
5. एम. ए. बुच, राइज़ एण्ड ग्रोथ ऑफ इंडियन लिबरलइज्म, बड़ौदा, 1938

6. ऐनी बेसेंट, हाउ इंडिया रॉट फॉर फ्रीडम, बम्बई, 1915
7. ऐनी बेसेंट, स्पीचेज़ एण्ड राइटिंग्ज ऑफ ऐनी बेसेंट, मद्रास, (तिथि लिखित नहीं)
8. ऐनी बेसेंट, बिल्डर ऑफ न्यू इंडिया, अड्यार, 1942
9. ऐनी बेसेंट, लेक्चर्स ऑन पॉलिटिकल साईंस, मद्रास, 1920
10. सी.पी. रामास्वामी अय्यर, ऐनी बेसेंट,पब्लिकेशन डिविज़न, नई दिल्ली, 1977
11. एस.एन. बनर्जी, ए नेशन इन मेकिंग, कलकत्ता, 1925,1964
12. सी. वाई चिन्तामणि (सं.), इंडियन सोशल रिफार्म, मद्रास 1901
13. ऐनी बेसेंट, एन आटोबायोग्रफी, लन्दन (तृतीय संस्करण), द थियोसोफिकल पब्लिशिंग सोसायटी, 1908

महादेव गोविन्द रानाडे

भारतीय सार्वजनिक जीवन में महादेव गोविन्द रानाडे एक बहुआयामी व्यक्तित्व के धनी व्यक्ति थे। वे विधिवेत्ता, समाज सुधारक, राजनीतिक एवं अर्थिक चिन्तक तथा महराष्ट्र नवजागरण के प्रतिनिधि के रूप में ख्याति अर्जित कर चुके थे। उनके बहुआयामी विचारों ने न केवल महराष्ट्र के, अपितु अखिल भारतीय जन-जीवन को भी आलोकित किया। ऐसी प्रतिभा के धनी महादेव गोविन्द रानाडे का जन्म नासिक जिले में निफाद नामक स्थान में 18 जनवरी, 1842 में हुआ था। उनके पिता सरकारी सेवा में प्रधान क्लर्क थे। वे चितपावन ब्राह्मण जाति के थे। चितपावन ब्राह्मण उच्चकोटि के विद्वता तथा प्रशासनिक क्षमता के लिए विख्यात थे। उनके पिता ने बाद में कोल्हापुर रियासत में सेवा करना आरम्भ कर दी, इस कारण महादेव गोविन्द रानाडे की प्रारम्भिक शिक्षा कोल्हापुर में हुई थी। सन् 1856 में उन्होंने बम्बई के एलफिंस्टन हाईस्कूल में प्रवेश लिया तथा सन् 1859 में मैट्रिकुलेशन की परीक्षा उत्तीर्ण की।[1] 1861 में उन्होंने प्रथम लिटिल-गो-परीक्षा (Little-go-Examination) की तथा अप्रैल, 1862 में बी.ए. आनर्स परीक्षा द्वितीय श्रेणी में उत्तीर्ण की। बी.ए. परीक्षा उत्तीर्ण करने वालों में उनके साथ आर. जी. भंडारकर थे। सन् 1866 में उन्होंने एल.एल.बी. आनर्स की परीक्षा प्रथम श्रेणी में उत्तीर्ण की। वे उस काल में (1862-66) पत्रकारिता से भी जुड़े। उन्हें 'इन्दु प्रकाश' के अँग्रेज़ी खंड का सम्पादक नियुक्त किया गया। 'इन्दु प्रकाश' आंग्ल-मराठी साप्ताहिक पत्रिका थी। उस काल में कोई भी पत्रिका उतनी सन्तुलित नहीं थी जितनी कि इन्दु प्रकाश थी। ऐसी सन्तुलित पत्रिका के स्वामी एक योग्य सन्तुलित, चिन्तनशील तथा विद्वान सम्पादक की खोज में थे। महादेव गोविन्द रानाडे के रूप में उन्हें एक योग्य सम्पादक मिला जिन्होंने बड़ी दक्षता से तत्कालीन राजनीतिक, सामाजिक तथा आर्थिक समस्याओं की व्याख्या की।

विद्यार्थी जीवन के दौरान ही रानाडे दादोबा आत्माराम पांडुरंग के सम्पर्क में आये। आत्माराम पांडुरंग परमहंस मंडली (1840) के संस्थापक थे। परमहंस मंडली से ही आगे चलकर प्रार्थना-समाज नामक संस्था विकसित हुई। इतना ही नहीं इस

अवधि में रानाडे अन्य संस्थाओं से भी जुड़े। वे ज्ञान प्रसारक सभा के सदस्य भी बने। उन्होंने कुछ लेखों का भी वाचन किया। उनमें से 'Duties of Youngmen' (1859), 'The Mahratta Kings and Nobles (1860)' तथा The Evil Result of the Growth of Population (1864)' प्रमुख थे। इस काल के दौरान यानि 1866 में 'विधवा विवाह संघ' (Widow Marriage Association) के तत्त्वाधान में 'विधवा पुनर्विवाह संघ' (Widow Remarriage Union) की स्थापना हुई। इस संस्था के नेता विष्णु परशुराम पंडित थे तथा रानाडे इसके सदस्य थे।

रानाडे अपनी वकालत की परीक्षा 1866 में उत्तीर्ण करते ही सरकारी नौकरी में आ गये। उन्होंने कुछ समय तक बम्बई सरकार में प्राच्य (मराठी) अनुवादक के रूप में कार्य किया। तत्पश्चात् 1868 में एलफिंस्टन कॉलेज में अँग्रेज़ी और इतिहास के प्राध्यापक के रूप में नियुक्त किये गये। 1871 से 1891 तक की अवधि में केवल छोटे से अन्तराल (1878-79) को छोड़कर वे पूना में ही रहे। 1878-79 में उनका तबादला नासिक हो गया था। पूना में निवास के दौरान ही उन्हें दक्कन कृषक राहत अधिनियम (1881) की कार्यविधि के निरीक्षण का कार्य सौंपा गया था। 1885 में उन्हें बम्बई विधान परिषद का विधि सदस्य नियुक्त किया गया। वे 1886 में वित्त समिति के सदस्य नियुक्त हुए थे तथा सन् 1893 में बम्बई उच्च न्यायालय के न्यायधीश नियुक्त हुए।

पूना में अपनी सरकारी नौकरी के दौरान रानाडे को अपनी प्रखर लेखनी का कौशल प्रदर्शित करने का अवसर मिला। यह वह काल था जब 'सार्वजनिक सभा' देश हित सम्बन्धी विषयों के प्रति काफी जागरूक थी। यहाँ 'सार्वजनिक सभा' और उसकी देश के विभिन्न विषयों के प्रति जागरूकता तथा रानाडे की इस संस्था के प्रति सम्बद्धता का परिचय देना आवश्यक होगा। 'सार्वजनिक सभा' की स्थापना सन् 1870 में गणेश वासुदेव जोशी ने की थी।[2] इस संस्था की स्थापना के पीछे जोशी का मुख्य उद्देश्य ब्रिटिश शासकों को उनके द्वारा शासित लोगों की कठिनाइयों और समस्या की सूचना देना था तथा साथ ही ब्रिटिश सरकार के समक्ष भारतीयों को अपनी कठिनाइयों से सम्बन्धित प्रश्न रखने की सुविधाएँ प्रदान की जा सकें। रानाडे 'सार्वजनिक सभा' के प्रमुख सदस्य बने। सन् 1876 में सार्वजनिक सभा ने अपनी पत्रिका 'क्वार्टर्ली जरनल ऑफ द पूना सार्वजनिक सभा' (Quarterly Journal of the Poona Sarvajanik Sabha) प्रकाशित की।[3] इस पत्रिका में विद्वतापूर्ण लेख प्रकाशित किये जाते थे जो समकालीन राजनीतिक विषयों से सम्बन्धित होते थे। पत्रिका में प्रकाशित होने वाले अधिकांश लेखों के लेखक रानाडे थे। इस पत्रिका के माध्यम से रानाडे ने राजनीतिक, सामाजिक, आर्थिक तथा धार्मिक विषयों से सम्बन्धित अपने विचारों को प्रसारित किया। यहाँ तक कि रानाडे ने प्रशासकीय तन्त्र

के दोषों और कमियों को उजागर करना आरम्भ किया।

रानाडे की इस प्रकार की आलोचना सरकार को पसन्द नहीं आयी। ब्रिटिश सरकार इस पत्रिका को राजद्रोह की स्थिति उत्पन्न करने का एक साधन मानती थी, जबकि पत्रिका का ऐसा उद्‌देश्य नहीं था। रानाडे के मस्तिष्क में कहीं भी राजद्रोह की भावना नहीं थी। ब्रिटिश सरकार का यह विचार आधारहीन था। रानाडे तो केवल यह चाहते थे कि प्रशासकीय तन्त्र की आलोचना करके सरकार का रूख भारतीयों के प्रति सहानुभूतिपूर्वक हो सके तथा साथ ही भारतीय भी ब्रिटिश सरकार की त्रुटिपूर्ण नीतियों के प्रति जागरूक हो सकें, परन्तु ब्रिटिश सरकार का रूख उदार नहीं रहा।

'सार्वजनिक सभा' की पत्रिका तो भारतीय जन-साधारण को संयम बरतने के लिए मात्र सम्प्रेषण का कार्य करती थी। इसका प्रमाण केवल इससे मिलता है कि पत्रिका का सम्पादन बन्द होने के पश्चात पूना में कानून विहीनता की स्थिति उत्पन्न हो गयी थी। अराजकता के इस वातावरण में पुराने पेशवा के महल को जला दिया गया जिसमें सरकारी कार्यालय था। सरकार इस निष्कर्ष पर पहुँची कि इन घटनाओं के पीछे रानाडे का हाथ है। अतः उनका तबादला पूना से नासिक और नासिक से धूलिया कर दिया गया। रानाडे ने सरकार के इन कार्यों को चुपचाप सह लिया। अतिशीघ्र ही सरकार ने अपनी गलती का अनुभव किया तथा रानाडे को पुनः सब-औरडिनेट जज (Sub Ordinate Judge) के रूप में पूना में पदस्थ कर दिया।[4] उच्च व्यक्तित्व एवं प्रतिभा के सम्पन्न रानाडे का कार्यक्षेत्र एक निश्चित विधा तक ही सीमित नहीं था। उन्होंने अपनी प्रतिभा को जीवन के विभिन्न क्षेत्रों में दिखाया।

महाराष्ट्र के इतिहास की नयी व्याख्या

जहाँ तक आर्थिक, सामाजिक एवं राजनीतिक क्षेत्रों का सम्बन्ध है, रानाडे ने पाश्चात्य विचारों एवं प्रवृत्तियों का अध्ययन किया और भारतीय स्थिति के अनुसार उनकी व्याख्या की। उन्होंने राष्ट्रवादी बुद्धिजीवियों का पथ प्रदर्शन किया। वे चिन्तक थे, किन्तु मौलिक नहीं। उनकी देन अद्वितीय अवश्य थी, किन्तु मौलिक नहीं। यदि उनकी किसी क्षेत्र में पूर्णतः मौलिक देन थी तो वह है इतिहास। उनके महाराष्ट्र के इतिहास सम्बन्धी शोध का एक अंश 'मराठा शक्ति का उत्थान' (The Rise of Marhratta Power) में मिलता है जिसकी रचना 1900 में की गयी थी। यह शोध ग्रन्थ उन्हें इतिहासकारों की श्रेणी में उच्च एवं सम्मानित स्थान दिलाता है। सम्भवतः यह ग्रन्थ उनकी सबसे मौलिक देन है। उनके शोध ग्रन्थ का प्रभाव राष्ट्रवादी चिन्तन तथा सार्वजनिक जीवन पर पड़ा। उनका स्वयं का अभिप्राय केवल महाराष्ट्र के इतिहास के सम्बन्ध में कुछ गलतफहमियों को दूर करना था। ये गलतफहमियाँ तत्कालीन इतिहास की पुस्तकों में पाई जाती थीं जिसका श्रेय अँग्रेज इतिहासकारों को था।

कुछ अँग्रेज शासकों, सैनानियों एवं विद्वानों ने भारतवर्ष के इतिहास पर महत्त्वपूर्ण शोध किए। उनके यह प्रयास सराहनीय थे और उनके ग्रन्थ आज भी प्रमाणिक माने जाते हैं, किन्तु फिर भी उनकी लेखनी पूर्वाग्रह से ग्रसित थी। अँग्रेज इतिहासकारों ने भी महाराष्ट्र के इतिहास का वर्णन किया है। उनके विश्लेषण का आधार शिवाजी और उनके उत्तराधिकारियों के कार्य तथा उनकी नीतियाँ थीं। उन्होंने मराठा शक्ति का केवल बाहरी रूप देखा जो मुगल साम्राज्य के पतन के पश्चात तथा अँग्रेजों के काल में था। मराठा शासकों ने मध्य भारत तथा अन्य भागों पर आक्रमण कर अपने शासन का विस्तार किया और जगह-जगह सरदेशमुखी तथा चौथ वसूल की। अँग्रेजों ने मराठा शक्ति का यही रूप देखा और इसके अनुसार उनके इतिहास की व्याख्या की।

अँग्रेज इतिहासकारों के अनुसार मराठा शक्ति के उत्थान का श्रेय महाराष्ट्र के हिन्दुओं की लड़ाकू तथा डकैती की प्रवृत्तियों को था और शिवाजी इस उत्थान के अग्रदूत थे। इन इतिहासकारों की कृतियाँ उस समय प्रमाणिक मानी जाती थीं, किन्तु इन लेखनियों में अभिव्यक्त विचारों से रानाडे सहमत नहीं थे। अँग्रेज इतिहासकारों की इन व्याख्याओं से रानाडे के देशप्रेम की भावना को ठेस पहुँची। इसी देशप्रेम की भावना से प्रेरित होकर उन्होंने महाराष्ट्र के इतिहास का गहन अध्ययन किया। पुराने साहित्य के आधार पर उन्होंने विदेशी लेखकों के तथ्यों को गलत बताया। उन्होंने शिवाजी के पूर्व के इतिहास पर शोध किया और उच्च एवं नैतिक प्रवृत्तियों को खोजकर बताया कि वे ही मराठा शक्ति के कारण थे न कि वे प्रवृत्तियाँ जो कि अँग्रेजों के समय में दृष्टिगत होती थीं। महाराष्ट्र के तत्कालीन पुनर्जागरण को इससे अधिक उनकी महत्त्वपूर्ण देन और कोई हो ही नहीं सकती थी।

महादेव गोविन्द रानाडे ने 'द राइज़ ऑफ मराठा पॉवर' (1900) के आठवें अध्याय में यह विश्लेषित किया कि महाराष्ट्र में एक और पुनर्जागरण हुआ था जो 13वीं शताब्दी में आरम्भ हुआ था। यह पुनर्जागरण महाराष्ट्र के सन्तों के द्वारा किया गया था। इन महाराष्ट्र के सन्तों ने मध्ययुगीन हिन्दू धर्म एवं समाज के विरुद्ध आवाज उठाई थी। यूरोप के धर्म सुधार की भाँति इन सन्तों ने मानव एवं ईश्वर के मध्य सीधा सम्बन्ध स्थापित करते हुये पुरोहितशाही के किले पर आघात किया। ज्ञानदेव इसी श्रेणी के प्रथम सन्त एवं पैगम्बर थे। तत्पश्चात लगभग 50 सन्त तथा पैगम्बर महाराष्ट्र में और हुए। इन सन्तों में स्त्री एवं पुरुष दोनों ही थे। ये सभी जातियों एवं सामाजिक वर्गों से आए थे। कुछ जन्म से मुसलमान थे, किन्तु हिन्दू धर्म के अनुयायी थे। आज इनके वंशज अहमदनगर में पाये जाते हैं।

इन सन्तों ने तत्कालीन हिन्दू धर्म के प्रचलित उत्सवों तथा रीति-रिवाजों की आलोचना की। उन्होंने जाति भेदभाव सहित समाज में व्याप्त अनेक सामाजिक

बुराइयों का विरोध किया। वे समानता के समर्थक थे उन्होंने बताया कि ईश्वर के सम्मुख सभी समान हैं। उन्होंने धार्मिक पूजाओं की अपेक्षा शुद्ध एवं पवित्र जीवन अधिक श्रेयस्कर माना। इन सन्तों ने कहा कि ईश्वर पूजा एवं ईश्वर में विश्वास द्वारा मोक्ष प्राप्ति सम्भव है। रानाडे ने इन सुधारकों की तुलना यूरोप के प्रोटेस्टैंट मतावलम्बियों से की, क्योंकि दोनों ही ने पुरजोर ढंग से पुरोहितशाही एवं पोप की सत्ता का तथा धर्म के दुरूपयोग का विरोध किया था।[5]

इन सन्तों ने अपने आध्यात्मिक विचारों का प्रचार महाराष्ट्र की जनता में किया। उन्होंने कठिन संस्कृत के स्थान पर जन-साधारण की भाषा का प्रयोग करते हुये साहित्य की रचना की तथा ईश्वर की पूजा एवं आराधना भी इसी जन-भाषा में प्रचलित की। रामायण, महाभारत तथा गीता का अनुवाद भी जन-भाषा में किया। इन सभी से पुरोहितशाही के धार्मिक एकाधिकार को धक्का लगा और जनमानस में ज्ञान की वृद्धि सम्भव हुई, सन्तों की वाणी तथा कीर्तन जन-साधारण में प्रचलित हुए। आज भी उनके कीर्तन प्रचलित हैं।

रानाडे भी नित्य प्रातः तुकाराम के कीर्तन गाया करते थे। जैसा कि गोपालकृष्ण गोखले ने कहा कि लोग इन कीर्तनों को उनके मुख से सुनकर गदगद् हो जाते थे। इस प्रकार इन सन्तों ने महाराष्ट्र में साहित्यिक पुनर्जागरण एवं धर्म सुधार आन्दोलन को जन्म दिया। इस दृष्टि से महाराष्ट्र का पुनर्जागरण यूरोप के पुनर्जागरण तथा धर्मसुधार की भाँति ही था। इस पुनर्जागरण से महाराष्ट्र के धार्मिक एवं सामाजिक जीवन में उथल-पुथल प्रारम्भ हो गयी जिसका प्रभाव महाराष्ट्र के राजनीतिक जीवन पर भी पड़ा। यह स्वाभाविक था कि महाराष्ट्र के राजनीतिक नेता मराठा राष्ट्र की दृष्टि से सोचने लगे। उन्होंने इस राष्ट्र के लिए उच्च एवं सम्मानित स्थान की प्राप्ति के लिए अपना लक्ष्य बनाया।

अपनी पुस्तक 'द राइज़ ऑफ द मराठा पॉवर' में रानाडे ने यह लिखा कि छत्रपति शिवाजी इस पुनर्जागरण के पुत्र तथा प्रतीक थे। उन्होंने सन्तों की परम्परा को जीवित रखा, उसका आदर किया तथा उसे राजनीतिक क्षेत्र में लागू किया। सन्त रामदास उनके गुरु थे और वे स्वयं सन्त तुकाराम के कीर्तनों में भाग लेते थे।[6] वे एक कुशल शासक थे। उन्होंने महाराष्ट्र में राजनीतिक एकता स्थापित की तथा उसे सुसंगठित बनाकर प्रगति की ओर अग्रसर किया। वे उच्चकोटि के राजनीतिज्ञ थे। उनके नेतृत्व में महाराष्ट्र एक इकाई एवं सबल राष्ट्र बना। उन्होंने मुगल शक्ति का सफलता से सामना किया। वे केवल सेनानी के रूप में ही विख्यात नहीं थे, अपितु एक योग्य राजनीतिज्ञ एवं कुशल संगठनकर्ता की दृष्टि से भी महान थे। उनके व्यक्तित्व एवं उपलब्धि द्वारा महाराष्ट्र के निवासियों का वह राजनीतिक स्वप्न साकार हो सका जो धार्मिक-सामाजिक पुनर्जागरण की परोक्ष देन था।

मराठा शक्ति और मुगल साम्राज्य में निरन्तर वैमनस्य रहा। शिवाजी के पश्चात मुगल सम्राट औरंगजेब ने सम्भाजी की हत्या कर मराठों को परास्त किया। फलतः महाराष्ट्र के नेता एवं शासक राजस्व, सेनाओं तथा दुर्गों से वंचित हुए, किन्तु वे सत्ता एवं गौरव के पुनरुत्थान के लिए संघर्ष करते रहे। उन्होंने सेनाओं का पुनर्गठन किया तथा दुर्गों को पुनः जीता। इस प्रकार वे महाराष्ट्र में पुनः स्वराज्य स्थापित करने में सफल हुए। मुगल साम्राज्य के पतन ने उनकी लक्ष्य पूर्ति को और सुगम बना दिया। राजस्व की पूर्ति हेतु उन्होंने चौथ तथा सरदेशमुखी प्रथाओं को अपनाया। रानाडे ने अँग्रेज इतिहासकारों के चौथ एवं सरदेशमुखी प्रथाओं के प्रति भ्रान्तिपूर्ण वक्तव्यों का खंडन किया। अँग्रेज इतिहासकारों ने इन प्रथाओं को जन्मजात माना जबकि वे परिस्थितिजन्य थीं। महाराष्ट्र का इतिहास इस बात का साक्षी है कि सदियों से यह जाति ईश्वर के निर्देशन में पुरानी परम्पराओं को ठुकराकर सामाजिक न्याय की वृद्धि एवं प्राप्ति के लिए संघर्ष करती आई है।

अस्तु रानाडे ने महाराष्ट्र के इतिहास की नई व्याख्या प्रस्तुत की। नकारात्मक दृष्टि से यहाँ का इतिहास लिखने वाले अँग्रेज इतिहासकारों की धारणा एवं व्याख्या का खंडन रानाडे ने उच्चकोटि के शोध द्वारा किया। सकारात्मक दृष्टि से रानाडे की तीन उल्लेखनीय देन हैं—प्रथम, मराठा जाति में गौरव एवं स्वाभिमान की भावना को अत्यधिक बल मिला। द्वितीय, शिवाजी महाराष्ट्र के राष्ट्र नायक बने। आगे चलकर वे भारत के राष्ट्र नायक माने जाने लगे। रानाडे के शोध ने तिलक के 'शिवाजी दिवस' के उदय का मार्ग प्रशस्त किया। महाराष्ट्र एक राष्ट्र था या नहीं, यह एक विवाद का प्रश्न है, किन्तु रानाडे के शोध द्वारा शिवाजी राष्ट्र नायक बने, यह विवाद से परे का विषय है। तृतीय, यह विचार कि महाराष्ट्र के लोगों ने पुरानी एवं बुरी जाति-प्रथा जैसी बुराइयों को ठुकराकर सामाजिक न्याय की प्राप्ति के लिए संघर्ष किया, यह रानाडे की ही देन है। रानाडे ने महाराष्ट्र के सन्तों के धार्मिक-सामाजिक पुनर्जागरण के क्षेत्र में योगदान की सराहना करते हुये और उन्हें यूरोप के प्रोटेस्टैंटों के समकक्ष रखा।

पुनर्जागरण का व्यक्ति

महाराष्ट्र के सामाजिक, धार्मिक एवं राजनीतिक इतिहास में गहरी पैठ रखनेवाले महादेव गोविन्द रानाडे को पुनर्जागरण का व्यक्ति कहना अतिशयोक्तिपूर्ण नहीं होगा। इस तथ्य की सत्यता को जानने के लिए उनके द्वारा दिए गये वक्तव्यों एवं उनकी लेखनी का विश्लेषण करना आवश्यक होगा। सन् 1896 में अखिल भारतीय सामाजिक सम्मेलन (कलकत्ता) के उद्घाटन भाषण में रानाडे ने ऐतिहासिक महत्त्व के विचार व्यक्त किये। उन्होंने कहा कि आज मानव गरिमा एवं स्वतन्त्रता की भावना शनैः-शनैः हमारे राष्ट्रीय मस्तिष्क पर सर्वोच्चता प्राप्त करती जा रही है। यह

गरिमा एवं स्वतन्त्रता की भावना हमारे अन्तरस्त्रोत हैं तथा यह अधिकांश मामलों में छिपी रहती है। यह अन्तस प्रेरणा समाज सुधारकों एवं रूढ़िवादी कार्यकर्ताओं को सक्रिय बनाती जाती है, भले ही कभी-कभी उनका यह कार्य उनकी इच्छा के विपरीत क्यों न हो। मानव गरिमा एवं स्वतन्त्रता की यह भावना केवल पारिवारिक जीवन के पहलू तक ही सीमित नहीं है, वह व्यक्ति के पूरे जीवन पर हावी रहती है। यह मानव को यह महसूस कराती है कि हम सभी पर मानवीय स्वच्छता व सामाजिक न्याय का सर्वोच्च दावा है और इस दावे की विस्मृति पर हम अधोमुखी हो जायेंगे। अतः समाज सुधार आन्दोलन का दृष्टिकोण न तो सीमित है और न होना चाहिए। इसके कार्यक्षेत्र के अन्तर्गत साधारण बातें नहीं हैं। सामाजिक आन्दोलन का लक्ष्य कोई एक विशेष सुधार या पुरानी रीतियों की पुनर्स्थापना या किसी एक त्रुटि या बुराई को दूर करना नहीं है, बल्कि सम्पूर्ण व्यक्ति को पुनर्जीवित करना, पवित्र करना तथा निपुण बनाना है। इसके लिए व्यक्ति के मस्तिष्क को मुक्त करना, उसके कर्तव्य के मापदण्ड को उर्ध्व करना और उसकी शक्तियों को निपुण बनाना है। जब तक हम भारतवासी इस प्रकार पुनरुज्जीवित, पवित्र एवं निपुण नहीं होते तब तक हम वह नहीं हो सकते जो हमारे पूर्वज कभी थे। वे मानव जाति के उत्कृष्टतम व्यक्ति थे, उन्हें विधाता ने महान कार्य सौंपे थे और उनके द्वारा महान कार्य हुए। ऐसी भावना का होना कार्यकर्ताओं में आवश्यक है, चाहे उनका कार्यक्षेत्र एवं उनकी कार्यपद्धति कुछ भी हो। जब भारतीय व्यक्ति स्वतन्त्र, आशावादी, कर्तव्यनिष्ठ, न्यायप्रेमी, शक्ति सम्पन्न, मानवप्रेमी तथा स्वच्छ मस्तिष्क वाला होगा, तब ऐसा जागृत भारत स्वतन्त्र होगा और विश्व के राष्ट्रों में अपना उचित स्थान प्राप्त करेगा। इस ध्येय की पूर्ति एवं स्थिति पर पहुँचना ही मानव का एकमात्र लक्ष्य है।[7]

रानाडे के उक्त वाक्य चिरस्मरणीय रहेंगे। रानाडे के समाज सुधार का लक्ष्य पुनर्जागरण था। उनका आदर्श व्यक्ति, पुनर्जागरण का आदर्श व्यक्ति था। वस्तुतः पुनर्जागरण का ध्येय व्यक्ति को 'पुनर्जीवित करना, पवित्र करना तथा निपुण बनाना' रहा है। राजा राममोहन राय ने भी कहा था कि भारतीयों के लौकिक सुख के हेतु धार्मिक एवं सामाजिक सुधार आवश्यक हैं। उन्होंने इस दिशा में कार्य करते हुये पुनर्जागरण को जन्म दिया। पुनर्जागरण के चिन्तक रानाडे ने सर्वप्रथम उसके लक्ष्य की व्याख्या की और कहा कि लक्ष्यपूर्ति हेतु किस प्रकार के देशभक्तों एवं कार्यकर्ताओं की आवश्यकता है? यह लक्ष्य स्पष्टतः आधुनिकतावादी, मानववादी, स्वतन्त्रतावादी, समान्तावादी तथा भ्रातृत्ववादी था। ऐसे प्रगतिशील लक्ष्य की पूर्ति के लिए प्रगतिशील देशभक्त अथवा कार्यकर्ता का होना आवश्यक है और ऐसे व्यक्ति के लिए क्या आवश्यक है? इसका भी उन्होंने स्पष्ट संकेत दिया। उन्होंने बतलाया कि व्यक्ति को राष्ट्र तथा पुनर्जागरण के लक्ष्य का ज्ञान होना चाहिए, उसमें राष्ट्र तथा

उसकी प्राचीन महानता का ज्ञान होना चाहिए, उसके मस्तिष्क में ज्ञान की पिपासा तथा जिज्ञासा होनी चाहिए, उसमें राष्ट्र एवं समाज के प्रति उच्च कर्तव्यनिष्ठा होनी चाहिए और उसकी सभी शक्तियाँ निपुण होनी चाहिए।

अस्तु रानाडे ने भारत की प्रगति के लिए एक नये मानव के निर्माण को आवश्यक बतलाया। उनकी दृष्टि से यही समाज सुधार का लक्ष्य था। आन्दोलन की सफलता एवं लक्ष्य की पूर्ति हेतु वे आजीवन प्रयत्नशील रहे और भविष्य के राष्ट्र-निर्माताओं को राष्ट्रोन्नति का पथ निर्देशन करते रहे। कालांतर में उनके आदर्श व्यक्ति एवं देशभक्त नौरोजी, तिलक, गोखले, गाँधी, टैगोर एवं नेहरू के रूप में दिखायी पड़े।

रानाडे को अपने देश की प्राचीन सभ्यता पर गर्व था। देशभक्त होने के नाते उनकी हार्दिक अभिलाषा थी कि देश अपने प्राचीन गौरव के पद को पुनः प्राप्त कर सके। उनका कहना था कि हम महान भारतीय विभूतियों की सन्तान हैं। हमारा लक्ष्य पूर्वजों की महानता की प्राप्ति होना चाहिए। तत्पश्चात ही हम प्रगति कर सकेंगे और अपने पूर्वजों की महानता की प्राप्ति। इसके लिए सर्वप्रथम आधुनिक दशाओं के कारणों का ज्ञान आवश्यक है। इसके पश्चात् ही कारणों के निदान एवं अन्त करके दयनीय दशा से मुक्ति सम्भव है। रानाडे ने इन कारणों की सैद्धांतिक व्याख्या 1897 में अमरावती में हुए 'अखिल भारतीय सामाजिक सम्मेलन' के अधिवेशन में की। उनका यह भाषण समाजशास्त्र के इतिहास में महत्त्वपूर्ण स्थान रखता है।

कुछ प्रवृत्तियाँ एवं दृष्टिकोण भारतीयों को 3000 वर्षों से अनवरत अवनति की ओर ले जा रहे थे। ये दृष्टिकोण इस प्रकार थे—

(अ) पृथकतावाद की प्रवृत्ति—भारतीय लोग अन्य देशों से सम्पर्क नहीं रखते थे। उनमें सामुद्रिक यात्रा निषिद्ध थी। बाहरी देशों से आदान-प्रदान न होने से उनका दृष्टिकोण स्वभावतः संकुचित हो गया था तथा वे कूपमंडूक बन गये थे।

(ब) बाह्य शक्तियों के समक्ष आत्मसमर्पण अर्थात् भाग्यवादिता—सामाजिक रूढ़ियों एवं नियमों को भारतीय लोग अन्धविश्वास की तरह स्वीकार करते आये थे। वे उनके दास बन गये थे। यह सभी मानव की आन्तरिक आत्मा की पुकार के विपरीत था। अतः अपनी आत्मा की आवाज़ के स्थान पर वे अपने ऊपर लादी गयी सामाजिक रूढ़ियों को अपने जीवन का पथ-प्रदर्शक बनाते थे।

(स) वंश एवं जन्म जनित विभेद की मान्यता—समाज में वंश तथा जन्म के आधार पर कृत्रिम विभेद विद्यमान थे। ये भेद पुरुषों एवं स्त्रियों के मध्य थे। भारतीय लोग सदियों से इनको मानते आए थे।

(द) बुरी शक्तियों का अप्रतिकार—भारतीय लोग सामाजिक बुराइयों तथा वैयक्तिक कार्यों को निष्क्रिय रूप से स्वीकार करते आये थे और वे इसके विरुद्ध आवाज तक नहीं उठाते थे।

(इ) लौकिक हित के प्रति उपेक्षाभाव—भारतीय लौकिक हितों के प्रति अपना मुँह मोड़ते थे। वे करीब-करीब भाग्यवादी बन गये थे। वैसे राजा राममोहन राय के समय से ही समाज सुधारक एवं बुद्धिजीवी विभिन्न सामाजिक बुराइयों का मुख्यत: उनसे उत्पन्न व्यवस्थाओं का विरोध करते आए थे, किन्तु रानाडे ही सर्वप्रथम वे व्यक्ति थे जिन्होंने इनको समाजशास्त्रीय सिद्धान्तों की पीठिका में प्रस्तुत किया था। उन्होंने बतलाया कि इन सामाजिक बुराइयों के फलस्वरूप ही स्त्री पूर्णत: पुरुष के आधीन हो गयी है और निम्न-जातियाँ उच्च-जातियों के आधीन। परिणामत: सामाजिक सुधार का मुख्य सार यह है कि उक्त दकियानूसी आदर्शों का स्थान ऐसे मानवीय आदर्श लें जो बुद्धि, न्याय, स्वतन्त्रता और समानता पर आधारित हों। उन्होंने कहा कि उक्त त्रुटियाँ तभी दूर हो सकती हैं जब निम्न पाँच बातें सम्भव हों—

1. पृथक्तावाद का स्थान भ्रातृत्व, समानता और सहयोग की भावनाएँ लें। आज पृथक्तावाद का जीवन में बोलबाला है। हमें छोटे समुदाय का सदस्य होने में गौरव होता है। वही पवित्र माना जाता है जो स्वयं भोजन बनाये और जिसके भोजन पर दूसरे व्यक्ति की परछाईं तक न पड़े। उप-जातियों के संगठनों की प्रवृत्ति विद्यमान है और दर्शन तथा धर्म का अध्ययन कुछ थोड़े से पंडितों तक सीमित है। इन बातों के स्थान पर नया दृष्टिकोण अपनाना होगा। भ्रातृत्व की भावना से हमारे मित्रों और सहयोगियों की संख्या में वृद्धि होगी। हममें यह भावना उत्पन्न होगी कि हमारे साथ बहुत से व्यक्ति हैं, तभी हम शक्तिशाली बनेंगे। अब तक हम मूर्खता से इस बात में गौरव समझते थे कि इतने व्यक्ति या जातियाँ हमारे आधीन हैं।
2. बाह्य शक्ति के प्रति आत्मसमर्पण की भावना का अन्त तभी होगा जब पुरुषमता का आदर किया जाये, अर्थात् व्यक्ति की बुद्धि एवं आत्मा को उसके जीवन का संचालक माना जाना चाहिए। हिन्दू समाज की मूल त्रुटि यही रही है कि उसने यह जोर दिया कि व्यक्ति सदा ही सामाजिक एवं धार्मिक विषयों में अवबोध रहेंगे। हिन्दू समाज सदा यह मानता रहा कि व्यक्ति सदा बालक रहेंगे और बाह्य प्रतिबन्ध के अधीन। वे कभी भी स्वनियन्त्रण की गरिमा तक नहीं पहुँच सकेंगे। आधुनिकता की ओर प्रगति तभी सम्भव है जब हमारी आत्मा एवं बुद्धि जीवन में उच्च स्थान रखें, भले ही वे उसके मात्र संचालक न हो सकें। प्राचीन इतिहास इसका साक्षी है कि ऐसे गलत विचार द्वारा अपूर्णीय क्षति हुई है। हम अवश्य ही बालक हैं, किन्तु ईश्वर की वाणी ही एकमात्र वाणी है जिसका हमें अनुसरण करना चाहिए। हाँ, प्रत्येक व्यक्ति उस वाणी का ज्ञाता नहीं हो सकता और इसलिए कुछ व्यक्ति विशेष जीवन के

पथ-प्रदर्शक बनते हैं। परन्तु, यदि हम पूर्णतः अन्य व्यक्तियों की इच्छा पर आश्रित हो जाते हैं, तो असहाय बच्चों की भाँति बन जाते हैं। आज हम ऐसी ही असहाय तथा पराधीन दशा में हैं। इसका उपचार विद्रोह नहीं, अपितु उस ईश्वरीय वाणी के प्रति उत्तरदायी मुक्तावस्था की प्राप्ति है जिससे महान तथा बुद्धिमान व्यक्तियों के प्रति हमारा आदर अवश्य प्रकट होना चाहिए, किन्तु हमारे तथा हमारे ईश्वर के मध्य नहीं आना चाहिए। आवश्यकता इस बात की है कि हम में स्वाभिमान की भावना प्रादुर्भूत हो, अर्थात् हम उसी ईश्वर का सम्मान करें जो हम में विद्यमान हो। यह विचार एक पौधे की भाँति है जो कई वर्षों में फल देगा। हम में बल है और हम इस कार्य को अपना कर अपने कर्तव्य का पालन करेंगे। मानव सत्ता का आदर अवश्य ही करना चाहिए, किन्तु इस आदर को हमारी आत्मा के मार्ग में अवरोध नहीं होना चाहिए।

3. निःसन्देह व्यक्तियों में प्राकृतिक बल एवं प्रवृत्तियों का भेद होता है। वंश एवं जन्म का भी व्यक्ति के विकास में स्थान होता है, किन्तु केवल ये ही एकमात्र तत्त्व नहीं है। यह कर्म का नियम जीवन के सभी पहलुओं का संचालक नहीं है। इस नियम में पूर्णतः विश्वास करना और उसे जीवन का एकमात्र आधार बनाना अन्धविश्वास एवं भाग्यवाद का जनक कहा जा सकता है। अन्धविश्वास एवं भाग्यवाद हमें असहाय बना देते हैं और हमारे जीवन को निष्क्रिय। प्रगति के लिए अन्धविश्वास एवं भाग्यवाद का अन्त आवश्यक है। जीवन में एक नया विचार होना चाहिए। यह विचार है मानवीय स्वतन्त्रता का, मानवीय स्व-कर्तव्य की शक्ति का और उच्च आदर्शों के अनुरूप जीवन को परिवर्तित करने के कर्तव्य का। रानाडे ने स्वीकार किया कि पुराने विश्वासों में सम्भवतः भाग्यवाद ही ऐसा है जिसको हटाना बहुत कठिन है, किन्तु उसको हटाना ही पड़ेगा, भले ही इस कार्य में कई पीढ़ियाँ लग जायें। केवल तब ही भारतीय उस स्थिति पर पहुँच सकेंगे जिसमें व्यक्तित्व पूर्णतया प्रस्फुटित हो सकता है।

4. यह भी एक पुराना विचार है कि बुराई या बुरा कार्य भी मानव जीवन की एक अवश्यम्भावी स्थिति है और हमें उसके विषय में नहीं सोचना चाहिए। वस्तुतः हममें जो पिशाच की प्रवृत्ति है वह हमें बुरे कार्य की ओर ले जाती है। हम सामाजिक एवं वैयक्तिक बुराइयों जैसे—गरीबी, दरिद्रता, अत्याचार, छल-कपट, धोखेबाजी, चोरी आदि के प्रति आँख मूँद लेते हैं। फलतः आज भारतीयों ने अपना पद एवं गौरव खो दिया है और निर्बल हो करके झुक गये हैं। हम अपने पैरों के बल नहीं चल सकते हैं। हमारे जीवन में अनेक बुराइयाँ प्रवेश कर गयी हैं और हम इन बुराइयों के विरुद्ध आवाज भी नहीं उठाते। यही नहीं उनको सहन करने की आदत पड़ गयी है। ऐसी स्थिति को हटाने

का एक ही उपाय है। वह है मानव की सच्ची गरिमा तथा उसके उच्च भविष्य की स्वस्थ भावना। ऐसे वातावरण में ही सामाजिक एवं वैयक्तिक जीवन की बुराइयों को हटाया जा सकता है।

5. व्यक्ति मोक्ष प्राप्ति को ही जीवन का आधार मानते हैं, यह पारलौकिक सुख की भावना भारतीयों को निष्क्रिय बना देती है। यह मध्ययुगीन दृष्टिकोण है। इसके प्राधान्य के वातावरण में व्यक्ति भाग्यवादी हो जाते हैं और लौकिक सुख की ओर आँख मूँद लेते हैं। स्पष्टत: ऐसी स्थिति में सामजिक एवं वैयक्तिक प्रगति असम्भव हो जाती है। राष्ट्र प्रगति एवं पुरातन के गौरव की पुन: प्राप्ति तभी हो सकती है जब नागरिक आधुनिक एहलौकिक सुख को जीवन का लक्ष्य बनाये।

इस प्रकार आदर्श व्यक्ति, जिसका उदय पुनर्जागरण तथा रानाडे एवं अन्य विभूतियों का लक्ष्य रहा है, और यह तभी सम्भव है जब समाज में मध्ययुगीनता के स्थान पर आधुनिक मान्यताओं, आदर्शों, संस्थाओं एवं दृष्टिकोण का आगमन हो। यह महत्त्वपूर्ण विचार रानाडे ने 'सामाजिक विकास' सम्बन्धी एक भाषण (इलाहाबाद, 25 दिसम्बर, 1892 की एक सार्वजनिक सभा) में व्यक्त किया था। समाज सुधार का अर्थ है समाज का विकास और उसमें परिवर्तन। समाज सुधार का अर्थ है प्रतिबन्ध से उन्मुक्ति की ओर प्रगति करना। प्रतिबन्ध का अर्थ है वह प्रतिबन्ध जो हमारी उच्च शक्तियों की स्वतन्त्रता पर लगता है। उन्मुक्ति का अर्थ है हम वह कार्य करें जो उच्च शक्तियों अर्थात आत्मा या ईश्वर से निर्देशित हो। इस प्रकार हम वह परिवर्तन चाहते हैं जो समाज को जन्मजनित स्थिति से अनुबन्ध की ओर ले जाए, प्राधिकार से बुद्धि की ओर, असंगठित जीवन से संगठित जीवन की ओर, हठधर्म से बुद्धि विचार की ओर तथा अन्ध-भाग्यवाद से मानव गरिमा की ओर।[8] सारांश में, मध्ययुगीनता से आधुनिकता की ओर प्रगति आवश्यक है। इस सम्बन्ध में उन्होंने कहा कि यदि हम इतिहास और विज्ञान का एक महत्त्वपूर्ण पाठ याद रखेंगे तो हमें हताशा नहीं होगी। वह पाठ यह है कि समाज का विकास तब तक सम्भव नहीं है जब तक नयी अग्नि उसकी शक्तियों को जीवित नहीं रखती, उसे जीवन नहीं देती, उसके कार्यों में ताप नहीं लाती। यहाँ यह कहना उचित होगा कि पुनर्जागरण के अन्य अग्रदूतों की भाँति रानाडे ने अपनी इस जिज्ञासा को भारतीय विकास के इतिहास में देखा। अस्तु वे चाहते थे कि समाज सुधारकों में ऐसी नयी अग्नि प्रज्जवलित हो, तब ही वे नये मानव एवं समाज के जन्म में सहायक हो सकेंगे।

समाज सुधार सम्बन्धी विचार

रानाडे के समाज सुधार सम्बन्धी विचार केवल समाज सुधारकों के लिए ही नहीं, वरन् राजनीतिक कार्यकर्ताओं के लिए भी मार्ग-प्रदर्शक थे। कारण, उनका लक्ष्य

केवल सामाजिक प्रगति ही नहीं वरन् सर्वांगीण प्रगति था इसलिए उन्होंने समाज सुधार को सर्वांगीण सुधार के अंश के रूप में देखा। उन्होंने सामाजिक, राजनीतिक एवं आर्थिक प्रगति को सार्थक सावयवी रूप में देखा। इसका कारण यह था कि उनमें सदैव ऐतिहासिक तारतम्यता को तोड़ने का भय व्याप्त था और वे सदैव भय से ग्रसित रहते थे कि कहीं रूढ़िग्रस्त लोग किसी भी समाज सुधारक के कार्य को विरोध की भावना से न देखें।[9]

रानाडे ने सावयवी प्रगति सम्बन्धी विचार व्यक्त किये थे। इस विचार की सर्वोत्तम अभिव्यक्ति उनके बम्बई प्रान्त के प्रथम सामाजिक सम्मेलन (सतारा, 1900) के अध्यक्षीय भाषण में दृष्टिगत होती है। उन्होंने विचार व्यक्त किया कि ''जीवन के कई क्षेत्र हैं—राजनीति, सामाजिक, धार्मिक, वाणिज्य, उद्योग, साहित्य, कला, विज्ञान, युद्ध एवं शांति। इन सभी क्षेत्रों का लक्ष्य एक ही है—मानव एवं उसकी समष्टि की प्रगति। गुलाब का अपना सौन्दर्य तथा अपनी महक होती है उन्हें एक-दूसरे को अलग नहीं किया जा सकता है। यदि ऐसा किया जाएगा तो दोनों का अन्त हो जाएगा। इस प्रकार समाज एक अन्तर सम्बन्धित इकाई है। वह मनुष्य के शरीर की भाँति है। एक अंश की शक्ति और दौर्बल्य का प्रभाव दूसरे अंग पर भी पड़ता है। यदि व्यक्ति राजनीतिक अधिकारों की दृष्टि से निम्न स्तर पर है तो समाज का विकास सम्भव नहीं है। यदि सामाजिक संगठन अपूर्ण एवं अनुपयुक्त है तो एक अच्छी आर्थिक व्यवस्था सम्भव नहीं है। यदि धार्मिक आदर्श निम्न कोटि के हैं तो सामाजिक, आर्थिक एवं राजनीतिक क्षेत्रों में सफलता सम्भव नहीं है। ऐसी अन्योन्याश्रियता आकस्मिक नहीं है, वह प्रकृति का नियम है और मानव प्रकृति का भी।''[10]

अतः रानाडे का दृष्टिकोण सावयवी तथा लक्ष्य सर्वांगीण प्रगति था। इसके विपरीत बाल गंगाधर तिलक ऐसे नेता तथा चिन्तक थे जिनका विचार था कि राजनीति को समाज सुधार से पृथक मानना चाहिए। उनका लक्ष्य राजनीतिक स्वतन्त्रता था। 1892 में काँग्रेस के वार्षिक अधिवेशन (पूना) में उन्होंने उस पंचवर्षीय परम्परा का विरोध किया था जिसके अनुसार काँग्रेस तथा सामाजिक सम्मेलन के वार्षिक अधिवेशन एक ही पंडाल पर हुआ करते थे। तिलक के विचार को काँग्रेस ने स्वीकार नहीं किया, किन्तु तत्पश्चात रानाडे के नेतृत्व में सम्मेलन का अधिवेशन पृथक स्थान पर होने लगा। पुरानी परम्परा की पीठिका में यह बात थी कि कई व्यक्ति काँग्रेस तथा सम्मेलन के सदस्य होते थे।

रानाडे के सामाजिक विचारों के पूर्व एक सामाजिक प्रवृत्ति का उल्लेख आवश्यक होगा। परम्परागत सामाजिक तथा धार्मिक व्यवस्था में ब्राह्मणों का सर्वोच्च स्थान होता था। ब्रिटिशकाल की नयी आर्थिक एवं सामाजिक व्यवस्था में तथा पाश्चात्य सभ्यता के

सम्पर्क के फलस्वरूप यह सर्वोच्चता बेमेल–सी होने लगी थी। उत्तर भारत में वैश्य जाति ने आर्य समाज के सामाजिक समानता के सिद्धान्त को हृदय से अपनाया। आगे चलकर अन्य जातियों ने भी आर्थिक एवं सामाजिक क्षेत्रों में प्रगति की। पाश्चात्य स्वातंत्र्यवादी विचारधारा, नवीन आर्थिक तथा 'विधि के शासन' के वातावरण में इन जातियों ने पुरोहितशाही की मध्ययुगीन परम्पराओं का विरोध किया। यातायात के नये साधनों ने इन जातियों को संगठन बनाने की सुविधाओं को सम्भव किया। वस्तुत: संगठनों का युग आरम्भ हुआ। भार्गव, कायस्थ, वैश्य, जैन आदि जातियों ने स्थानीय संघ स्थापित किये और तत्पश्चात प्रान्तीय एवं भारतीय।

इन संस्थाओं ने पुरानी अमानुषिक एवं अप्रगतिवादी रूढ़ियों का विरोध किया केवल प्रस्तावों द्वारा ही नहीं, वरन् व्यवहार में भी। ये संस्थाएँ तथा उनके कार्य सामाजिक आधुनिकीकरण के द्योतक थे। विवाह सम्बन्धी पुरानी रूढ़ियों को तोड़ना इनका सराहनीय कार्य था। इन जातीय संगठनों ने 'अखिल भारतीय सामाजिक सम्मेलन' को बल दिया और सम्मेलन ने इन्हें। सम्मेलन की वार्षिक रिपोर्ट में रानाडे इन संगठनों की प्रगति एवं कार्यों की सराहना करते थे। ये जातीय संगठन मूलत: ऐहिकवादी एवं मध्ययुगीन विरोधी थे। आरम्भ में इन्होंने परोक्ष रूप से सामाजिक, आर्थिक एवं राजनीतिक प्रगति में योगदान दिया, किन्तु आगे चलकर औपनिवेशिक कुंठित प्रगति के वातावरण में ऐहिकवादी प्रतियोगिता ने इन्हें साम्प्रदायिकता एवं जातिवाद का पोषक बना दिया। तब ये परोक्षत: राष्ट्रोन्नति तथा राष्ट्रीय एकता के लिए घातक बने। अत: जो प्रवृत्तियाँ रानाडे के युग में सराहना के विषय थे गाँधी–नेहरू युग में अप्रगतिवाद के पोषक बन गये।

प्रार्थना समाज

समाज सुधार के क्षेत्र में प्रार्थना समाज का उल्लेख किये बिना महादेव गोविन्द रानाडे का योगदान अधूरा ही रह जाएगा। प्रार्थना समाज की स्थापना के पूर्व पश्चिमी भारत में कई सामाजिक संगठन बन चुके थे। सबसे प्रथम संगठन 'बाम्बे नेटिव सोसायटी' सन् 1820 में स्थापित हुआ था। इस संगठन को स्थापित करने वाला माउन्ट स्टुअर्ट एलफिंस्टन था जो 1809 में बम्बई के गवर्नर थे। चर्च ऑफ स्कॉटलैण्ड के जॉन विल्सन ने सन् 1835 में विल्सन कॉलेज की स्थापना की। विल्सन का शिक्षा के क्षेत्र में वैसा ही योगदान था जैसा कि बंगाल में एलेक्जेंडर डफ का था। सन् 1842 में 'लन्दन सोसायटी फॉर द प्रमोशन ऑफ फेमल एजुकेशन' ने एक महिला मिशनरी को पारसी स्त्रियों के मध्य कार्य करने के लिए भेजा। इन स्थितियों में हिन्दुओं तथा पारसियों में प्रगतिशील आन्दोलन आरम्भ हो गये। इस क्षेत्र में सबसे पहला प्रयास गुप्त सभा की स्थापना थी। इस दिशा में अगला कदम था सन् 1849 में 'परमहंस

सभा' की स्थापना। यह भी एक गुप्त संस्था थी। इस संस्था का स्वरूप धार्मिक सुधारों की अपेक्षा सामाजिक सुधार का था। सभाओं के पश्चात 'रत्न माला' के गीत गाये जाते थे तथा सामूहिक भोज का आयोजन होता था। इस भोज में सभी को भोजन करना अनिवार्य था। भोज के लिए भोजन निम्न जाति के व्यक्ति द्वारा पकाया जाता था, रोटी ईसाई के द्वारा तैयार की जाती थी तथा जल मुसलमानों द्वारा दिया जाता था। परमहंस सभा की शाखाएँ पूना, अहमदनगर आदि स्थानों में स्थापित हुई थीं। इस प्रकार की सामाजिक पृष्ठभूमि 'प्रार्थना समाज' की स्थापना के पूर्व थी।

इस पृष्ठभूमि में केशवचन्द्र सेन का बम्बई में प्रथम आगमन सन् 1864 में हुआ था। इस समय केशवचन्द्र सेन के बम्बई आगमन पर कोई उपयुक्त वातावरण नहीं था।[11] फिर भी कुछ लोग उनके भाषण से बहुत प्रभावित हुए इन उत्साही लोगों ने एक संस्था बनाने का निर्णय लिया। इस संस्था के चार घोषित उद्देश्य थे— 1. जाति को अस्वीकार करना, 2. विधवा-विवाह को आरम्भ करना, 3. स्त्री शिक्षा को प्रोत्साहन तथा 4. बाल-विवाह प्रथा को समाप्त करना।[12] कई बैठकें करने के बाद यह निश्चय किया कि समाज सुधार कार्यक्रम के आधार पर धार्मिक सुधार किये जायें। साथ ही यह भी निश्चय किया गया कि एक शुद्ध एवं पवित्र ईश्वर की आराधना एवं पूजा की जाए। इसी विचार से साप्ताहिक प्रार्थना सम्पन्न की गयी।

प्रार्थना सभा की प्रथम बैठक डॉ. आत्माराम पांडुरंग के निवास में 31 मार्च, 1867 में हुई। आत्माराम पांडुरंग (1823-98) महाराष्ट्र के सामाजिक जीवन में महत्त्वपूर्ण स्थान रखते थे। वे डॉ. विल्सन के व्यक्तिगत मित्र थे और उनसे (विल्सन) बहुत अधिक प्रभावित थे।[13] प्रार्थना समाज की स्थापना के साथ साप्ताहिक प्रार्थना आरम्भ हुई। प्रार्थना समाज के नियम बनाये गये तथा एक प्रबन्ध समिति नियुक्त की गयी। प्रार्थना समाज के मुख्य उद्देश्य थे—ईश्वर की उपासना तथा समाज सुधार। 1868 में केशवचन्द्र सेन पुनः बम्बई आए और उन्होंने प्रार्थना समाज के संगठन को काफी मजबूत बनाया।

प्रार्थना समाज ने इसके पश्चात सामाजिक कार्य सम्पन्न किये। 1870 में प्रार्थना समाज ने आडम्बर विहीन ढंग से प्रथम विवाह सम्पन्न कराया। इस समय तक महादेव गोविन्द रानाडे तथा आर.जी. भंडारकर भी प्रार्थना समाज में सम्मिलित हो गये। सन् 1872 में पी.सी. मुखर्जी भी प्रार्थना समाज में आ गये। इसके प्रत्येक 6 माह में सम्मेलन होने लगे और कारोबारी लोगों के लिए विद्यालय आरम्भ किये गये तथा 'सुबोध पत्रिका' का प्रकाशन किया गया। 1874 में प्रार्थना समाज का अपना भवन बम्बई के गिरगाँव में स्थापित हुआ। 1874 में दयानन्द सरस्वती का बम्बई आगमन हुआ। उन्होंने प्रार्थना समाज के समक्ष वेदों के सम्बन्ध में अपने विचार प्रस्तुत किये। समाज के कुछ लोगों ने इन विचारों को बहुत पसन्द किया।

कुछ समय पश्चात एक प्रस्ताव प्रार्थना समाज का नाम बदलने का रखा गया। उक्त प्रस्ताव के अनुसार इसका नाम बम्बई ब्रह्म समाज रखना था, परन्तु कलकत्ता के ब्रह्म समाजियों ने इसका विरोध किया। 1882 में एस.पी. केलकर ने प्रार्थना समाज के सिद्धान्तों का प्रचार करना आरम्भ किया। 1882–83 में पंडिता रमाबाई (1858–1922)[14] ने भी प्रार्थना समाज के महिला समुदाय के मध्य कार्य करना आरम्भ किया और पूना में 'महिला आर्य समाज' स्थापित किया।

प्रार्थना समाज ने महादेव गोविन्द रानाडे के नेतृत्व में समाज सुधार के क्षेत्र में गम्भीरतापूर्वक कार्य आरम्भ किया। सबसे महत्त्वपूर्ण बात यह थी कि रानाडे के कुशल नेतृत्व में प्रार्थना समाज में वैचारिक मतभेद उत्पन्न नहीं हुए जैसे कि बंगाल के ब्रह्म समाज में हुए थे। प्रार्थना समाज ने हिन्दू समाज से नाता नहीं तोड़ा और न ही एक पृथक सम्प्रदाय के रूप मे इसका विकास हुआ। इसने अपने कोई नये नियम नहीं घोषित किये, बल्कि अपने धार्मिक नियमों को पुराने भागवत के आस्तिकवाद और महाराष्ट्र की सन्त परम्परा जैसे ज्ञानदेव, एकनाथ, नामदेव, तुकाराम तथा रामदास के वचनों से जोड़े रखा। जैसा कि पहले भी बताया गया है कि रानाडे की महाराष्ट्र के इतिहास में गहरी पैठ थी। इस कारण रानाडे ने प्रार्थना समाज के धार्मिक सिद्धान्तों में महाराष्ट्र के सन्तों की वाणियों का भरपूर प्रयोग किया तथा उन्हें ही समाज के सिद्धान्तों का आधार बनाया। एक बात प्रार्थना समाज के धार्मिक सिद्धान्तों के सम्बन्ध में उल्लेखनीय है कि ये सिद्धान्त साधारण ब्रह्म समाज के विचारों से मिलते-जुलते हैं, किन्तु फिर भी प्रार्थना समाज का ब्रह्म समाज की किसी भी शाखा से कोई सम्बन्ध नहीं रहा। इस प्रकार प्रार्थना समाज में धार्मिक सिद्धान्तों में कोई मतभेद नहीं रहे जैसा ब्रह्म, समाज में थे।

रानाडे एक देशभक्त एवं समाज सुधारक थे। प्रार्थना समाज से घनिष्ठ रूप से जुड़े होने के बावजूद भी वे भारतीय सामाजिक सम्मेलन (Indian Social Conference) से 13 वर्षों तक अर्थात् 1887 से 1900 तक जुड़े रहे। उन्होंने इस सम्मेलन के प्रत्येक सत्र में भाग लिया तथा उत्तेजक भाषण दिये। रानाडे के भाषणों का गम्भीरतापूर्वक अध्ययन करने से यह विदित होता है कि उन्होंने समाज सुधार को अत्याधिक महत्त्व दिया। वे समाज सुधार को राजनतिक गतिविधियों से पृथक नहीं मानते थे इसलिए उन्होंने समाज सुधार को राष्ट्रीय कार्यक्रम से जोड़ा। उनका विचार था कि राष्ट्रीय गतिविधियों के समस्त क्षेत्रों यथा—राजनीतिक, धार्मिक, साहित्यिक, शैक्षणिक, औद्योगिक तथा सामाजिक पुन:रचना एक-दूसरे से अभिन्न रूप से जुड़े हुए हैं। इसी कारण रानाडे ने इन सभी क्षेत्रों में अथक उत्साह से कार्य किया। उनका विश्वास था कि कोई भी संघर्ष केवल राजनीतिक क्षेत्र तक ही सीमित नहीं होना चाहिए, बल्कि सामाजिक सुधार के लिए संघर्ष होना चाहिए। ये सामाजिक

सुधार विशेष रूप से स्त्रियों की शिक्षा के क्षेत्र में प्रोत्साहन, विधवाओं के पुनर्विवाह को आरम्भ करने, बाल विवाह के निषेध तथा जातीय कठोरता में नमनीयता लाने के क्षेत्र में होने चाहिए।

रानाडे ने समाज सुधार के क्षेत्र में बड़े उत्साह से कार्य किया, किन्तु उनके जीवन में घटी एक घटना ने उन्हें आलोचना का शिकार बनाया। अक्टूबर, 1873 में रानाडे की प्रथम पत्नी सकुबाई का निधन हो गया तथा एक माह बाद ही उन्होंने कुमारी लड़की रमाबाई से विवाह कर लिया। रानाडे के अनुगामियों के लिए यह बड़े आश्चर्य की बात थी कि उनके जैसे समाज सुधारक तथा विधवा विवाह संगठन (Widow Marriage Association) के सदस्य होने के नाते उन्होंने (रानाडे ने) एक कुमारी लड़की से विवाह किया न कि एक विधवा से। रानाडे ने विधवा पुनर्विवाह के पक्ष में 'इन्दु प्रकाश' तथा 'सार्वजनिक क्वार्टर्ली जर्नल' में अनेक लेख प्रकाशित किये थे, परन्तु जब अपने आदर्शों तथा समाज सुधार के विचार उनके जीवन के समक्ष कार्यान्वयन के लिए आए तो वे असफल रहे। रानाडे की भाँति ही केशवचन्द्र सेन के जीवन में भी इसी प्रकार की घटना घटी थी। केशवचन्द्र सेन ने 1872 के सिविल मैरिज एक्ट की रचना में महत्त्वपूर्ण भूमिका निभायी थी, परन्तु जब इस अधिनियम की धाराओं को अपने जीवन में लागू करने का समय आया तो वे भी असफल रहे। उक्त अधिनियम में केशवचन्द्र सेन ने विवाह योग्य बालिकाओं की आयु सीमा बढ़ने की व्यवस्था की थी, परन्तु उन्होंने चौदह वर्ष से कम आयु की अपनी पुत्री का विवाह कूचबिहार के राजकुमार से कर दिया। फिर भी महादेव गोविन्द रानाडे तथा केशवचन्द्र सेन की इन भूलों के कारण उनके सामाजिक सुधार और समाज के प्रति उनके योगदान को नकारा नहीं जा सकता।

रानाडे के द्वारा एक और कार्य सामाजिक दृष्टि से महत्त्वपूर्ण था वह था 'ऐज ऑफ कनसेन्ट बिल' (विवाह आयु सम्बन्धी विधेयक)। सन् 1884 से गुजरात के पारसी समाज सुधारक बी. एम. मालबारी ने हिन्दू बालिकाओं की विवाह योग्य आयु सीमा बढ़ाने के लिए अथक प्रयास किये। सन् 1891 में यह प्रयास 'ऐज ऑफ कनसेन्ट बिल' के रूप में विख्यात हुआ। इस विधेयक के लिए कार्य करने वालों में रानाडे, अगरकर, गोखले, भंडारकर, जस्टिस तैलंग तथा दीवान बहादुर रघुनाथ राव प्रमुख थे। इसका विरोध करने वालों में बाल गंगाधर तिलक थे।

महादेव गोविन्द रानाडे के लेखन एवं भाषणों में न केवल एक आदर्श नागारिक एवं भविष्योन्मुख समाज की व्याख्या मिलती है, वरन् एक समाज सुधारक की भूमिका में उसकी कार्यपद्धति का विश्लेषण भी मिलता है। एक सुधारक का क्या कार्य हैं? रानाडे ने 1892 ई. में इंडियन सोशल कॉन्फ्रेंस, इलाहाबाद के भाषण में इस विषय पर प्रकाश डाला।[15] कुछ व्यक्ति सोचते हैं कि सुधारक को पुरातन से

सम्बन्ध विच्छेद कर लेना चाहिए। रानाडे का मत ऐसा नहीं था। एक सच्चे सुधारक का कार्य यह नहीं है कि वह एक अलिखी तख्ती पर लेख लिखे, अर्थात बिल्कुल नये सिरे से कार्य करे। उसका कार्य अधिकांशतः अर्द्धलिखित वाक्य को पूरा करना है, अर्थात् उस प्रगतिशील प्रवृत्ति को आगे बढ़ाना है, जो समाज में न्यूनाधिक रूप से विद्यमान है। दूसरे शब्दों में बीते काल की अच्छी बातों को आज के युग में पुनः अवतरित करना है। सुधारक को वस्तुगत स्थिति से तथा उसकी सहायता से एक आदर्श का निर्माण करना होता है। हमारा जीवन पुरातन से ही एक नहर की भाँति निरन्तर प्रवाहित होता आया है। हमें उस नहर को इधर से उधर पलटना है, जिससे हमारी समाज रूपी भूमि अधिकाधिक उपजाऊ बन सके। हमें उस नहर को एक बाँध द्वारा रोकना नहीं है। हम अपने पुरातन से सम्बन्ध नहीं तोड़ सकते। ऐसा करना उचित भी नहीं है। कारण, हम एक महान सभ्यता के उत्तराधिकारी हैं। हम इसके लिए शर्मिन्दा नहीं हैं। पुरातनकाल से ही हमारे समाज में एक लचीलापन रहा है। आज यह सोचने का कोई कारण नहीं है कि अब वह प्रवृत्ति नहीं है। पुरातन का सम्मान करते हुए हमें उन बुरी प्रवृत्तियों को दूर करना है जिन्होंने प्रगति को बाधित किया है और समाज को चूस लिया है।[16]

रानाडे ने स्वयं प्राचीन ग्रन्थों का अध्ययन किया और इसके आधार पर उन्होंने रूढ़िवादी परम्पराओं का विरोध किया एवं उनके समर्थकों ने मुख्यतः पंडितों के तर्कों का खंडन किया। उस समय हिन्दू धर्म एवं समाज की आलोचना के मुख्य विषय थे—1. बाल विवाह, 2. विधवाओं की दशा, 3. स्त्रियों की शिक्षा, 4. दरिद्र जातियों की अवस्था, 5. निरक्षरता, 6. जाति-प्रथा तथा उससे उत्पन्न प्रथाएँ, 7. विदेश-यात्रा का निषेध। उस समय के प्रायः सभी समाज-सुधारकों ने इन परम्पराओं का विरोध किया। इन्हीं बुराइयों का अन्त करना वस्तुतः समाज सुधार आन्दोलन का लक्ष्य था। राममोहन राय, दयानन्द सरस्वती तथा अन्य समाज सुधारकों की भाँति रानाडे ने बताया कि ये प्रथाएँ एवं बुराइयाँ प्राचीन भारतीय सभ्यता तथा संस्कृति के अनुकूल नहीं हैं। ये अवनति काल की देन हैं तथा पुरोहितशाही द्वारा घटित हैं। इस धारणाा की पुष्टि हेतु उन्होंने प्राचीन धर्म ग्रन्थों से उदाहरण दिये और रूढ़िवादियों के साथ शास्त्रार्थ भी किया।

रानाडे पुरातनवादी नहीं थे। उन्होंने पुरातनवादियों के तर्क का मुँहतोड़ उत्तर दिया। उन्होंने कहा कि कुछ लोग कहते हैं कि हमें अपनी पुरानी संस्थाओं एवं रीति-रिवाजों को पुनः स्थापित करना चाहिए, किन्तु ऐसे लोग असमंजस में पड़ जाते हैं, जब यह प्रश्न उठता है कि हमें क्या पुनः स्थापित करना चाहिए? इतिहास का कौन सा काल हमें पुराना मानना चाहिए? अर्थात् हमें किस युग की परम्परा तथा रीति-रिवाज की पुनः स्थापना करनी चाहिए—वेदों की, स्मृतियों की, पुराणों की,

मुसलमानों की या आधुनिक? वस्तुस्थिति यह है कि हमारे रीति-रिवाज शनैः-शनैः विकास द्वारा बदलते आए हैं। अतः इतिहास के किसी एक युग को आदर्श नहीं माना जा सकता है। यदि हम किसी युग को आदर्श मानते हैं तो हम सम्पूर्ण इतिहास की निरन्तर प्रगति को तोड़ते हैं। रानाडे ने कुछ दृष्टान्त दिये—क्या हमें उस युग की पुरानी आदतों को पुनः स्थापित करना है, जब लोग सभी प्रकार के जीव-जन्तुओं का भोग करते थे तथा मदिरापान करते थे, जिसके चलते देश के तमाम जीव-जन्तु और वनस्पति समाप्त हो गये? क्या हमें बारह प्रकार के पुत्रों एवं आठ प्रकार के विवाह को पुनः स्थापित करना है? क्या हमें नियोग पद्धति को पुनः स्थापित करना है? क्या हमें ऋषियों एवं उनकी पत्नियों के वैवाहिक जीवन की स्वतन्त्रताओं को पुनः स्थापित करना है? क्या हमें व्यक्तियों एवं जन्तुओं की बलि को या बाँये हाथ की शक्ति-पूजा को, या सती-प्रथा, बाल-हत्या, जीवित मनुष्यों को नदी में फेंक देने को, या उन्हें चट्टानों पर पटकने या देव-रथ के नीचे कुचलने को या ब्राह्मण-क्षत्रियों के पारस्परिक युद्धों को, या मूलवासियों के दमन को या बहु-पतियों तथा बहु-पत्नियों को, या ब्राह्मणों को, राजाओं के भिक्षु बनने या उन पर आश्रित रहने को? ये उदाहरण बतलाते हैं कि पुराने युग की पुनः स्थापना मात्र से ही हम अपना सम्पूर्ण कल्याण नहीं कर सकते हैं। यदि ऐसे रिवाज अच्छे थे तो उनको पुनःस्थापित कर हम किस प्रकार से प्रगति कर सकते हैं? हमें यह नहीं भूलना चाहिए कि समाज एक जीवित सावयव की भाँति है जिसमें पुनः स्थापना सम्भव नहीं है। जो मर गया है, जल गया, गाड़ दिया गया, वह सदा के लिए मृत स्थिति को पहुँच गया है। अतः मृत अतीत, बिना सुधार के नये संगठन या युग में स्थापित नहीं हो सकता है। जब पुनः स्थापना सम्भव नहीं है तब सुधार ही एकमात्र उचित विकल्प है।[17]

इस प्रकार रानाडे ने पुनः स्थापनावादी प्रवृत्ति के विरुद्ध तथा सुधारवादी दृष्टि के पक्ष में तर्क प्रस्तुत किये। अब प्रश्न यह है कि सुधार कैसे किया जाए? इस विषय पर भी उन्होंने महत्त्वपूर्ण विचार प्रकट किये। 1891 ई. में पाँचवें 'अखिल भारतीय समाज सम्मेलन' नागपुर में प्रथम प्रस्ताव पेश करते हुये उन्होंने चार पद्धतियाँ गिनायीं।[18]

1. परम्परा की पद्धति—पुरातन के आधार पर समाज का संगठन करना तथा समाज की निरन्तरता को सुरक्षित रखना इस पद्धति की विशेषता है, जो कुछ भी सुधार करना है उसकी पुष्ट-पुष्टि प्राचीन शास्त्रों से होनी चाहिए। इस पद्धति को राममोहन राय ने सती-प्रथा के सम्बन्ध में लागू किया था और रानाडे ने विवाह के सम्बन्ध में। रानाडे ने पुरानी स्मृतियों का उद्धरण दिया और कहा कि हम पुरातन का अनुसरण करना चाहते हैं।[19] उन्होंने अमरावती सम्मेलन में (1897) इस पद्धति के गुण एवं दोष बतलाये। इसके दो गुण है—प्रथमतः यह उन सुधारकों के लिए

उपयोगी है जो अपने हिन्दुत्व को बिना क्षति पहुँचाये आगे बढ़ाना चाहते हैं। द्वितीयत: यह बहुत कौशलपूर्ण है, क्योंकि इससे विरोध नहीं उत्पन्न होता है और इसके द्वारा रूढ़िवादी तत्त्वों के विरुद्ध सरलता से संघर्ष किया जा सकता है। पर इस पद्धति के तीन दोष हैं—प्रथमत: सभी सुधारों के लिए शास्त्रों की शरण नहीं ली जा सकती। द्वितीयत: यदि शास्त्र इन सुधारों के लिए समर्थक भी सिद्ध हुये तो वह अपनी बुद्धि का प्रयोग करके ऐसे उद्धरण निकाल सकते हैं जो उनके हित में हों या वे उद्धरणों की व्याख्या अपनी तरह कर सकते हैं। मैक्समूलर ने एक उदाहरण द्वारा तीसरे दोष की पुष्टि की। उन्होंने (मैक्समूलर) बताया कि किस प्रकार चतुर पंडितशाही अपने हित के लिए अक्षरों के हेर-फेर से उद्धरण का उपयोग कर सकती है।

2. व्यक्ति चेतना की पद्धति— रानाडे के अनुसार यह मुख्य पद्धति है। समाज सुधारक को इस पद्धति की शरण लेनी पड़ती है और बार-बार लेनी पड़ती है।[20] इसके अनुसार उसको व्यक्ति की बुद्धि तथा विवेक की दुहाई देनी पड़ती है। जब तक मानव चेतना को जागृत न किया जाये तब तक समाज सुधार की दिशा में कोई महान अथावा अच्छा कार्य नहीं किया जा सकता है। समाज सुधार की संस्थाएँ भी इस चेतना को जागृत कर ही सफल होती हैं। वस्तुत: ऐसा जागरण समााज सुधार का पथ है और वह परमावश्यक है। प्रगति की सच्ची परीक्षा यह है कि भारत की विशाल जनता में एक पुनीत अग्नि प्रज्जवलित की जाये जिसका एकमात्र लक्ष्य व्यक्ति को पवित्र एवं उच्च बनाना है। सुधारकों तथा अपरिवर्तनवादियों में एक मूल अन्तर है—क्या मनुष्य को बाह्य शक्ति द्वारा शासित होना चाहिए या अपने हृदय एवं मस्तिष्क से ? सुधारवादी ईश्वर में निष्ठा रखते हैं, किन्तु उनका ईश्वर है व्यक्ति की आत्मा। वे उसी कार्य, परम्परा तथा रीति-रिवाज को सत्य और उचित मानते हैं जो उस आत्मा रूपी ईश्वर की कसौटी पर खरा उतरे। दूसरी ओर अपरिवर्तनवादी समाज के रूढ़िगत बन्धनों को मानव जीवन में उच्च स्थान देते हैं। अत: रानाडे ने इस बात पर जोर दिया कि सुधारक का लक्ष्य यह होना चाहिए कि वह जनता में सुधार हेतु चेतना उत्पन्न करे। इस चेतना का आधार है—सच्चा अर्थ एवं प्रचार। तब समाज में मानववाद, बुद्धिवाद एवं स्वतन्त्रतावाद का वातावरण सम्भव होगा और नागारिक हृदय से सुधार योजना का स्वागत करेंगे।

3. विद्रोह की स्थिति—सुधारकों को विद्रोह करना चाहिए, उन्हें सामाजिक बुराइयों के विरुद्ध युद्ध करना चाहिए। यह पद्धति नवयुवकों को विशेषकर आकर्षक लगती है। वस्तुत: आधुनिक भारत के कई युवा बुद्धिजीवी, मुख्यत: आरम्भिक काल के मूर्ति भंजक रहे हैं। राममोहन राय के काल के डेरोजियोवादी इसके उदाहरण हैं। अन्य स्थानों में भी ऐसी व्यक्तियों की संख्या कम नहीं रही है। इस पद्धति के अनुसार सुधारक का सिद्धान्त यह है कि जो हमारे साथ नहीं है वह हमारे

विरुद्ध है। इस पद्धति के अनुयायी यह भी मानते हैं कि सामाजिक सुधार बिना धार्मिक सुधार के सम्भव नहीं है। कुछ हद तक इस पद्धति को ब्रह्म समाज ने अंगीकार किया, परन्तु असफल रहा। इस पद्धति के तीन मुख्य दोष हैं। प्रथमतः वह परम्परा की शक्ति को दृष्टि में नहीं रखती। द्वितीय, वह जागृत व्यक्तियों को समाज से अलग बना देती है। तृतीय, वह हिन्दू धर्म की ऐतिहासिक निरन्तरता को तोड़ती है। रानाडे इस पुरानी व्यवस्था एवं परम्परा को तोड़ने के पक्ष में नहीं थे। इतिहास के विद्यार्थी होने के नाते वे हिन्दू धर्म की गतिशीलता के प्रशंसक थे। उनका लक्ष्य तो हिन्दू समाज को आधुनिकता का चोगा पहनाना था। इस कार्य में यदि जाति-प्रथा या पुरोहितशाही सुधार में सहायक हो सके तो वे उन्हें भी स्वीकार करने में संकोच नहीं करते थे।[21]

4. विधि की पद्धति—यह सन्तुलित पद्धति धर्म सुधारकों में अधिक प्रचलित नहीं थी। इसके अनुसार जाति या राज्य द्वारा समाज सुधार के नियम निर्मित होने चाहिए। जब भी किसी जाति-संघ ने किसी समाज सुधार सम्बन्धी प्रस्ताव पारित किया या किसी भारतीय नरेश के शासन ने सुधार सम्बन्धी नियम बनाया, रानाडे ने सहर्ष उसका स्वागत किया और उसका उल्लेख 'अखिल भारतीय समाज सम्मेलन' के वार्षिक विवरण में किया। समाज सुधारकों ने भारत सरकार से बार-बार अनुरोध किया कि हिन्दुओं के विवाह सम्बन्धी आयु को विधि द्वारा निर्धारित करे। ऐसा अनुरोध प्रचलित बाल विवाह सम्बन्धी था। भारत सरकार का सामाजिक विषयों में नियम निर्माण तत्कालीन सार्वजनिक जीवन में विवाद का विषय बना। रानाडे ने विधि द्वारा सुधार का समर्थन किया। उनके मतानुसार राज्य-विधि द्वारा सुधार का अर्थ है कि कुछ बुद्धिमान व्यक्ति अज्ञानी व्यक्तियों पर उनके सामान्य हित की दृष्टि से प्रतिबन्ध लगायें। विधि पद्धति दमनकारी है और इसे तभी लागू किया जाना चाहिए जब अन्य पद्धतियाँ असफल हो जाएँ, किन्तु, वे इसके पूर्ण विरोधी नहीं थे।[22]

यह समस्या सुप्रसिद्ध 'ऐज ऑफ कनसेन्ट बिल' (विवाह आयु सम्बन्धी विधेयक) के सम्बन्ध में सामने आयी। इस विधेयक द्वारा भारत सरकार विवाह की आयु 18 और 14 निर्धारित करना चाहती थी। रूढ़िवादी व्यक्तियों ने इसका विरोध किया। 'धर्म खतरे में है' का नारा बुलन्द किया गया। उन्होंने कहा कि यह ब्रिटिश सरकार की उन घोषणाओं एवं वायदों के खिलाफ़ है जिसमें उसने धर्म के मामले में हस्तक्षेप न करने की नीति प्रकट की थी। उन्होंने (रूढ़िवादियों ने) 1858 ई. के सुप्रसिद्ध घोषणा-पत्र की दुहाई दी।[23] इस घोषणा से सरकार ने आश्वासन दिया था कि वह धार्मिक विषयों में तटस्थता की नीति अपनाएगी।[24] रूढ़िवादियों ने सरकार की नीति का यह कह कर विरोध किया कि वह हमारे धार्मिक विषयों में हस्तक्षेप कर रही है।

इस सम्बन्ध में बाल गंगाधर तिलक की भूमिका बहुत महत्त्वपूर्ण प्रतीत होती है, वे स्वयं रूढ़िवादी नहीं थे, उनका लक्ष्य सरकार का विरोध था। उक्त अधिनियम का विरोध उन्होंने भी किया, किन्तु उनके विरोध का सार रूढ़िवादियों से भिन्न था। उनके विरोध का लक्ष्य राजनीतिक था। तिलक का तर्क इस प्रकार था कि हमारी संस्थाओं की निरन्तर आलोचना से हमारे राष्ट्रीय गौरव की भावना दुर्बल एवं नष्ट होगी, इससे हमारी राष्ट्रीय शिविर में मतभेद उत्पन्न हो जायेंगे।... फिर विदेशी सरकार को हमारे सामाजिक विषयों में हस्तक्षेप नहीं करना चाहिए। यदि ऐसे विषयों से सम्बन्धित कोई विधि बनायी जाए तो वह केवल उन्हीं व्यक्तियों के लिए होनी चाहिए जो उसे चाहते हैं। उसे जनसाधारण पर लागू नहीं किया जाना चाहिए। हम राज्य के हस्तक्षेप का विरोध केवल इसलिए करते हैं क्योंकि सुधार तभी स्थायी होगा जब वह व्यक्तियों की आन्तरिक भावना से उत्पन्न हो।[25]

न्यायमूर्ति के.टी. तैलंग ने रूढ़िवादियों के तर्क का खंडन किया। यहाँ यह कह देना उचित होगा कि रानाडे सदा अपने को तैलंग का शिष्य मानते थे। उन्होंने गुरु के समाज सुधार सम्बन्धी विचारों को तैलंग परिपाटी की संज्ञा दी। तैलंग ने कहा कि मलिका विक्टोरिया की 1858 की घोषणा का सार यह है कि उसका शासन धर्म का दमन नहीं करेगा। उसका अभिप्राय यह नहीं था कि अमानुषिक तथा अबौद्धिक परम्पराओं को जीवित रखा जाए। यदि ब्रिटिश सरकार ऐसी परम्पराओं का अन्त मानवता के नाते नहीं करती तो वह उसके उच्च्च कर्तव्य के विपरीत कार्य होगा। ऐसी नीति से उसके शासन से भारत को लाभ नहीं होगा। जहाँ तक तिलक के तर्क का सम्बन्ध है उसका उत्तर रानाडे ने दिया, उन्होंने कहा कि वे नहीं चाहते कि विदेशी हमारे सामाजिक विषयों में हस्तक्षेप करें। यह अवश्य ही अच्छा होता कि हम स्वयं अबौद्धिक परम्पराओं का अन्त करते। यहाँ प्रश्न यह है कि सुधार का शुभारम्भ किसने किया—विदेशियों ने या भारतीयों ने? यह अन्तर दृष्टि में रखना आवश्यक है। शुभारम्भ हमारी तरफ से होना चाहिए और इस विषय में हुआ भी। उसका आधार हमारा अतीत है और वह समाज के प्रतिनिधियों एवं शिक्षित व्यक्तियों की भावना पर निर्धारित होना चाहिए। तब विदेशी शासन से केवल यही आशा की जाती है कि वह भावनाओं को वैधानिक स्वरूप दे।[26] यह सत्य है कि संस्थाएँ शासकों की आज्ञा से उत्पन्न और विकसित नहीं हो सकती हैं, उसका स्वत: विकास होता है।[27] उन्हें साँचे में ढाला नहीं जाता। इस प्रकार रानाडे ने तिलक जैसे उग्र राष्ट्रवादियों का तर्कसंगत उत्तर दिया।

यही नहीं, रानाडे ने बार-बार सुधारकों को सलाह दी कि उन्हें पुरातन की भली बातों को सदा दृष्टि में रखना चाहिए। पुरातन के ग्रन्थ तथा उसकी स्वस्थ परम्पराएँ हमारे राष्ट्र की निधि हैं। अमानुषिक प्रभावों एवं विजेताओं की असहनशीलता

के कारण पुरातन की अच्छी संस्थाओं का अन्त हुआ और अमानुषिक रीति-रिवाजों का उदय हुआ। अब वे निर्दयी विजेता विलुप्त हो गये हैं। यदि हम पुरातन की भाँति वृद्धि करना चाहते हैं तो अब हमें पुरानी परम्परा की स्थिति पर लौट जाना चाहिए। यही समाज सुधार का लक्ष्य होना चाहिए। स्त्रियों सम्बन्धी अमानुषिक रीति-रिवाजों का अन्त होना आवश्यक है।[28] प्राचीन ग्रन्थ बतलाते हैं कि पुरातन काल में स्त्रियों का सम्मानित स्थान होता था। ऐसा स्थान पुनः स्थापित होना चाहिए, तभी समाज प्रगति करेगा और पुरातन के गौरव की पुनः प्राप्ति हो सकेगी। सुधार का विकासवादी रूप होना चाहिए। मनुष्यों की जीवन दृष्टि में परिवर्तन होना चाहिए। यह परिवर्तन राज्य विधि द्वारा नहीं होता और न हो सकता है। यह शिक्षा-संस्कार द्वारा ही सम्भव है। रानाडे ने कहा कि उनका अपने गुरु की युक्ति पर असीम विश्वास था। न्यायमूर्ति तैलंग ने लिखा था कि जनमत की शिक्षा एक महान सामाजिक शक्ति है।

अस्तु रानाडे स्वयं एक समाज सुधारक ही नहीं, वरन् अनेक सुधारकों के गुरु तथा उनके पथ प्रदर्शक भी थे। उन्होंने सुधारकों में बौद्धिक सौष्ठव द्वारा सुधार आन्दोलन की अग्नि प्रज्वलित की। मानवतावाद तथा पुरातन के प्रति गौरव बोध रानाडे की विशेषताएँ थीं और इन भावनाओं का प्रचार उन्होंने समाज सुधारकों में किया। गूढ़ सैद्धान्तिक विषयों को साधारण भाषा में व्यक्त करते हुए उन्होंने बताया कि यूरोप की भाँति भारत में भी स्वाभाविक प्रगति मध्ययुगीनता से आधुनिकता की ओर हो रही है, और होना भी चाहिए। ऐसी प्रगति से ही भारतवर्ष पुनः उस गौरव को प्राप्त कर सकेगा जो पुरातन में उसे उपलब्ध था। इस प्रगति का मूल आधार है मानवतावाद और मानवतावद का अर्थ है व्यक्ति के गरिमा रूपी ईश्वर की पूजा। कुछ ऐतिहासिक तथ्यों के फलस्वरूप आज भारतीय समाज मे ऐसी परम्पराएँ एवं रीति-रिवाज प्रचलित हो गये हैं जिन्होंने इस गरिमा को कुंठित कर दिया है, उसका हनन कर दिया है। इन बाधाओं का अन्त करना ही एक समाज सुधारक का कर्तव्य है। इसके लिए व्यक्ति को अपने में आत्मारूपी ईश्वर को जागृत करना होगा, अर्थात जन-शिक्षा द्वारा जन-चेतना तथा जनमत उत्पन्न करना होगा। सचेत एवं शिक्षित जनता को पुरोहितशाही द्वारा घटित मध्ययुगीनता के किले के अन्दर नहीं रखा जा सकता। वह उस किले को तोड़ेगी, स्वतन्त्र होगी। दकियानूसी तथा अप्रगतिवादी रीति-रिवाजों को तोड़ने में यदि राज्य-विधि सहायक हो तो उसका स्वागत करना चाहिए। किन्तु सुधारक का प्रमुख कर्तव्य है मानवतावादी एवं उदारवादी जन-शिक्षा द्वारा जन-चेतना उत्पन्न करना तथा व्यक्ति को गरिमा का वह पाठ सिखाना जिससे मनुष्य के माध्यम से ईश्वरत्व चरितार्थ होता है।

सन्दर्भ

1. बम्बई विश्वविद्यालय द्वारा संचालित मैट्रीकुलेशन की परीक्षा में उत्तीर्ण होने वाले 21 विद्यार्थियों में से रानाडे एक थे। उत्तीर्ण होने वाले 14 विद्यार्थी बम्बई के थे तथा 07 पूना के थे।
2. के.सी. व्यास, द सोशल रेनासां इन इंडिया, बम्बई, 1957, पृ. 139
3. वही, पृ.139
4. वही, पृ.139
5. एम.जी. रानाडे, द राइज ऑफ द मराठा पावर, 1900, अध्याय-VII जी.ए. मनेकर, लाईफ एण्ड वर्कस ऑफ मिस्टर जस्टिस एम.जी. रानाडे, वाल्यूम 2, बम्बई, 1902, पृ. 63
6. एम.जी. रानाडे, पूर्वलिखित, अध्याय।
7. सी. वाई. चिन्तामणी (सम्पादित), इंडियन सोशल रिफार्म, भाग-II, मद्रास,1901, पृ. 79-80
8. वही पृ. 29
9. जेम्स केलोक, महादेव गोविन्द रानाडे पेट्रियाट एण्ड सोशल सर्वेन्ट, कोलकाता, 1926, पृ. 92
10. वही, पृ. 91
11. जे.एन. फरुंखहर, मॉर्डन रिलीजियस मूवमेंट, न्यूयार्क, 1918, पृ. 76
12. डी.एस. शर्मा, हिन्दुज्म थ्रू द ऐजेस, बम्बई, पृ. 83
13. जे.एन. फरुंखहर, पूर्वलिखित, पृ. 76
14. रमाबाई का जन्म ऐसे समय में हुआ था जब उनके संस्कृत के विद्वान पिता को शूद्रों तथा स्त्रियों को संस्कृत एवं शास्त्रों की शिक्षा देने के लिए समाज से बहिष्कृत कर दिया गया था। इन दुःखद परिस्थितियों में रमाबाई बड़ी हुयीं और संस्कृत में पारंगत हुयीं। साथ ही उनके हृदय में हिन्दू धर्म तथा समाज के प्रति घृणा की भावना उत्पन्न हुई। सन् 1878 में वे कलकत्ता गयीं जहाँ सुधार आन्दोलन आरम्भ हो चुका था तथा वहाँ उनकी हिन्दू धर्म की आलोचना को सहर्ष स्वीकार किया गया। उन्हें 'पंडित' की उपाधि उनकी विद्वता के लिए प्रदान की गयी थी। इसके पश्चात रमाबाई ने भारतवर्ष के विभिन्न भागों में भ्रमण किया जिसका मुख्य उद्देश्य था भारतीय नारियों को शिक्षित करना तथा उनका सामाजिक अन्याय तथा अत्याचार से उद्धार करना। रमाबाई को अपने शिक्षित शूद्र पति को विवाह के दो वर्ष पश्चात खोना पड़ा। उन्होंने स्त्रियों में शिक्षा के उन्नयन तथा बाल विवाह को हतोत्साहित करने के लिए पूना में 'महिला आर्य समाज' की स्थापना की, सन् 1883 में वह इंग्लैंड गयीं और वहाँ से अमेरिका गयीं। उनके भाषण तथा लेखनियों ने भारतीय स्त्रियों की दशा के सम्बन्ध में जागरूकता उत्पन्न की। रमाबाई ने भारत वापस आ कर विधवाओं की शिक्षा तथा आवासगृह के लिए 'शारदा सदन' बम्बई में आरम्भ किया। मध्यप्रान्त तथा बरार में सन् 1869 के दुर्भिक्ष के दौरान उन्होंने अकाल प्रभावित क्षेत्र में राहत कार्य किये। उन्होंने अकाल पीड़ितों के पुनर्वास के लिए पूना में 'मुक्ति सदन' नामक कॉलोनी स्थापित की थी।
15. जेम्स केलोक, महादेव गोविन्द रानाडे पेट्रियाट एण्ड सोशल सर्वेन्ट, एसोशिएसन प्रेस, कोलकाता, 1926, पृ. 90-91
16. सी.वाई. चिन्तामणि, इंडियन सोशल रिफार्म, भाग-2, मद्रास, 1901, पृ. 89-90
17. टी.वी. परवटे, महादेव गोविन्द रानाडे ए बायोग्राफी, एशिया पब्लिशिंग हाऊस, बम्बई, 1963, पृ. 147-148
18. सी.वाई. चिन्तामणी, इंडियन सोशल रिफार्म, भाग-2, चेन्नई, 1901, पृ. 30
19. टी.वी. परवटे, पूर्वोक्त पृ. 151
20. एम.ए. बुच, राईज एण्ड ग्रोथ ऑफ इंडियन लिबरलिज़्म, बड़ौदा, 1938, पृ. 108-109

21. टी.वी. परवटे, पूर्वोक्त पृ. 151
22. एम.ए. बुच, पूर्वोक्त पृ. 131
23. वही, पृ. 131–132
24. वही, पृ. 132
25. डी.वी. अठाल्ये, द लाईफ ऑफ लोकमान्य तिलक, पूना, 1921, पृ. 54–55
26. जेम्स केलोक, पूर्वोक्त, पृ. 100–101
27. एम.ए. बुच, उपरोक्त पृ. 133
28. पी.जे0 जागीरदार, स्ट्डीज़ इन द सोशल थॉट ऑफ एम.जी. रानाडे, बम्बई, 1963, पृ. 63
29. टी.वी. परवटे, महादेव गोविन्द रानाडे ए बायोग्राफी, एशिया पब्लिशिंग हाऊस, बम्बई, 1963, पृ. 150–151

दादाभाई नौरोजी की अर्थशास्त्र सम्बन्धी चिरस्थायी देन

1867 ई. से करीब 40 वर्षों तक दादाभाई नौरोजी भारतीय अर्थव्यवस्था के सम्बन्ध में बोलते एवं लिखते रहे। 1901 ई. में उनके अर्थशास्त्र सम्बन्धी निबन्ध आदि उसकी सुप्रसिद्ध पुस्तक 'Poverty and Un-British Rule in India' में संगृहीत होकर प्रकाशित हुए। उस समय भारत का आय-व्यय ब्रिटिश संसद में भारत मन्त्री द्वारा प्रस्तुत किया जाता था। भारत मन्त्री से लेकर अन्य आंग्ल शासक भारतीय अर्थव्यवस्था का स्वर्णिम चित्र प्रस्तुत करते थे। उनके कुछ विचार उल्लेखनीय हैं— "भारतीय निर्धन नहीं हैं। अँग्रेज़ी शासन में भारतवर्ष गरीब नहीं बना, अपितु प्रगति की ओर अग्रसर होता आया है, देश की प्रति व्यक्ति आय की दृष्टि से भारतवर्ष निर्धन नहीं है। भारतीयों पर अनुचित कर नहीं लादा जा रहा है। भारत के साथ ब्रिटेन न्याय युक्त व्यापारिक सम्बन्ध रखता आया है। भारत में अकाल प्राकृतिक स्थिति के फलस्वरूप होते आए हैं, यदि भारत में जनता गरीब है तो उसका एक मात्र कारण जन साधारण की अज्ञानता, रूढ़िवादिता, फजूलखर्ची आदि है।"

इस प्रकार भारत की वास्तविक स्थिति के सम्बन्ध में आंग्ल-शासक वर्ग ज्ञात अथवा अज्ञात रूप में स्वत: को और साथ ही समस्त विश्व को अन्धकार में रखता था। आलोचक यह कह सकते हैं कि दुनिया को भ्रम में रखने के लिए वह आँकड़ों द्वारा एक झूठा चित्र प्रस्तुत करते आये थे। दादाभाई ने सुदृढ़, शक्तिशाली एवं सम्पन्न वर्ग से अकेले ही टक्कर ली। आंग्ल शासकों के उसके उक्त विचारों एवं दावों का पदार्फाश किया और बहुत हद तक उसका मुँह बन्द किया। इस सम्बन्ध में दादाभाई ने बड़ा ही सराहनीय कार्य किया। उन्होंने जगह-जगह से आँकड़े ढूँढ़कर सरकार द्वारा दिए गये आँकड़ों को मिथ्या सिद्ध किया। समय-समय पर उन्होंने सरकारी कर्मचारियों से लेखों द्वारा टक्कर ली। यह सभी लेख 'Poverty and Un-British Rule in India' पुस्तक में संगृहीत हैं। इस सम्बन्ध में यह बता देना उचित होगा कि दादाभाई ने ऐसा महत्त्वपूर्ण कार्य कांग्रेस के जन्म के पूर्व ही प्रारम्भ कर दिया था।

1870 में Wants and Means of India नामक पत्र में उन्होंने बताया कि

भारत की प्रतिव्यक्ति आय 20 रू. है। आंग्ल-शासक इसे 30 से अधिक घोषित करते थे। सरकारी आँकड़ों की अपेक्षा दादाभाई के आँकड़े सत्य के अधिक निकट थे। डॉ. व्ही. के. आर. व्ही. राव (Dr. V. K. R. V. Rao) ने अपनी शोध पुस्तक The National Income of British India 1931-32 में बताया है कि नौरोजी के आँकड़े सरकारी आँकड़ों से अधिक सत्य थे। 'Moral and Material Progress of India' को, जो सरकार द्वारा प्रकाशित वार्षिक रिपोर्ट हुआ करती थी, नौरोजी ने बिल्कुल भ्रामक बताया।

जब दादाभाई नौरोजी की 'Poverty and Un-British Rule in India' की आलोचना सरकारी कर्मचारियों ने की, तो उन्होंने तात्कालीन भारत मन्त्री लॉर्ड हार्टिंग्टन (Lord Hartington) से कहा कि वह अपने कार्यालय के सांख्यिकी विभाग से यह जाँच करवा लें कि उसके आँकड़े कहाँ तक सत्य हैं। 'एफ.सी. डानवार' महोदय ने, जो इंडिया ऑफिस (India Office) के आर्थिक आँकड़ों के विशिष्ट ज्ञाता थे, दादाभाई के Paper में कुछ त्रुटियाँ निकालीं और बताया कि उनके द्वारा दिए गये आँकड़ों में 'भूसा' (Straw) द्वारा प्राप्त आय का ब्यौरा नहीं है। दादाभाई ने इसको स्वीकार किया और कहा कि उन्होंने केवल भूसा ही नहीं, वरन् घास, कपास के बीज तथा जानवरों के अन्य भोजन अवश्य ही प्रति व्यक्ति के आय के बन्ध में नहीं जोड़े थे, क्योंकि उससे कोई फर्क नहीं पड़ता। डानवार ने यह भी कहा कि दादाभाई ने रेलवे आय, वेतन, पेंशन, अकृषि मजदूरी आदि को दृष्टि में नहीं रखा। दादाभाई ने इसका भी मुँहतोड़ जबाव दिया। उन्होंने कहा कि गेहूँ पंजाब से बंबई भेजने से राष्ट्र-धन की कोई वृद्धि नहीं होती। यदि ऐसा ही होता तो रेल द्वारा वस्तुओं को इधर-उधर भेजने से भारतवर्ष बहुत अमीर हो गया होता।

16 नवम्बर, 1880 में दादाभाई नौरोजी ने लॉर्ड हार्टिंग्टन के पास एक स्मरण पत्र भेजा। इसके कुछ अंश महत्त्वपूर्ण एवं उल्लेखनीय हैं—"सरकार ने प्रत्येक विभाग के उच्च पदों पर अँग्रेज आसीन हैं, ये अँग्रेज अवकाश प्राप्ति के पश्चात ब्रिटेन चले जाते हैं, अन्य देशों के विपरीत भारतवर्ष इन अनुभवी एवं बुद्धिमान् वरिष्ठों की अनुभव युक्त सेवाओं से वंचित हो जाता है। अन्य देशों में ये वरिष्ठ व्यक्ति आने वाली पीढ़ियों के लिए पथ-प्रदर्शक रहते हैं, किन्तु भारतवर्ष में ऐसा नहीं होता। यदि भारतवर्ष का मौलिक और नैतिक विनाश इसी तरह होता गया तो अवश्य ही एक महान विप्लव सम्भव हो सकता है।"[1] डॉ. ब्रिडवुड (Dr. Birdwood) ने आंग्ल जनता के सम्मुख उन गीतों को प्रस्तुत किया जो पश्चिमी भारत में भारतीय व्यवस्था के विनाश के विरुद्ध गाये जाते थे। ये गीत अँग्रेज़ी वस्तुओं के विरुद्ध थे। दादाभाई ने कहा कि यदि भारतवर्ष इसी प्रकार अवनति की ओर बढ़ता गया तो जनसाधारण शिक्षित युवकों के नेतृत्व में बहुत थोड़े ही समय के बाद राज्य-भक्ति

के स्थान पर राजद्रोह का मार्ग अपनाना आरम्भ कर देंगे तथा जो आक्रोश अँग्रेज़ी वस्तुओं के प्रति है, वह अँग्रेज़ी शासन के विरुद्ध हो जाएगा।

नौरोजी ने ब्रिटिश तथा भारत के पारस्परिक सम्बन्ध में कुछ विकिरणें अवश्य देखीं। उन्होंने कहा कि फॉसेट्ट (Fawcett), ह्यण्डमैन (Hyndman), पैरी (Perry), नाइट (Knight), विल्सन (Wilson) व वार्ड (Ward) आदि तक जैसे व्यक्ति भारतीय समस्याओं के प्रति सहानुभूति रखते हैं। इन अँग्रेजों से भारतीयों की यह आशा प्रबल होती थी कि उनकी समस्याओं के समाधान के लिए ब्रिटेन मौलिक और नैतिक बल से सम्पन्न शासक उत्पन्न करेगा। ब्रिटेन वह कार्य करेगा जिसकी अपेक्षा विश्व उससे करता है। अँग्रेज़ी शासकों की इस गर्वोक्ति में कुछ सत्य अवश्य था कि उन्होंने भारतवर्ष में नयी शिक्षा की स्थापना की जिसने भारत का पाश्चात्य सभ्यता से सम्पर्क स्थापित कराया। नौरोजी ने इसे स्वीकार करते हुए खेद प्रकट किया। उन्होंने कहा कि यह स्व-निन्दा (Self Condemnation) का विषय है कि अर्द्ध शताब्दी के पश्चात भी अँग्रेज़ी शासक ऐसे भारतीयों को पर्याप्त संख्या में उत्पन्न न कर सका जो कि देश की सेवा करने के योग्य हों। भारतीय B.A., M.A. और M.D. अवश्य हैं, किन्तु वे अपने देशबन्धुओं को शिक्षित करने के काबिल नहीं माने जाते।[2]

नौरोजी ने भारतवर्ष के इतिहास का उदाहरण प्रस्तुत करते हुए कहा कि पिछले विजेता या तो भारत में लूट-खसोट करके वापस चले गये अथवा देश के शासक बन गये। जब वे लूट कर वापस गये तो अर्थव्यवस्था को क्षति तो अवश्य पहुँचा गये, किन्तु भारत ने अपने व्यवसाय द्वारा उसकी पूर्ति कर ली। जब वे आक्रमणकारी देश के शासक बने तो वे यहीं बस गये। उनके शासन की भले ही कैसी भी दशा क्यों न रही हो ? कम से कम देश से मौलिक और नैतिक निःसरण (Drain) तो नहीं हुआ। जो कुछ भी देश ने उत्पन्न किया, देश में ही रहा। जो भी ज्ञान और अनुभव उन आक्रमणकारियों ने शासन कार्य में प्राप्त किया वह भी देश और उसकी जनता को उपलब्ध हुआ, किन्तु अँग्रेज़ी शासकों की स्थिति विचित्र है। आरम्भिक युद्धों में जो व्यय अँग्रेज़ी शासकों ने किया उसको उन्होंने देश की अर्थव्यवस्था पर लाद दिया। ये ऋण घाव की भाँति स्थायी रूप से सदा खुले रहे और निरन्तर निःसरण से बढ़ते ही रहे। पिछले शासक कसाइयों की भाँति थे जो शरीर में जगह-जगह घाव कर देते थे, किन्तु अँग्रेज़ी शासक अपने वैज्ञानिक यन्त्रों द्वारा हृदय को ही गायब कर देते हैं, और ऐसी सफाई से गायब कर देते हैं कि जख्म दिखायी ही न दे। यही नहीं सभ्यता, प्रगति आदि की बातों का एक ऐसा प्लास्टर चिपका देते हैं कि घाव बिल्कुल ही न दिखलाई पड़े। अँग्रेज़ी शासक भारत के दरवाजे पर चौकीदार का कार्य करते हैं और सम्पूर्ण विश्व को चुनौती देते हैं कि वे भारतवर्ष को विदेशियों से सुरक्षित रखते हैं और रखेंगे, किन्तु वे पीछे के दरवाजे से उस खजाने को स्वयं ही

गायब कर देते हैं जिसकी कि वे चौकीदार बनते हैं।

नौरोजी ने तत्कालीन भारतीय शासन-व्यवस्था की आलोचना की। इस आलोचना का सार था प्रतिनिधि सरकार का अभाव। उन्होंने कहा कि वे अँग्रेज जो भारत में शासन करने आते हैं, निरंकुश हो जाते हैं। इस निरंकुश प्रवृत्ति का प्रभाव भारतवर्ष और इंग्लैंड दोनों के लिए घातक है। नौरोजी का मानना था कि ये अँग्रेज अवकाश प्राप्ति के पश्चात ब्रिटेन वापिस जाते हैं तो वे अपनी निरंकुश आदतों को लेकर जाते हैं। क्या यह सम्भव नहीं है कि ऐसी निरंकुश आदतों एवं शिक्षा का प्रभाव आंग्ल चरित्र और संस्थाओं पर न पड़े! यही अँग्रेज शासक भारतवर्ष में अपनी निरंकुश आदतों को छोड़ जाते हैं। इस प्रकार अँग्रेज भारतवर्ष को ऊँचा उठाने की अपेक्षा स्वत: ही एशियाई निरंकुशता के निम्न स्तर पर गिरते जा रहे हैं। इस प्रकार के विचारों से स्पष्ट है कि अँग्रेज स्वयं प्रजातान्त्रिक एवं उदारवादी मूल्यों में विश्वास रखते थे। इन मूल्यों और विचारधाराओं में विश्वास रखने वाले ये अँग्रेज निरंकुशवादी परम्पराओं को अपनाने लगें।

मई, 1895 में ब्रिटिश सरकार ने एक आयोग नियुक्त किया, जिसके कार्य थे—1. सैनिक और शासकीय व्ययों की जाँच। 2. उपर्युक्त व्ययों को किस प्रकार भारतीय और ब्रिटिश सरकारों में बाँटा जाए? इस आयोग के अध्यक्ष लार्ड वेल्बी थे। अत: यह आयोग 'वेल्बी आयोग' (Welby Commission) के नाम से प्रसिद्ध है। ऐसे आयोग के गठनार्थ नौरोजी ने प्रस्ताव द्वारा 'अखिल भारतीय काँग्रेस' के प्रथम अधिवेशन में माँग की थी। तभी से वह ऐसी माँग को निरन्तर दुहराते आये थे। 'कॉमन-सभा' के सदस्य (1893-95) की हैसियत से भी उन्होंने इसकी स्थापना के लिए आवाज बुलन्द की। दादाभाई भी इस आयोग के एक सदस्य थे। उनके साथ 'वेडरबर्न' और 'केन्स' जैसे भारत के शुभचिन्तक भी सदस्य थे। ये तीन व्यक्ति आयोग में अल्पमत के प्रतिनिधि थे। नौरोजी ने हृदय से आयोग के लिए कार्य किया और छ: विचारपत्र (Notes) प्रस्तुत किये। यही नहीं उन्होंने भारतीय साक्ष्य पुरुषों (Witnesses) दिनशावाचा, गोपालकृष्ण गोखले, सुरेन्द्रनाथ बैनर्जी तथा जी. सुब्रह्मण्यम अय्यर को भी सहायता दी। दादाभाई, वेडरबर्न, केन्स तथा इन भारतीय साक्ष्य पुरुषों ने इस बात पर बल दिया कि भारतीय करदाताओं पर उस व्यय का बोझ न लादा जाये जो साम्राज्य वृद्धि और सुरक्षा के हेतु व्यय किया जाता है। ब्रिटिश सरकार को ऐसे व्ययों का न्याययुक्त अंश स्वत: वहन करना चाहिए।[3]

नि:सरण सिद्धान्त (Drawin Theory)—नौरोजी का प्रसिद्ध नि:सरण सिद्धान्त भारतीय अर्थव्यवस्था के लिए एक बहुत बड़ी देन है। इसमें उन्होंने बतलाया कि किस प्रकार भारतीय धन ब्रिटेन को नि:सरित होता चला जा रहा है। भारत इस नि:सरण (Drain) के फलस्वरूप गरीब हो गया है और निरन्तर होता चला जा रहा

है। उन्नीसवीं शताब्दी के अकालों के समय उन्होंने कहा कि अकाल अन्न का नहीं धन का है।[4] उन्होंने एक स्थान पर यह भी कहा था कि यह शोषण वैसा ही है जैसा कि यदि किसी महासमुद्र से जल का खिंचाव आरम्भ कर दिया जाये तो वह भी एक दिन समाप्त हो जाएगा। साथ ही यह बात भी स्पष्ट है कि यदि ऐसा ही ब्रिटेन के साथ किया जाए तो वह भी एक गरीब देश बन जाएगा।

उन्नीसवीं शताब्दी के आरम्भिक काल में भारत से ब्रिटेन को हो रहे नि:सरण की राशि 30 लाख पौंड वार्षिक की थी, किन्तु शताब्दी के अन्त होते-होते यह राशि 3 करोड़ पौंड वार्षिक की हो गयी। अन्य देशों में जो भी कर जनता से वसूल किया जाता है वह जन सेवाओं के रूप में जनता को वापस मिल जाता है और देश में ही रह जाता है। इस प्रकार राष्ट्रीय पूँजी को कोई क्षति नहीं होती है। इसके विपरीत भारतवर्ष की 5 करोड़ पौंड वार्षिक आय में से लगभग 2 करोड़ पौंड की राशि इंग्लैंड चली जाती है। स्वाभाविक है कि इससे भारत की राष्ट्रीय पूँजी को क्षति पहुँचती है। इस नि:सरण (Drain) का एक अंश पुन: भारतवर्ष में ब्रिटिश पूँजी के रूप में विनियोग होता है और इस पूँजी को भी जनता के शोषण का श्रेय प्राप्त है। अत: भारतीय करदाता केवल अन्यायपूर्ण शासन के लिए ही धन नहीं देता, वरन वह अपने को शोषित होने के लिए भी धन देता है।

नौरोजी ने बताया कि ऐसे नि:सरण द्वारा जनता धन, कार्य तथा बुद्धि तीनों से वंचित हो जाती है। एक स्थान पर उन्होंने यह भी कहा था कि यह जनता के ऊपर कर लगाना नहीं है, बल्कि जनता का खून बहाना है। अँग्रेज़ी शासक कहते थे कि आखिर इंग्लैंड में भी कर लगता है और पर्याप्त मात्रा में कर लगता है। इसका उत्तर दादाभाई ने 1 जुलाई, 1900 को ब्रिटेन के एक स्थान पर एक भाषण देते हुए दिया। उन्होंने कहा कि तुम इंग्लैंडवासी 50 या अधिक शिलिंग प्रतिवर्ष कर के रूप में देते हो और हम भारतीय केवल 3 या 4 शिलिंग प्रतिव्यक्ति वार्षिक कर देते हैं। इससे तुम लोग समझोगे कि हम पर कम कर लगता है, किन्तु बात ऐसी नहीं है। हमारे ऊपर तुम लोगों से दूना बोझ पड़ता है, जो कर तुम अपने देश में देते हो वह तुम्हारी ही सेवाओं में सरकार द्वारा व्यय किया जाता है। तुम्हारी पूँजी में कमी नहीं आती। जो कुछ भी तुम देते हो वह तुम्हें वापस मिल जाता है, किन्तु भारत के सम्बन्ध में ऐसा नहीं है। वहाँ जनता से प्राप्त कर जन-सेवा में व्यय नहीं होता।

अँग्रेज़ी शासन के प्रारम्भिक काल से ही भारतवर्ष का शोषण होता आया था। उन्होंने उदाहरण देते हुये बतलाया कि कम्पनी सरकार के युग में एक बार कम्पनी के संचालक मंडल (Court of Directors) ने कहा था कि देश के अन्दर के व्यापार से जितना धन अँग्रेजों ने प्राप्त किया है वह ऐसे दमनपूर्ण तरीकों से किया गया है जैसा कि किसी भी देश में, किसी भी युग में नहीं हुआ था। आगे उन्होंने लार्ड सैलिसबरी

से, जो एक समय भारत मन्त्री था, के शब्दों को उद्धरित किया—''हिन्दुस्तान का खून जाता था, खून चूसने के बाद देश की अर्थव्यवस्था रूपी शरीर में खून की कमी थी। अत: अब नस्तर को ऐसी जगह लगाया जाए, जहाँ पर खून दिखाई दे।'' यह उदाहरण उन्होंने अपने भाषणों व लेखों में कई जगह दिया।[5]

दादाभाई ने कई बार शोषण का एक उदाहरण प्रस्तुत किया—ईरान के शाह ने ब्रिटेन की यात्रा की। उसने चन्द मिनटों के लिए भारतीय कार्यालय—भारत मन्त्री के कार्यालय (India Office) में प्रवेश किया। यह बहाना पर्याप्त था। उसके ब्रिटेन प्रवास का सम्पूर्ण व्यय भारतीय बजट में लाद दिया गया।[6]

नि:सरण के प्रकार

नौरोजी ने चार प्रकार के नि:सरण (Drain) बतलाये, जिनसे भारतीय धन ब्रिटेन को खिंचा चला जाता था—

1. सैनिक व्यय सम्बन्धी
2. सार्वजनिक ऋण सम्बन्धी
3. विदेशी लोक-सेवाओं का सामाजिक और आर्थिक दुष्परिणाम
4. विदेशी व्यापार

1. सैनिक व्यय सम्बन्धी नि:सरण—भारत में अँग्रेज़ी सेना पर अत्याधिक धन व्यय होता था। सैन्य अधिकारियों का वेतन अधिक था। अँग्रेज़ी सेना को वर्ष में लगभग आधे समय तक ठण्डे पहाड़ी स्थान में रखा जाता था। इंग्लैंड से भारत आने जाने का व्यय तथा ब्रिटेन में उनका प्रशिक्षण व्यय भी भारतीय कोष से दिया जाता था। यह सैनिक व्यय क्रमश: बढ़ता ही जाता था। राजकीय आय का एक तिहाई इस पर व्यय होता था। यूरोप की किसी भी महान सैनिक नृपतन्त्रीय व्यवस्था की अपेक्षा भारतीय साधारण सैन्य-व्यय अधिक था। यहाँ तक कि सैनिक व्यय के सर्वोच्च अधिकारी (Comptroller General) के अनुसार सैन्य-इतिहास में ऐसी कोई सेना नहीं पाई जाती जो कि इतनी व्ययशाली रही हो। दादाभाई ने बार-बार ऐसे आँकड़ों द्वारा ऐसे व्यय की आलोचना की।

दादाभाई ने कई स्थानों पर (जैसे—वेलबी आयोग, काँग्रेस के अध्यक्षीय भाषण आदि) सैन्य व्यय का अपव्यय के सम्बन्ध में कहा। उन्होंने आँकड़ों द्वारा उस समस्त धनराशि का विवरण दिया जिसे ब्रिटेन ने आरम्भ से ब्रिटिश शासन के प्रसार एवं संगठन के सम्बन्ध में खर्च किया था। 1870 में 'ग्लैडस्टन' ने स्वीकार किया था कि भारतवर्ष पर बहुत अधिक बोझ है और 1893 में उसने कहा कि भारत का सरकारी व्यय मुख्यत: सैनिक व्यय अत्यधिक घातक (Alarming) है।[7] 1857 का विप्लव शासकों की गलतियों एवं कुप्रबन्ध के कारण हुआ था। उसे दबाने के लिए

जितनी भी सेना ब्रिटेन से भेजी गयी उसका सम्पूर्ण व्यय, जिसके अन्तर्गत उसका ब्रिटेन में प्रशिक्षण भी था, भारतीय कोष से दिया गया।[8]

अबीसीनिया को जो सेना भारत से भेजी गयी उसका व्यय भी भारत को ही वहन करना पड़ा, किन्तु इस पर सरकार ने यह तर्क प्रस्तुत किया कि यदि वे सैनिक भारत में रहते तो भी उन पर व्यय तो होता ही। अप्रैल, 1882 से मार्च, 1891 तक के दस वर्षों की अवधि में पश्चिमी एवं उत्तर पश्चिमी सीमा पर 12,85,74,590/- रूपया व्यय हुआ। यह तृतीय अफगान युद्ध जिस पर 2 करोड़ 10 लाख रूपयों से अधिक व्यय हो चुका था, के बाद का व्यय था। इस अफगान युद्ध के व्यय का केवल एक चौथाई भाग ही ब्रिटेन ने दिया था।

दादाभाई ने बार-बार ब्रिटिश जनता, संसद एवं शासकों से अनुरोध किया कि इस सैन्य व्यय का, जो साम्राज्य सुरक्षा के हेतु हुआ है, न्याययुक्त अंश ब्रिटेन के कोष से दिया जाना चाहिए। 'बेलफोर' (Balfour) आदि कुछ ब्रिटिश शासक भारतीयों को सह-नागरिक (fellow citizen) कहा करते थे। नौरोजी ने ऐसे ढकोसलों का उत्तर, यह कह कर दिया कि भारतीय तो सेना में सूबेदार और जमींदार से अधिक उच्च पद प्राप्त ही नहीं कर सके।[9]

2. सार्वजनिक ऋण—निःसरण का दूसरा स्वरूप था 'सार्वजनिक ऋण' (Public debt) इसके अन्तर्गत उन ऋणों का समावेश था जो भारत सरकार को सड़कों, नहरों, रेलों आदि जैसे सार्वजनिक निर्माण कार्य के हेतु आवश्यक होते थे। ऋण का ब्याज भी इसी के अन्तर्गत हुआ करता था। नौरोजी ने कहा कि यह व्यावसायिक ऋण नहीं है, यह तो ब्रिटिश शासन के प्रसार एवं संगठन के हेतु बल पूर्वक लादा गया है तथा जो राजनीतिक बोझ है।

1886-1896 के 10 वर्षों की अवधि में 1 करोड़ 60 लाख पौंड ऋण भारत सरकार द्वारा लन्दन में लिया गया। इसके अन्तर्गत वह ऋण नहीं था जो सार्वजनिक निर्माण कार्यों के लिए लिया गया था। इसमें 80 लाख पैंड केवल पुराने ऋण का ब्याज था। इस प्रकार इतना धन अथवा इतने की वस्तुएँ भारत से इंग्लैंड को निर्यात होती थीं। दादाभाई ने आँकड़ों द्वारा बताया कि इन दस वर्षों में भारतवर्ष को कम से कम 28,86,80,000 रूपये बिना किसी हिसाब के नुकसान (Unaccounted Loss) हुआ। उन्होंने कहा कि यह सब भारतवर्ष के दीन साधनों (Wretched Resources) पर और भी अधिक बोझ के रूप में है।

दादाभाई ने कहा कि उपर्युक्त आँकड़ों में वह राशि सम्मिलित नहीं है जो भारत एवं इंग्लैंड के बीच माल को लाने और ले जाने में परिवहन व्यय, बीमा व्यय, जहाज खर्च आदि के रूप में प्रयुक्त होती थी। यदि इन व्ययों को भी जोड़ दिया जाए तो निःसरण की राशि और भी अधिक हो जाती है। इसी निःसरण के द्वारा ब्रिटेन धनी देश बना। तत्पश्चात उसने अपना धन, रेल, तार, कारखाने आदि से

सम्बन्धित यन्त्रों के रूप में, भारतवर्ष में विनियोग किया। इस विनियोग की पूँजी पर जो ब्याज भारतवर्ष देता था वह भी गरीब करदाता की जेबों से ही जाता था। अतः भारतीय नागरिक का दोमुखी शोषण होता था एक तो यहाँ से निःसरण के रूप में जो धन ब्रिटेन को जाता था और फिर दूसरा जब वही धन भारतवर्ष में पुनः विनियोग किया जाता था उस पर ब्याज के रूप में।

1893 में लाहौर में अखिल भारतीय काँग्रेस के अध्यक्ष पद से भाषण करते हुये दादाभाई ने कहा कि सर्वप्रमुख प्रश्न है भारतवर्ष की गरीबी का। इस गरीबी का कारण एक प्रथा है, वे कर्मचारी नहीं जो उस प्रथा को लागू करते हैं। वह प्रथा अप्राकृतिक है। चाहे कर्मचारी देवता तुल्य हों अथवा ग्लैडस्टन की भाँति कुशल, वे इस प्रथा की बुराइयों को नहीं रोक सकते और न तो अधिक भला कर सकते हैं।[10]

3. विदेशी लोक-सेवाओं का सामाजिक और आर्थिक दुष्परिणाम— आंग्ल लोग साधारणतः यह सोचते थे कि भारतीय राष्ट्रवादियों की यह माँग है कि उच्च लोक-सेवाओं का भारतीयकरण किया जाये। उनका विचार था कि इससे केवल कुछ शिक्षित भारतीयों की अभिलाषाओं की सन्तुष्टि हो सकती है। नौरोजी ने ऐसी धारणा का खंडन किया। भारत की गरीबी के सम्बन्ध में उन्होंने जितने भी लेख लिखे, भाषण दिये अथवा भारत मन्त्री के साथ पत्र-व्यवहार किये, उन्होंने उन सभी में बताया कि भारतीय जनता की घोर गरीबी तथा दरिद्रता का कारण विदेशियों द्वारा शासन संचालन ही था।[11] उन्होंने बताया कि विदेशियों की लोक-सेवाओं में नियुक्ति से भौतिक क्षति के साथ-साथ नैतिक क्षति भी होती है।[12]

अखिल भारतीय काँग्रेस के प्रथम अधिवेशन में दादाभाई नौरोजी ने चतुर्थ प्रस्ताव प्रस्तुत किया था जिसका लक्ष्य था कि अखिल भारतीय लोक-सेवाओं की प्रतियोगिता भारतवर्ष तथा ब्रिटेन दोनों में हो। इससे यह सम्भव होता कि अधिकाधिक भारतीय लोक-सेवाओं में प्रवेश कर पाते। इसके अतिरिक्त उन पर जितना धन व्यय होता वह सब भारत में और भारत के लिए ही व्यय होता। 12 फरवरी, 1895 ई. में ब्रिटिश लोकसभा में महारानी के अभिभाषण के सम्बन्ध में संशोधन प्रस्तावित करते हुए दादाभाई ने अपने भाषण में इस प्रश्न का उल्लेख किया। उन्होंने बताया कि इन सेवाओं के द्वारा 70 करोड़ रुपये की वार्षिक आय होती है, जिसमें से 20 करोड़ रुपया यूरोप निवासियों के वेतन, पेंशन तथा भत्तों पर व्यय होता है। इस व्यय का वर्णन अंश भारत के बाहर अर्थात् ब्रिटेन में पेंशन तथा भत्तों के रूप में खर्च होता है। इससे ब्रिटेन को अवश्य ही लाभ होता है, किन्तु भारतीयों के साधनों की क्षति होती है। फलतः भारतीय लोग पूँजी एकत्र नहीं कर सकते हैं और सदा ही गरीबी का अनुभव करते हैं।

दादाभाई ने इस सम्बन्ध में अनेक तर्क-युक्त युक्तियाँ प्रस्तुत कीं। उन्होंने

बतलाया कि सहस्त्रों यूरोपवासियों को भारत में आजीविका प्राप्त होती है। भारतीय भूमि के बच्चों को रोटी तथा बुद्धि से वंचित रखा जाता है। ब्रिटिश शासकों का शासन में एकाधिकार है। सरकारी कर्मचारियों के अतिरिक्त भारतवर्ष पर ब्रिटिश व्यापारियों, पूँजीपतियों, यन्त्र निर्माताओं, जहाज मालिकों एवं रेल मालिकों का स्वामित्व है। अधिकांश भारतीयों को लघु आय तथा मजदूरी पर काम करना पड़ता है। एक प्रकार से अधिकांश भारतीय दक्षिण अमेरिका के दासों से भी हीन अवस्था में हैं। ये दास स्वामियों की सम्पत्ति हैं और इसलिए स्वामी इनकी उचित देख-रेख करते हैं, किन्तु भारतीय असंख्य मात्रा में यदि मर भी जाएँ तो उनके विषय में कोई पूछने वाला नहीं है। दास स्वामी के साधनों पर काम करते हैं और स्वामी उनके कार्य से लाभान्वित होता हैं। भारतीय अपनी भूमि और साधनों पर काम करते हैं और लाभ विदेशी स्वामियों को सुपुर्द करते हैं। नौरोजी ने एक उदाहरण 'कॉमन सभा' के सदस्यों के सम्मुख प्रस्तुत किया और कहा कि अँग्रेजों की उस दशा का अनुमान किया जाये जब कि उन पर इसी भाँति का विदेशी शासन हो।

दादाभाई नौरोजी ने बड़े वेतनों की कई बार आलोचना की। वस्तुतः यह कोई नई बात नहीं थी, सभी राष्ट्रवादी ऐसा ही करते आये थे और करते रहे हैं। महत्त्व की बात यह है कि उन्होंने ब्रिटेन की 'कॉमन सभा' में अपने प्रथम भाषण (9 अगस्त, 1892) में कहा कि यदि भारतवर्ष के 'वायसराय' को 25 हजार पौंड प्रतिवर्ष के स्थान पर 20 हजार पौंड प्रतिवर्ष वेतन मिले तब भी वह सुगमता से अपनी रोटी और मक्खन का सेवन कर सकता है। यही दशा प्रान्तीय राज्यपालों तथा अन्य उच्च सेवाओं के पदाधिकारियों की भी है। उन्होंने कहा कि यदि ऐसी सेवाओं के वेतन में न्याययुक्त कटौती हो तो जनता को काफी राहत मिल सकेगी।

अन्त में दादाभाई नौरोजी ने उच्च लोक-सेवाओं की तत्कालीन व्यवस्था से होने वाले सामाजिक और आर्थिक दुष्परिणामों पर प्रकाश डाला। उन्होंने बतलाया कि उच्च लोक-सेवाओं में विदेशियों के प्राधान्य से भारतीय जनता को त्रिमुखी हानि होती है—वह सम्पत्ति, कार्य तथा ज्ञान से वंचित होती है। सम्पत्ति की हानि कर्मचारियों को दिये जाने वाले बड़े वेतनों, भत्तों एवं पेंशनों द्वारा होती है। कार्य की हानि का कारण यह है कि इन सेवाओं में विदेशियों के प्रवेश से हजारों शिक्षित भारतीयों को बेकार रहना पड़ता है। ज्ञान की हानि इस प्रकार होती है कि अनुभवी शासक अवकाश प्राप्ति के पश्चात यूरोप लौट जाते हैं, जिससे भारतीय उनके सेवाकाल की लम्बी अवधि में प्राप्त अनुभवों से वंचित रह जाते हैं।

4. विदेशी व्यापार—निःसरण का यह चौथा प्रकार था। तत्कालीन ब्रिटिश शासक यह बताते आये थे, वस्तुतः आँखों में धूल झोंकते आये थे कि हिन्दुस्तान की आर्थिक प्रगति होती जा रही है और व्यापार द्वारा उसका लाभ बढ़ता जा रहा है। इस

धारणा एवं प्रचार की पुष्टि वे वार्षिक आयात-निर्यात के आँकड़ों के आधार पर करते थे। दार्शनिक आधार यह था कि आयात-निर्यात की वृद्धि द्वारा राष्ट्र का व्यापार बढ़ता है। दादाभाई ने पिछले कई वर्षों के आयात-निर्यात के आँकड़ों को प्रस्तुत कर उपर्युक्त दलील का मुँहतोड़ उत्तर दिया। उनकी ये युक्तियाँ राष्ट्रवाद के लिए बहुत बड़ी देन हैं।

दादाभाई ने 1892—93 से 1896—97 तक के पाँच वर्षों में हुये भारत के निर्यात के आँकड़ों को प्रस्तुत किया और उदाहरण देते हुये बतलाया कि उन वर्षों का—

सम्पूर्ण शुद्ध निर्यात—1,31,46,00,000 रूपये का होता है।

उस अवधि का कुल निर्यात—5,68,80,00,000 रूपये का होता है।

यदि इसमें 10 प्रतिशत लाभ भी मिला दें जो—56,88,00,000 रूपये का होता है।

तो शुद्ध निर्यात का सम्पूर्ण आधिक्य तथा लाभ—1,88,34,00,000 रूपये का होता है।

फिर देश से लिया गया ऋण भी ब्रिटेन के आयात में दर्शाया गया है, अत: भारतीय निर्यात में उस ऋण की राशि को भी सम्मिलित कर देना चाहिए। ऋण की यह राशि—11,05,00,000 रूपये के बराबर होती है। इस प्रकार सम्पूर्ण शुद्ध निर्यात, लाभ व ऋण—1,99,39,00,000 रूपये के बराबर होते है। अथवा लगभग 2 अरब रूपये/अर्थात् औसतन—80,00,00,000 रूपये वार्षिक।

इस प्रकार यदि 80 करोड़ रूपयों की इस राशि को भारतवर्ष के पक्ष में हुआ व्यापार सन्तुलन कहा जाये, तब तो इसे शब्दों की कला ही समझना चाहिए। यह किसी भी प्रकार न तो कोई 'व्यापार' है और न ही इसे कोई 'व्यापार-सन्तुलन' ही कहा जा सकता है। स्पष्ट शब्दों में यह तो मात्र ब्रिटिश धनिकों द्वारा शोषण एवं विदेशी शासकों की अर्थ-पिपासा की सम्पूर्ति है। इस 80 करोड़ रूपयों की विशाल धनराशि में से एक भी 'पाई' भारतवर्ष नहीं प्राप्त कर सकता है, जब कि न्यायपूर्ण 'व्यापार-सन्तुलन' की दृष्टि से यह समस्त राशि भारतवर्ष की अपनी होनी चाहिए।

नौराजी ने कहा कि ऐसे व्यापार से तो कोई भी व्यापारी अवश्य ही दिवालिया हो जाएगा। भारतवर्ष क्यों दिवालिया नहीं हुआ? इसका कारण स्पष्ट एवं साधारण है। साधारण व्यापारी को यह अधिकार नहीं है कि वह दूसरे व्यक्ति की जेब कतरे और अपनी हानिपूर्ति करे, किन्तु भारत की निरंकुश सरकार भारतवासियों पर कर लगाती रहती है और इसके लिए वह अप्राकृतिक शासन एवं प्रबन्ध की व्यवस्था करती है। इस प्रकार वह गरीब जनता पर कर-बाहुल्य द्वारा 'व्यापार-सन्तुलन' की क्षतिपूर्ति करती है।

नौरोजी ने अफीम के व्यापार की आलोचना की। वह स्वयं एक उच्च नैतिक

आदर्श पुरुष थे। उन्होंने एक व्यापारिक संस्था से शर्त पर सम्बन्ध स्वीकार किया कि उसका अफीम के व्यापार से होने वाले लाभ में कोई हाथ न होगा। इंग्लैंड में अफीम और उससे बनी हुई वस्तुएँ विषतुल्य मानी जाती थीं, किन्तु ब्रिटिश साम्राज्यवादी सौदागर उसको भारत से चीन ले जाते थे और चीनी जनता को अफीम खाने की लत का शिकार बनाते थे। दादाभाई ने कई बार इस नीति की निन्दा की। 15 अक्टूबर, 1885 को 'मैनचेस्टर' में अपने एक भाषण-'भारत और अफीम का प्रश्न' (India and Opium Question) में उन्होंने अपने वह विचार व्यक्त किये जिन्हें वह आजीवन दोहराते रहे—अफीम का व्यापार ब्रिटेन के लिए पाप है और भारत के लिए अभिशाप।[13] ब्रिटिश पूँजीपति भारत के शोषण से ही सन्तुष्ट न रह सके। अत: उन्होंने भारतवर्ष में अफीम उत्पन्न करवाकर उसे चीन में बेचा और चीन की जनता का भी शोषण किया। 'डफ' के वाक्य को उद्धारित करते हुए उन्होंने कहा कि भारत बिल्कुल ही कंगाल हो चुका है और इंग्लैंड की जेब तो चीन से अफीम व्यापार द्वारा भरी हुई हैं। भारत को एक कण भी लाभ नहीं हुआ। यदि कोई लाभ हुआ तो चीनी जाति के अभिशाप का। इस सन्दर्भ में फ्रांसीसी लेखिका 'मिस लॉ मोट' के ऐतिहासिक शब्दों को दोहराना अनुपयुक्त न होगा। उन्होंने ब्रिटेन को सारी दुनिया में अफीम फैलाने का अपराधी बताया और कहा कि मानवता ब्रिटेन के इस पाप को कभी नहीं भूल सकती।

दादाभाई नौरोजी के धन निष्क्रमण की व्याख्या का सबसे महत्त्वपूर्ण पक्ष यह है कि उन्होंने इस सिद्धान्त की वृहत् रूपरेखा का विस्तार किया। नौरोजी ने बताया कि विदेशियों के वेतन तथा उनके भारतवर्ष में होने वाले खर्च से भी इस देश की अर्थव्यवस्था पर दुष्प्रभाव पड़ा। उन्होंने दावा किया कि इससे भारतीयों की हानि हुई कि वे सरकारी सेवाओं से वंचित हुए।[14] दादाभाई नौरोजी का मानना था कि वर्तमान प्रशासनिक व्यवस्था में भारत को सम्पत्ति, बुद्धिमत्ता तथा कार्य करने की हानि जैसी बुराइयों शिकार होना पड़ा।[15]

संक्षेप में धन निष्कासन के सम्बन्ध में अन्य राष्ट्रवादियों ने भी विचार प्रकट किए थे, परन्तु दादाभाई नौरोजी का सबसे बड़ा योगदान यह था कि उन्होंने इस सिद्धान्त को भारत और विश्व को (विशेषत: ब्रिटेन में) प्रचारित किया। उनके इस सिद्धान्त के प्रचार-प्रसार के कारण भारत के सार्वजनिक जीवन में राजनीति के साथ आर्थिक प्रश्नों के प्रति जागरूकता उत्पन्न हुई।

सन्दर्भ

1. आर.पी. मसानी, दादाभाई नौरोजी, लन्दन, 1939, पृ. 204-05
2. वही, पृ. 206
3. दादाभाई नौरोजी, स्पीचेज़ एण्ड राईटिंग्ज़, मद्रास, (तिथि लिखित नहीं) पृ. 192, 382

4. आर.पी. मसानी, पूर्वोक्त, पृ. 461
5. दादाभाई नौरोजी, पावर्टी एण्ड अन ब्रिटिश रूल इन इंडिया, लन्दन, 1907, पृ. IX
6. आर.पी. मसानी, पूर्वोक्त, पृ. 201
7. वही, पृ. 378
8. वही, पृ. 382
9. वही, पृ. 383–84
10. विस्तार के लिए देखिये बिपिनचन्द्र, द राइज़ एण्ड ग्रोथ ऑफ इकोनॉमिक नेशनलिज़्म इन इंडिया इकोनॉमिक पॉलिसीज ऑफ इंडियन नेशनल लीडरशिप 1880–1905, नई दिल्ली, 1966, अध्याय XIII
11. लार्ड वेल्बी को सन् 1896 को लिखे पत्र में दादाभाई नौरोजी ने यह विचार प्रकट किये थे। ' बिपिनचन्द्र, पूर्वलिखित, पृ. 689–690
12. दादाभाई नौरोजी, पावर्टी एण्ड अन ब्रिटिश रूल इन इंडिया, लन्दन, 1901, पृ. 56–57
13. आर.पी. मसानी, पूर्वोक्त, पृ. 208
14. दादाभाई नौरोजी, स्पीचेज़ एण्ड राईटिंग्ज़, मद्रास (तिथि लिखित नहीं) पृ. 286–287
15. दादाभाई नौरोजी, पावर्टी एण्ड अन ब्रिटिश रूल इन इंडिया, लन्दन, 1901, पृ. 57

सैयद अहमद खान

सैयद अहमद खाँ का जन्म 17 अक्टूबर, 1817 में दिल्ली के एक सुविख्यात मुस्लिम परिवार में हुआ था जिसका सम्बन्ध मुस्लिम राजघराने से था। सैयद अहमद के नाना ख्वाजा फरीद-उद्दीन एवं उनके पिता सैयद मुहम्मद मुतक्की[1] ने मुगल शासन काल में अपनी सेवाओं के कारण उच्च स्थान प्राप्त किया था। इस प्रकार सैयद अहमद का बाल्यकाल राजसी संरक्षता में बीता था।

सैयद अहमद की प्रारम्भिक शिक्षा उनकी माता अज़ीज़-उन-नीसा बेगम की संरक्षता में हुई जिनको उर्दू, अरबी, फारसी आदि भाषाओं का अच्छा ज्ञान था।[2] अत: सैयद अहमद के प्रारम्भिक जीवन में उनकी माता का काफी प्रभाव पड़ा। लेकिन सम्भवत: ऐसा कहा जाता है कि सैयद अहमद के तत्कालीन राजनीतिक जीवन पर उनके नाना का काफी प्रभाव पड़ा। उस समय देश में ईसाई मिशनरियों का प्रभाव बढ़ रहा था और मुस्लिम सत्ता पराभव की ओर अग्रसरित थी। इन परिस्थितियों में सैयद अहमद ने अध्ययन किया जिसका प्रमाण हमें उनकी प्रारम्भिक रचनाओं में मिलता है। इस प्रकार सैयद अहमद के प्रारम्भिक जीवन में उनके परिवार का काफी प्रभाव पड़ा।

सैयद अहमद ने पिता की मृत्यु के पश्चात सन् 1839 में ईस्ट इंडिया कम्पनी की नौकरी में प्रवेश किया। वे सदर अमीन के पद पर आसीन हुए। उन्होंने अँग्रेज़ी सरकार के एक विश्वासपात्र अधिकारी की हैसियत से कार्य किया। अँग्रेज़ी सरकार के अधीन सेवा करते हुए भी वे दिल्ली के नाममात्र के मुगल दरबार से भी सम्बद्ध रहे। इसका उनके मस्तिष्क पर गहरा प्रभाव पड़ा और उन्होंने मुगल शासन काल की सांस्कृतिक देनों को स्वीकार किया। अपने सरकारी सेवाकाल में उन्होंने कई लेख एवं पुस्तकें लिखीं जो उनकी सांस्कृतिक रूचि का उत्कट प्रमाण थीं। उस समय की उनकी प्रमुख रचना असर-उस-संनदीद जिसका अँग्रेज़ी रूपान्तरण (An Archaeological History of the Ruins) कहा गया है, थी। बाद में उसका अँग्रेज़ी, फ्रांसीसी आदि भाषाओं में अनुवाद हुआ। 13 जनवरी, 1855 में उनकी नियुक्ति सदर अमीन

के पद पर बिजनौर में हुई, जहाँ वे 1857 के विद्रोह तक रहे। 1857 के विद्रोह में उन्होंने सरकार के एक विश्वासपात्र अधिकारी की हैसियत से कार्य किया और कई अँग्रेज परिवारों का जीवन विद्रोहियों से बचाया।

सर्वविदित है कि 1857 के विद्रोह की सारी जिम्मेदारी ब्रिटिश शासकों ने मुसलमानों पर थोपी थी, ऐसे नाजुक समय में सैयद अहमद ने अँग्रेजों को विश्वास दिलाया कि विद्रोह की जिम्मेदारी मुसलमानों पर नहीं है और मुसलमान ब्रिटिश शासन के विरुद्ध नहीं हैं। इस गलतफहमी को दूर करने के लिए उन्होंने विद्रोह के तुरन्त बाद लेख लिखे। The Causes of the Indian Revolt का उर्दू संस्करण सन् 1858 में प्रकाशित हुआ।[3] उक्त लेख (Brochure) में उन्होंने लिखा कि अँग्रेजों के द्वारा आरम्भ किया गया राजस्व बन्दोबस्त नि:सन्देह प्रशंसनीय है, परन्तु अँग्रेजों द्वारा निर्धारित भू-राजस्व पूर्ववर्ती भू-राजस्व की दर से बहुत अधिक है। बिना कृषित भूमि के स्वामियों को उसी दर में राजस्व का भुगतान करना पड़ता है जितना कि कृषि योग्य भूमि के किसानों के द्वारा किया जाता था। फलत: कृषकों को भू-राजस्व अदा करने के लिए धन उधार लेना पड़ता था। इन ऋणों पर ब्याज की दर बहुत ऊँची होती थी। अदालतों की डिग्रियों के अनुसार प्रतिवर्ष ये भू-भाग (Estates) निचले प्रान्त (Lower Provinces) के नये लोगों के द्वारा खरीद लिए जाते थे। इन भू-भागों के पुराने स्वामी छोटे कृषक तथा उप-काश्तकार बन कर रह गये। सैयद अहमद ने इस प्रकार अँग्रेजों द्वारा आरम्भ की गयी भू-राजस्व व्यवस्था के दोषों को उजागर किया।[4] परन्तु, इसका अर्थ यह नहीं है कि वे किसी भी तरह अँग्रेजों के विरुद्ध थे। अप्रैल, 1860 में उन्होंने Loyal Mohammedans of India शीर्षक का लेख लिखा।

अप्रैल, 1858 में उनकी सदर-उस-सादुर के पद पर मुरादाबाद में नियुक्ति हुई। यहाँ उन्होंने एक मदरसे की स्थापना की। उसी समय उत्तर पश्चिमी भारत में अकाल पड़ा जिसमें उन्होंने बड़ा सराहनीय कार्य किया। सन् 1861 में मुरादाबाद में ही उनकी धर्मपत्नी का देहावसान हो गया। उन्हें दूसरा विवाह करने के लिए काफी जोर दिया गया, लेकिन समाज कल्याण और देशप्रेम की भावना को समुचित रूप देने के लिए पुन: विवाह करने से इनकार कर दिया।

12 मई, 1862 में उनकी नियुक्ति गाजीपुर में हुई। यहाँ पर जनता में शिक्षा का प्रचार करने के लिए 1864 में एक संस्था स्थापित की जो कि 'साइंटिफिक सोसायटी' (विज्ञान सभा) के नाम से प्रसिद्ध हुई। इस संस्था का उद्देश्य मुसलमानों के अन्दर अँग्रेज़ी साहित्य एवं संस्कृति के प्रति रुचि उत्पन्न करना था। इसी उद्देश्य से इस सोसायटी ने अँग्रेज़ी पुस्तकों का उर्दू में अनुवाद प्रकाशित किया। इन पुस्तकों में विज्ञान तथा अन्य विषयों पर लिखी गयी रचनाएँ थीं। सामाजिक सुधार के सम्बन्ध में उदारवादी विचारों के लिए एक अँग्रेज़ी-उर्दू पत्रिका प्रकाशित की।

गाजीपुर में ही उन्होंने सन् 1864 में एक मदरसे की स्थापना की जो कि बाद में 'विक्टोरिया हाई स्कूल' के नाम से प्रसिद्ध हुआ। इस मदरसे में उर्दू, फारसी, अरबी आदि भाषाओं में शिक्षा दी जाती थी। सैयद अहमद का स्थानान्तरण जब गाजीपुर से अलीगढ़ हो गया तो उन्होंने यहाँ जनता के शैक्षणिक एवं सांस्कृतिक विकास को काफी विशाल रूप दिया। उनके जीवन का प्रमुख उद्‌देश्य ऐसी शिक्षा पद्धति का विकास करना था जो कि मुसलमानों में व्याप्त निरक्षरता को दूर करके नयी चेतना उत्पन्न करे, और यह तभी सम्भव था, जबकि मुसलमानों के अन्दर अँग्रेज़ी शिक्षा एवं संस्कृति के प्रति आस्था उत्पन्न की जाए। इस हेतु उन्होंने इंग्लैंड जाकर (10 अप्रैल, 1869) ऑक्सफोर्ड और कैम्ब्रिज विश्वविद्यालयों की शिक्षा पद्धति का अध्ययन किया। इस अध्ययन एवं अनुभव की छाप उनके मोहम्मडन एंग्लो-ओरियन्टल कॉलेज में अंकित हुई जिसकी बाद में उन्होंने स्थापना की थी।

अक्टूबर, 1870 में भारत वापस आकर 'तहज़ीब-उल-अखलाक' नामक एक पत्रिका निकाली जिसमें भारतीयों को अपने विचारों से परिचित कराया और उनके सहयोग की अपील की। 26 दिसम्बर, 1870 में एक कमेटी (The Committee for the better Diffusion and Advancement of Learning amongust Mohammedans of India) बनायी जिसका उद्‌देश्य मुसलमानों में शिक्षा एवं ज्ञान का प्रसार करना था।[5] फरवरी, 1873 में उन्होंने कमेटी के सामने मुसलमानों के लिए एक कॉलेज खोलने की रूप रेखा रखी। 24 मई, 1875 में सर सैयद अहमद के सतत प्रयासों से 'मोहम्मडन एंग्लो ओरियन्टल कॉलेज' की स्थापना हुई। गिब्ब Gibb के अनुसार यह संस्था इस्लाम में प्रथम आधुनिकतम संगठन (The first modernist Organization in Islam) था।

जून, 1876 से सरकारी नौकरी से अवकाश प्राप्त कर सारा समय उन्होंने कॉलेज के विकास की ओर लगाया। अपनी इन्हीं सेवाओं के कारण वे जनवरी, 1878 में वायसराय की विधान-परिषद में नियुक्त हुए। अपने सम्पूर्ण जीवन में अँग्रेज़ी सरकार और मुसलमानों के बीच में रहकर दोनों को एक-दूसरे की भावना से अवगत कराया। जनवरी, 1887 में वे लॉर्ड डफरिन द्वारा सिविल सर्विस कमीशन के सदस्य मनोनीत हुए। 1888 में अपनी कुशल सेवाओं के फलस्वरूप वे सरकार द्वारा K.C.S.I. की उपाधि से विभूषित हुए। इस प्रकार मुसलमानों के उत्थान के लिए सतत् प्रयत्न करते हुए उनका मार्च, 1898 में अलीगढ़ में शरीरान्त हो गया था।

मुसलमानों की परिस्थिति

सन् 1757 के प्लासी के युद्ध में अँग्रेजों ने सिराजुद्‌दौला को परास्त करके भारत में अँग्रेज़ी शासन की नींव डाली थी और शनैः-शनैः बंगाल, बिहार, उड़ीसा और उत्तरी भारत में अपना एकछत्र शासन स्थापित कर लिया। मुस्लिम शासक, जो कई

शताब्दियों से अपनी राजनीतिक प्रभुसत्ता स्थापित किये हुए थे, के ऊपर गहरा आघात लगा। यहीं से उनमें अँग्रेज़ी शासन के प्रति प्रतिशोध और वैमनस्यता की भावना जागी। उसी समय अट्ठारहवीं शताब्दी में मुसलमानों के पुनरुत्थान के लिए अरब में वाहबी आन्दोलन जोर पकड़ रहा था जिसका काफी प्रभाव भारत में भी पड़ा। 1820 में सैयद अहमद खाँ बरेलवी[6] की सरपरस्ती में यह आन्दोलन भारत में काफी जोर पकड़ चुका था। वे इस्लाम में से कुरीतियों को दूर करके इसको शुद्ध रूप में दुबारा से लाना चाहते थे। शुरू-शुरू में वाहबी मुसलमानों ने सिक्खों एवं गैर मुसलमानों के विरुद्ध जिहाद (Holy War) घोषित किया, लेकिन बाद में यह आन्दोलन काफी उग्र हो गया जिससे यह अँग्रेज़ी सरकार के लिए चिन्ता का विषय बन गया। फलस्वरूप अँग्रेजों ने बड़ी निर्दयतापूर्वक इस आन्दोलन को कुचल डाला, लेकिन इस आन्दोलन का प्रभाव यह हुआ कि मुसलमानों में फिर से क्रूरता की भावना जागी।

ऐसे समय में जब एक ओर मुसलमान अँग्रेज़ी सरकार के लिए सन्देह का कारण बने हुए थे, वहीं दूसरी तरफ हिन्दुओं ने अँग्रेजों के प्रशासनिक सुधारों का खुले रूप में स्वागत किया। वास्तविकता यह थी कि स्थायी बन्दोबस्त के बाद जमीन जायदाद का एक बहुत बड़ा भाग मुसलमानों की अपेक्षा हिन्दुओं के हाथ लगा। बंगाल में हालाँकि मुसलमानों की संख्या हिन्दुओं की अपेक्षा ज्यादा थी, लेकिन लाभ के भागीदार हिन्दू बने जिसके फलस्वरूप इस वर्ग ने न केवल अँग्रेज़ी शासन का स्वागत किया, वरन् अँग्रेज़ी शिक्षा एवं सभ्यता को बढ़ावा दिया। राममोहन राय, जो कि इसी वर्ग से सम्बन्धित थे, उन्होंने सर्वप्रथम इस हेतु हिन्दुओं को उत्साहित किया। इसके अतिरिक्त हिन्दुओं को सरकारी पदों पर अँग्रेजों के बाद प्राथमिकता दी गयी, लेकिन मुसलमान जो पहले से अँग्रेज़ी शासन से विमुख थे, इस लाभ से वंचित रहे। आगे चलकर यह स्थिति मुसलमानों के लिए और घातक प्रमाणित हुई, न केवल शिक्षा के क्षेत्र में, वरन् अन्य सामाजिक, राजनीतिक एवं आर्थिक क्षेत्रों में अँग्रेजों ने उनका दमन किया। वे अत्याधिक गरीबी की दशा में पहुँच गये। उन्हें अज्ञानता एवं दयनीय दशा ने जकड़ लिया था। मुस्लिम शासन के वैभव के पतन ने उनके हृदय में पीड़ा उत्पन्न कर दी थी।

धीरे-धीरे मुसलमानों में विद्रोह की भावना बढ़ती गयी और यह भावना सन् 1857 के विद्रोह में काफी विशाल रूप में सामने आयी। मुसलमानों ने अँग्रेज़ी शासन के विरुद्ध अपने पुराने वैभव और सम्पन्नता को पुन: स्थापित करने के लिए विद्रोह किया। इसमें कोई सन्देह नहीं है कि इसमें हिन्दुओं का भी बहुत बड़ा हाथ था, लेकिन अँग्रेज़ी सरकार के राजनीतिक दाँव-पेंच का शिकार मुसलमान ही बने और विद्रोह की सारी जिम्मेदारी उन्हीं पर डाल दी गयी। अँग्रेज इतिहासकारों ने यह

लिखा कि विद्रोह के मुख्य संचालक मुसलमान थे, वहीं इन इतिहासकारों ने मुसलमानों को वाहबी की संज्ञा दी। इस विद्रोह को अँग्रेजों ने बुरी तरह कुचल डाला। इस विद्रोह के बाद अँग्रेजों का रवैया मुसलमानों की ओर से और खराब हो गया, जबकि हिन्दुओं के प्रति उनका रवैया उतना सख्त नहीं था। मुसलमानों को लाभकारी पदों (सैन्य, राजनीतिक एवं आर्थिक) से वंचित रखा गया और उनके प्रगति के सारे मार्गों को रोक दिया गया। मुसलमानों के लिए जीविकोपार्जन करना भी मुश्किल हो गया। डब्लू.डब्लू. हंटर ने मुसलमानों की दशा का वर्णन करते हुए लिखा—एक सौ सत्तर वर्ष पहले के एक प्रतिष्ठित मुसलमान को गरीब होना एकदम असम्भव था, परन्तु वर्तमान दशा में उनका धनी होना असम्भव था।[7]

ऐसी ही परिस्थिति में जबकि मुसलमान अँग्रेजों के सन्देह का शिकार हो चुके थे, सैयद अहमद खाँ का राजनीतिक क्षेत्र में अवतरण हुआ। उन्होंने अँग्रेज़ी शासकों को विश्वास दिलाया कि विद्रोह का कारण मुसलमान नहीं थे, वरन् अँग्रेज़ी शासन की स्वयं की कुछ खामियाँ थीं जो विद्रोह का कारण बनीं। सैयद अहमद खाँ ने अँग्रेज़ी सरकार के उस आरोप को गलत प्रमाणित किया कि विद्रोह में मुसलमानों का कोई पूर्व निश्चित उद्देश्य था।

विद्रोह के बाद सैयद अहमद को खिलत (सम्मान के पद) से विभूषित किया गया तथा ब्रिटिश सरकार द्वारा आजीवन पेंशन प्रदान की, परन्तु मुसलमानों के प्रति ब्रिटिश शासन की बदले की भावना से सैयद अहमद खाँ बहुत निराशा एवं दुःखी हो चुके थे। वे भारत को सदा के लिए छोड़कर मिस्र में बस जाना चाहते थे। लेकिन, उन्होंने भारत में ही रहने का निश्चय किया, क्योंकि उनका यह मानना था कि यह कायरता होगी कि वे अपनी कौम (लोगों) को छोड़कर चले जाएँ जबकि उनका अस्तित्व खतरे में हो।[8] इस भावना के तहत सैयद अहमद खाँ ने मुस्लिम सम्प्रदाय को नयी दिशा देने में अपना जीवन लगाया। उनका यह विश्वास था कि मुसलमान तब तक वास्तविक प्रगति नहीं कर सकते जब तक कि वे अँग्रेज़ी सरकार के प्रति अपना रूख नहीं बदल लेते और सदियों से चली आ रही उस द्वेष और वैमनस्य की भावना को नहीं निकाल देते। अतएव सैयद अहमद ने अपना सम्पूर्ण जीवन अँग्रेज़ी सरकार और मुसलमानों के बीच एक कड़ी के रूप में रहकर पुनरुत्थान किया।

एक नया पथ-एक नयी चेतना

सैयद अहमद ने मुसलमानों के अन्दर जो सदियों से चली आ रही अँग्रेज़ी शासन के प्रति वैमनस्यता की भावना थी, उसको दूर करके मुसलमानों के पुनरुत्थान के लिए एक नया रास्ता निकाला। यह रास्ता था अँग्रेज़ी सरकार का जो मुसलमानों के प्रति

सन्देह था उसे दूर किया जाय, और दूसरी तरफ मुसलमानों में व्याप्त रूढ़ियों और कुरीतियों को दूर करके अँग्रेज़ी सरकार का सहयोग (Policy of reconciliation and loyalism) किया जाय। सैयद अहमद ने मुसलमानों एवं ईसाइयों के बीच जो राजनीतिक और धार्मिक मतभेद उत्पन्न हो गये थे, उनको दूर करके मुसलमानों में पुनर्जागरण की भावना उत्पन्न करने का प्रयास किया।

जैसा कि पहले लिखा जा चुका है कि मुसलमानों में ईसाई धर्म और अँग्रेज़ी शासन के प्रति वैमनस्यता की भावना तीव्र थी। सैयद अहमद ने बाइबिल का अध्ययन किया और उसका उर्दू में अनुवाद किया। उन्होंने बताया कि किसी भी अंश में ईसाई मत मुस्लिम धर्म (कुरान) के विरुद्ध नहीं है। उन्होंने इस बात का भी विरोध किया कि ईसाइयों के साथ भोजन करना किसी भी अंश में मुस्लिम धर्म के विरुद्ध नहीं है। इस मत का समर्थन करते हुए उन्होंने कुरान के अध्याय 5 से तथ्य रखे। अतः सैयद अहमद ने मुसलमान, मुल्ला और मौलवियों के विचार का खंडन किया जो ईसाई धर्म को मुस्लिम धर्म और उनकी प्रगति में बाधक मानते थे।

सैयद अहमद ने उन विचारों और आरोपों का भी खंडन किया जो अँग्रेज़ी सरकार ने मुसलमानों के प्रति शत्रु बना रखे थे। उन्होंने हंटर के इस मत का खंडन किया कि वाहबी अँग्रेज़ी शासन को भारत में एक शत्रु का शासन मानते थे और इसीलिए उन्होंने अँग्रेज़ी शासन के प्रति 'जिहाद' (Holy War) घोषित किया। उन्होंने कहा कि इस्लाम धर्म के अनुसार 'जिहाद' वहीं घोषित किया जा सकता है जहाँ जनता की कोई सुरक्षा एवं शांति न हो। लेकिन अँग्रेज़ी शासन में उपर्युक्त बातों का समावेश था। अतः मुसलमानों पर यह आरोप लगाना कि उन्होंने अँग्रेजों के प्रति जेहाद घोषित किया, सर्वथा अनुचित होगा।

सैयद अहमद जब मुसलमानों और अँग्रेज़ी शासकों के बीच नये सम्बन्धों को बना रहे थे, उसी समय पश्चिमी एशियाई देशों में जमालुद्दीन के नेतृत्व में 'पान इस्लामिक' आन्दोलन जोर पकड़ रहा था। इसका काफी प्रभाव भारतीय मुसलमानों पर पड़ा। इस आन्दोलन का उद्देश्य मुसलमानों को अँग्रेज़ी सरकार को अत्याचारों के खिलाफ़ तैयार करना था। जमालुद्दीन ने भारत में हो रहे सर सैयद अहमद के आन्दोलन को गलत कहा और उनको अँग्रेज़ी सरकार का पिट्ठू बताया। सर सैयद जो प्रारम्भ से मुसलमानों को ऐसे आन्दोलनों से अलग रखना चाहते थे, इसका विरोध किया। वे 1857 के उन परिणामों को फिर से दोहराना नहीं चाहते थे।

अतः एक ओर सैयद अहमद ने मुसलमानों में व्याप्त कुरीतियों और अन्धविश्वासों पर कुठाराघात किया तो, वहीं दूसरी ओर अँग्रेज़ी सरकार को यह विश्वास दिलाया कि मुसलमान किसी भी अंश में अँग्रेज़ी शासन के विरुद्ध नहीं हैं। उन्होंने मुसलमानों को एक नया पथ दिखाया जो कि मुसलमानों के पुनरुत्थान में बड़ा सहायक प्रमाणित हुआ।

अलीगढ़ आन्दोलन नयी चेतना

अँग्रेज़ी शासन के आने से देश में नयी संस्कृति एवं नयी शिक्षा पद्धति का आगमन हुआ था। राजा राममोहन राय जो कि पश्चिमी शिक्षा एवं संस्कृति के प्रशंसक थे, ने अँग्रेज़ी शिक्षा का प्रचार किया। बंगाल में उनका आन्दोलन काफी जोर पकड़ा जिसके फलस्वरूप हिन्दुओं ने अँग्रेज़ी शिक्षा ग्रहण की और उन्हें अँग्रेज़ी शासन में छोटे-मोटे पद भी मिले। भले ही ये पद अँग्रेजों के बाद ही मिले। साथ ही इन अँग्रेज़ी पढ़े लोगों ने वकालत और पत्रकारिता का पेशा भी अपनाया। अतः हिन्दुओं की दशा अंशतः सुधरने लगी। मुसलमानों ने, जो अँग्रेज़ी शासन के विरुद्ध थे, अँग्रेज़ी शिक्षा का बहिष्कार किया। उनका यह विश्वास था कि अँग्रेज़ी शिक्षा ग्रहण करने से वह अधार्मिक हो जायेंगे। अन्धविश्वासों एवं रूढ़ियों ने उनके विचारों को संकुचित कर दिया। इसका प्रभाव यह हुआ कि हिन्दुओं की अपेक्षा मुसलमानों की दशा हीन होने लगी। शिक्षा के अभाव के कारण उनको सरकारी पदों से वंचित रखा गया।

सन् 1881 की सेन्सस रिर्पोट के अनुसार हिन्दू कॉलेज से शिक्षित हिन्दुओं की संख्या मुसलमानों की तुलना में इस प्रकार रही—सन् 1858 से 1878 तक के काल में केवल 57 मुसलमानों ने स्नातक एवं स्नातकोत्तर की उपाधि अर्जित की थीं, जबकि ऐसी उपाधिधारी हिन्दुओं की संख्या 3,155 थी। सर सैयद ने, जो उस समय परिस्थिति का अवलोकन कर रहे थे, अँग्रेज़ी शिक्षा एवं संस्कृति का प्रचार किया। उनका विश्वास था कि मुसलमानों के पुनरुत्थान के लिए आवश्यक है कि वे अँग्रेज़ी शिक्षा एवं संस्कृति का अध्ययन करें। उन्होंने बाइबिल और कुरान पर टीकाएँ लिखीं जिसके माध्यम से उन्होंने इस बात की पुष्टि की कि अँग्रेज़ी शिक्षा का अध्ययन किसी भी प्रकार से इस्लाम धर्म के विरुद्ध नहीं है। प्रत्येक माध्यम से उन्होंने अँग्रेज़ी सरकार का विश्वास प्राप्त किया और मुसलमानों के अन्दर अँग्रेज़ी शिक्षा का प्रसार किया।

प्रारम्भ में ब्रिटिश सरकार ने अँग्रेज़ी के प्रसार को सीमित रखा, लेकिन लार्ड मैकाले ने सर्वप्रथम अँग्रेज़ी के प्रसार की ओर ध्यान दिया और विद्यालयों तथा महाविद्यालयों में अँग्रेज़ी को शिक्षा का माध्यम रखा। सर सैयद ने मुसलमानों को अँग्रेज़ी शिक्षा ग्रहण करने के लिए प्रोत्साहित किया। अतएव 26 दिसम्बर, 1870 में एक कमेटी The Committee for the better Diffusion and Advancement of Learning amongst Mohammedans of India की स्थापना की गयी। इस कमेटी का प्रमुख उद्देश्य मुसलमानों की अँग्रेज़ी शिक्षा के प्रति विमुखता के कारणों का पता लगाकर भविष्य में एक शिक्षा संस्था का निर्माण करना था। अतः सर सैयद के सतत प्रयत्नों से एंग्लो मोहम्मडन ओरियन्टल कॉलेज की स्थापना हुई जो अलीगढ़

आन्दोलन का केन्द्र बना।[9]

अलीगढ़ के एंग्लो मोहम्मडन कॉलेज के मुख्य उद्देश्यों का वर्णन सर सैयद ने सन् 1877 में लॉर्ड लिटन को मानपत्र देते हुए कहा था कि मोहम्मडन एंग्लो ओरियण्टल कॉलेज की नींव रखने का मुख्य उद्देश्य—मुसलमानों में सदियों से व्याप्त रही रूढ़ियों और अन्धविश्वासों ने उनकी प्रगति को रोक रखा है, उसको दूर किया जाए, पूर्वी ज्ञान का पश्चिमी साहित्य तथा विज्ञान से मेल किया जाय, मुसलमानों को ब्रिटिश ताज की उपयोगी प्रजा बनाया जाए, और उनमें ऐसी राजभक्ति उत्पन्न की जाय जो दीनता और दासता के कारण नहीं, बल्कि अँग्रेजों के अच्छे शासन से प्राप्त होने वाले सुखों की वास्तविक स्तुति के कारण उत्पन्न हो।

अतः उपर्युक्त योजना के अन्तर्गत कॉलेज को दो भागों में बाँटा गया था, एक अँग्रेज़ी विभाग तथा दूसरा प्राच्य (Oriental) विभाग।[10] प्राच्य (Oriental) विभाग के अन्तर्गत फारसी, उर्दू, अरबी आदि भाषाओं का अध्ययन किया जाता था। अँग्रेज़ी विभाग के अन्तर्गत अँग्रेज़ी शिक्षा एवं संस्कृति के अध्ययन की व्यवस्था की गयी थी। इस प्रकार कॉलेज के अन्तर्गत पूर्वी एवं पश्चिमी शिक्षा का सुन्दर समन्वय किया गया था।

एंग्लो मोहम्मडन कॉलेज का उद्देश्य केवल मुसलमानों में व्याप्त निरक्षरता को दूर करना ही नहीं था, वरन् उनके व्यक्तित्व का विकास करके उनमें चेतना जागृत करना था। थियोडर बेक (Theodore Beck) जो कि सन् 1883 में कॉलेज के प्रिंसिपल नियुक्त हुए थे, कॉलेज के छात्रों को सम्बोधित करते हुए कहा था कि आपकी शिक्षा का मुख्य उद्देश्य परीक्षा में उत्तीर्ण होना नहीं है। इसे एक आवश्यकता और समझौता न करने वाली आवश्यकता समझा जाना चाहिए। (To pass examination is not the main object of your education. Look on it as a necessity, a disagreeable necessity) अतः शिक्षा के अलावा विद्यार्थियों की एक ऐसी सेना तैयार करना था जो कि मुसलमानों की दशा में सुधार करके उनमें नयी चेतना उत्पन्न कर सके।

जैसा कि पहले बताया जा चुका है कि कॉलेज का निहित उद्देश्य मुसलमानों और अँग्रेजों तथा ब्रिटिश सरकार में पारस्परिक सम्बन्ध बढ़ाकर सद्भावना के दृष्टिकोण पर जोर देना था। अतः सर सैयद ने कॉलेज में पश्चिमी संस्कृति एवं सभ्यता का वातावरण उत्पन्न किया तथा छात्रों में सह-शिक्षा, समान पोशाक, सह-भोजन एवं सह-निवास का प्रबन्ध किया। इसके अतिरिक्त कॉलेज में यूरोपियन अधिकारियों की भी नियुक्ति की गयी। थियोडोर बेक (Theodore Beck) का, जो कॉलेज के प्रिंसिपल की हैसियत से नियुक्त किये गये थे, इसमें काफी योगदान रहा। कहा जाता है कि बेक रूढ़िवादी वर्ग में आस्था रखते थे और किसी भी मूल्य पर वह

भारत में अँग्रेज़ी शासन को मजबूत रखना चाहते थे। अलीगढ़ कॉलेज उनके इस कार्य के लिए उपयुक्त क्षेत्र सिद्ध हुआ। उन्होंने छात्रों के अन्दर सरकार के प्रति सद्भावना उत्पन्न की, क्योंकि सरकार बहुत पहले से द्वैध या 'फूट डालो और शासन करो' की नीति का पालन करती आयी थी। इसलिए मुसलमानों के अन्दर हिन्दुओं के प्रति पृथकता की भावना उत्पन्न की गयी। कहा जाता है कि इन गतिविधियों के पीछे एक पृथकता एवं साम्प्रदायिकता की भावना कार्य कर रही थी।

यह चाहे वास्तविकता में कुछ अंशों में सही भी हो, परन्तु उपर्युक्त आरोपों को मानना वास्तविकता से मुँह मोड़ना है। कारण, यदि यह कहा जाए कि कॉलेज का उद्देश्य मुसलमानों के अन्दर साम्प्रदायिकता की भावना उत्पन्न करना था तो कलकत्ता में स्थापित हिन्दू कॉलेज एवं बनारस में स्थापित काशी हिन्दू विश्वविद्यालय को क्या कहेंगे? वास्तविकता यह थी कि मुसलमानों की दशा हिन्दुओं की अपेक्षा शिक्षा के अभाव के कारण बड़ी दयनीय थी, इसलिए मुसलमानों को शिक्षित करके उनमें नयी चेतना उत्पन्न करना ही इस कॉलेज का उद्देश्य था। यह चेतना अलीगढ़ कॉलेज से ही सम्भव थी, जैसा कि सर सैयद ने तर्क प्रस्तुत करते हुए कहा था कि दूसरे विद्यालयों में मुस्लिम लड़के अपने व्यक्तित्व को कायम रखने में असमर्थ थे, क्योंकि उन संस्थाओं में दूसरे समुदाय के बालकों से उनकी संख्या कम थी।

अतः सर सैयद ने मुसलमानों में नयी शिक्षा एवं संस्कृति का प्रचार करके एक नयी चेतना उत्पन्न की थी जो कि प्राचीन रूढ़ियों एवं अन्धविश्वासों के कारण दब सी गयी थी। सर सैयद ने मुसलमानों के लिए वही कार्य किया जो राजा राममोहन राय ने बंगाल में और दयानन्द सरस्वती ने उत्तर भारत में हिन्दुओं के लिए किया था।

सर सैयद अहमद खाँ एवं धार्मिक सहिष्णुता

सर सैयद अहमद खाँ में जन्मजात जिज्ञासा थी। इस जिज्ञासा तथा पश्चिमी शिक्षा के प्रभाव में वे मुस्लिम सम्प्रदाय के पुनरुद्धार के लिए कृत-संकल्प थे। इसके लिए उन्होंने अपने धार्मिक ग्रन्थ कुरान तथा समाज का अध्ययन किया। इस अध्ययन के बाद सुधारवादी आन्दोलन आरम्भ किया। जैसा कि पहले बताया जा चुका है कि उन्होंने कुरान पर टीका लिखी जिसमें उन्होंने बताया कि कुरान ही मुस्लिमों की प्रामाणिक रचना है और यह भी बताया कि और सभी लिखित सामग्री गौण हैं। उन्होंने कुरान की व्याख्या आधुनिक ज्ञान और विज्ञान के प्रकाश में करते हुए मुस्लिम सम्प्रदाय के रूढ़िवादी विचारों तथा अन्धविश्वासों की आलोचना की। वे जीवन-पर्यन्त परम्पराओं के प्रति अन्धविश्वास, रूढ़ियों का अन्धानुकरण, अज्ञानता तथा अविवेक की आलोचना करते रहे। वे चाहते थे कि मुस्लिम समुदाय इन बातों से अलग होकर के पश्चिमी ज्ञान को ग्रहण करे। उनका मानना था कि यदि मुस्लिम समुदाय बाह्य जगत के ज्ञान को नहीं ग्रहण करेंगे तो उनका सामाजिक एवं बौद्धिक

पिछड़ापन जस का तस रहेगा। इस प्रकार के दृष्टिकोण रखने वाले सर सैयद अहमद धार्मिक कट्टरता एवं धर्मान्धता के विरोधी थे।

सर सैयद धार्मिक सहिष्णुता में गहरा विश्वास रखते थे। उनका विश्वास था कि सभी धर्मों में अन्तरनिहित एक ही भावना है, वह है नैतिकता। उनका विश्वास था कि किसी भी स्त्री या पुरुष का धर्म उनका व्यक्तिगत विषय है, परन्तु धर्मान्धता अलग विचार है। वे साम्प्रदायिक टकराव का विरोध करते थे। सन् 1883 में उन्होंने हिन्दुओं और मुसलमानों में एकता बनाये रखने की अपील करते हुए लिखा कि–"भारत हिन्दू और मुसलमान दोनों का घर है। दोनों भारत की फ़िजा में साँस लेते हैं और पवित्र गंगा और यमुना का पानी पीते हैं। दोनों इसी धरती की उपज खाते हैं। लम्बे समय से यहाँ रहने के कारण दोनों का खून बदला है, दोनों का रंग भी समान हो गया है, चेहरे भी एक तरह के हो गये हैं। मुसलमानों ने हिन्दुओं के सैकड़ों रीति-रिवाज सीख लिए हैं तथा हिन्दुओं ने भी मुसलमानों से सैकड़ों चीजें सीखी हैं। दोनों का इतना मेल-जोल हुआ है कि इससे एक नयी जबान उर्दू का जन्म हुआ है, जो इन दोनों में से किसी की भाषा नहीं है। भारत के साझे निवासी होने से हिन्दू और मुसलमान एक जाति है तथा देश के साथ-साथ इन दोनों की उन्नति परस्पर सहयोग, सद्भाव और प्रेम से ही सम्भव है। एक दूसरे के प्रति विरोध कलह और विभेद से हम परस्पर का विनाश ही करेंगे। यह हमारा दुर्भाग्य है कि जो लोग इन बातों को नहीं समझते और हिन्दू-मुसलमानों के बीच विभेद उत्पन्न करते हैं, यह नहीं समझ पाते कि ऐसी स्थिति में उनका ही नुकसान होगा और वे स्वयं को ही आघात पहुँचा रहे हैं। दोस्तों ! मैंने बार-बार कहा कि हिन्दुस्तान एक दुल्हन की तरह है जिसकी दो खूबसूरत चमकीली आँखें हैं—हिन्दू और मुसलमान। यदि दोनों आपस में लड़ाई करेंगे तो खूबसूरत दुल्हन बदशक्ल हो जायेगी और यदि एक आँख दूसरे को नष्ट कर देगी, तो दुल्हन एक आँख ही गवाँ बैठेगी। हिन्दुस्तान के लोगों अब यह तुम्हारे हाथ में है कि इस दुल्हन को भैंगी बनाओ अथवा कानी।"[11]

ऐसे धार्मिक सहिष्णुता की विचारधारा रखने वाले सर सैयद भले ही ब्रिटिशराज के प्रति निष्ठा रखते थे। इतना होने पर भी सर सैयद अहमद अपने सार्वजनिक जीवन के प्रारम्भिक काल में राजभक्त होने के साथ-साथ कट्टर राष्ट्रवादी भी थे।[12] वे नौकरशाही की कठोर आलोचना करने में निर्भीक थे। भारतीयों के प्रति ब्रिटिश नौकरशाही के दुर्व्यवहार को भी उजागर किया। 27 जनवरी, 1884 को गुरुदासपुर में सार्वजनिक भाषण में उन्होंने पुनः हिन्दू-मुस्लिम एकता पर बल देते हुए कहा था—"हमें (हिन्दू और मुसलमानों को) एक मन और एक प्राण हो जाना चाहिए और मिल-जुलकर कार्य करना चाहिए। यदि हम संयुक्त हैं तो एक-दूसरे के लिए बहुत अधिक सहायक हो सकते हैं। यदि हम संयुक्त नहीं हैं तो एक-दूसरे के विरुद्ध

प्रभाव दोनों धर्मों के लोगों का पूर्णतया पतन और विनाश कर देगा।''[13]

ऐसी साम्प्रदायिक एकता की विचारधारा रखने वाले सर सैयद अहमद से यह आशा की गयी थी कि वे भारतीय राष्ट्रीय काँग्रेस की स्थापना के प्रति सद्‌भाव रखेंगे और इस संस्था के सक्रिय सदस्य बनेंगे, परन्तु ऐसा नहीं हुआ। वे अपने समुदाय के हित के लिए राजभक्त ही बने रहे।

सर सैयद अहमद खाँ - अखिल भारतीय काँग्रेस

जिस समय सर सैयद अहमद मुसलमानों के पुनर्जागरण के लिए शिक्षा के विकास में लगे हुए थे उसी समय देश में राष्ट्रीयता की माँग जोर पकड़ रही थी। सन् 1885 में ए.ओ. ह्यूम के सतत प्रयासों से अखिल भारतीय राष्ट्रीय काँग्रेस की स्थापना हो चुकी थी। ह्यूम का विश्वास था कि सरकार एवं जनता में पारस्परिक सम्बन्ध स्थापित करने के लिए एवं दोनों में जो असन्तोष है उसको दूर करने के लिए एक संस्था होनी चाहिए जो दोनों के सम्बन्धों को सुचारू रूप से चला सके। अतः ए.ओ. ह्यूम और लार्ड डफरिन के सहयोग से काँग्रेस की स्थापना की गयी और उसी वर्ष (1885) डब्लू.सी. बनर्जी की अध्यक्षता में काँग्रेस का अधिवेशन हुआ। इस प्रांरभिक अधिवेशन में 72 प्रतिनिधियों ने भाग लिया था, जिसमें हिन्दू और मुसलमान दोनों थे। अधिवेशन में अमुक प्रस्ताव रखे गये—

1. एक रॉयल कमीशन की नियुक्ति हो जो भारतीय शासन की गतिविधियों को देखे,
2. एक विधान-परिषद (Legislative Council) का निर्माण हो जिसमें चुने हुए प्रतिनिधियों का प्रतिनिधित्व हो,
3. भारतीय परिषद (India Council) को समाप्त किया जाय।
4. सैनिक खर्चों में कमी की जाए, और सेना में भारतीय एवं अँग्रेजों दोनों की नियुक्ति हो।
5. भारतीय लोक-सेवा (I.C.S.) की इंग्लैड और भारत में समान रूप से परीक्षाएँ हों।

इसमें कोई सन्देह नहीं कि काँग्रेस की माँगों का भव्य स्वागत हुआ, लेकिन काँग्रेस की कुछ माँगों को लेकर लोगों में काफी मतभेद रहा। यहाँ तक कि लार्ड डफरिन ने, जिन्होंने काँग्रेस की स्थापना के समय उसका समर्थन किया था, इस पर सन्देह प्रकट किया। सर सैयद ने, जो उस समय देश में हो रही राजनीतिक गतिविधियों का अध्ययन कर रहे थे, उन्होंने मुस्लिम हितों को देखते हुए काँग्रेस का विरोध किया। वे अँग्रेज़ी सरकार को कोई ऐसा मौका नहीं देना चाहते थे जिससे मुसलमानों पर किसी प्रकार का सन्देह किया जा सके। दूसरी ओर सर सैयद का यह विश्वास था कि काँग्रेस की प्रतिनिधित्व शासन-प्रणाली और भारतीय लोक-सेवा

(I.C.S.) की भारत में परीक्षाएँ कराने की माँगें मुस्लिम हितों के सर्वथा विपरीत हैं। अत: इन आधारों पर उन्होंने काँग्रेस का विरोध किया।

अलीगढ़ मुस्लिम गजट में उन्होंने काँग्रेस की स्थापना के विरोध में कई आलेख लिखे। लोक-सेवा की परीक्षाएँ भारत में कराये जाने के विषय में उन्होंने लिखा था कि मुसलमानों तथा बंगालियों के मध्य शैक्षणिक असमानता होने के कारण समस्त पदों पर बंगालियों का एकाधिकार हो जाएगा और यहाँ तक कि गैर-बंगाली हिन्दू, जो कि मुसलमानों से अँग्रेज़ी शिक्षा में कहीं आगे हैं, भी पर्याप्त पद नहीं प्राप्त कर पायेंगे। इसलिए भारतवर्ष में प्रतियोगी परीक्षा कराने का अर्थ होगा कि उन्नत समुदाय द्वारा पिछड़े हुए समुदायों का स्थायी शोषण।[14]

काँग्रेस की अन्य माँग विधान-परिषदों के विस्तार के सम्बन्ध में सर सैयद का कहना था कि यदि यह माँग मान ली जाए तो यह न केवल मुसलमानों के लिए घातक होगी, वरन् हिन्दुओं के लिए भी हानिकारक होगी। मुसलमान अल्पसंख्यक और शैक्षणिक दृष्टि से पिछड़े हुए हैं तथा उत्तर पश्चिम प्रान्त (वर्तमान उत्तर प्रदेश) के हिन्दू अपने मुसलमान भाइयों की तुलना में अच्छी स्थिति में हैं। सर सैयद के अनुसार काँग्रेस की यह माँग देश हित के लिए घातक होगी, क्योंकि ''हिन्दू बहादुर राजपूत, वीर मराठे तथा अन्य योद्धा जातियाँ सरकार से असन्तुष्ट हो जायेंगी। सर्वत्र हिंसा व्याप्त होगी तथा देश में कहीं भी शांति नहीं रहेगी।''[15]

सर सैयद ने 8 मार्च, 1888 से मेरठ में भाषण देते हुए काँग्रेस की माँगों का विरोध किया। उन्होंने काँग्रेस की भारत में प्रतिनिधित्व प्रणाली के अन्तर्गत चुनाव पद्धति का विरोध किया। उनका विश्वास था कि भारत की परिस्थितियों को देखते हुए यह चुनाव प्रणाली सर्वथा अनुपयुक्त होगी। भारत जैसे देश में जहाँ पर विभिन्न जातियों के लोग निवास करते हैं और यह आपस में सद्‌भावना का अभाव है, ऐसे देश के लिए चुनाव पद्धति ठीक नहीं है। उनका कहना था कि इसमें जो बहुमत दल होगा उसका प्रतिनिधित्व होगा जिससे अल्पसंख्यक दल के हित सदा दबे रहेंगे। चूँकि, भारत में मुसलमान अल्पसंख्या में थे इसलिए स्वाभाविक था कि उनके हित सदैव बहुमत दल से दबे रहेंगे अत: वे वास्तविक प्रगति नहीं कर सकते। इसलिए उन्होंने काँग्रेस की प्रतिनिधित्व शासन-प्रणाली का विरोध किया।

सर सैयद चाहते थे कि मुसलमान पहले पाश्चात्य ढंग की आधुनिक शिक्षा ग्रहण करें। इसके लिए उन्होंने मुसलमानों को शिक्षा के लिए राजनीति का परित्याग करने को कहा, साथ ही मुसलमानों को चेतावनी दी कि ''यदि काँग्रेस को रोका नहीं गया तो इसका अन्त घातक तथा दुर्घटना में होगा जिसकी तुलना में सन् 1857 का विद्रोह बच्चे की भाँति था और अन्त में यह संघर्ष घातक विप्लव में समाप्त होगा।''[16]

ऐसा कहा जाता है कि सर सैयद ने जो काँग्रेस एवं हिन्दू विरोधी नीति अपनायी थी वह थियोडर बेक की सलाह के कारण अपनायी थी। अँग्रेज़ी सरकार पहले से ही विभाजन और शासन (Divide and Rule) की नीति अपनाती आयी थी। बेक (Beck) जो कि उस समय अलीगढ़ कॉलेज के प्रिंसिपल थे और भारत में अँग्रेज़ी शासन को सुदृढ़ रूप में देखना चाहते थे। उसने यह समय काफी उपयुक्त समझा और मुसलमानों को काँग्रेस एवं हिन्दुओं से पृथक रहने का प्रचार किया। बेक (Beck) ने अलीगढ़ के छात्रों के मध्य भाषण देते हुए कहा था कि उनका भविष्य ब्रिटिश लोगों से जुड़ा हुआ है तथा सरकार का पक्ष एवं सहायता वे (मुसलमान) तभी पा सकते हैं जब वे उसके साथ सहयोग करें।[17] उसने अपने भाषणों और लेखों में राष्ट्रीय आन्दोलन को दबाने का प्रयास किया था। उसके लेख और भाषण को न केवल अलीगढ़ इंस्टीट्यूट गजट प्रकाशित करते थे, बल्कि सारे अनुदारवादी अँग्रेज़ी समाचार पत्रों ने उसको (Beck) अपना शक्तिशाली समर्थन प्रदान किया और उसके विचारों के पक्ष में पुनरावलोकन (Review) प्रकाशित किये। सन् 1888 के काल में उन्होंने एक पुस्तक 'एसेज ऑन इंडियन टॉपिक्स' (Essays on Indian Topics) लिखी जिसमें भारतीय राष्ट्रीय काँग्रेस की आलोचना की गयी तथा उन प्रमुख भारतीयों के विचार रखे जो इस संस्था के विरोधी थे।[18]

एक अन्य समय में बेक (Beck) ने अलीगढ़ के छात्रों के मध्य भाषण देते हुए कहा था कि अगर मुसलमान काँग्रेस की माँगों को स्वीकार कर लेते हैं तो वे कभी भी वास्तविक प्रगति नहीं कर सकते, परन्तु, वास्तविकता यह थी कि ब्रिटिश किसी भी अंश में भारतीयों में राष्ट्रीयता की भावना नहीं पनपने देना चाहते थे और इसीलिए मुसलमानों के माध्यम से उन्होंने काँग्रेस का विरोध किया। दूसरी ओर सर सैयद ने जो कि प्रारम्भ से अँग्रेजों के अन्दर मुसलमानों के प्रति वैमनस्यता की भावना दूर करते आये थे, उपर्युक्त बातों में अँग्रेजों का समर्थन किया।

अँग्रेजों और विशेषतः बेक (Beck) की प्रेरणा से सर सैयद ने अगस्त, 1888 में 'यूनाइटेड इंडियन पैट्रियोटिक ऐसोसियेशन' (United Indian Patriotic Association) नामक संगठन की स्थापना की। इसका उद्देश्य मुसलमानों में अँग्रेजों के प्रति वफादारी या राजभक्ति की भावना उत्पन्न करते हुए ब्रिटिश शासन को भारत में दृढ़ बनाना था। वह ब्रिटिश सरकार के माध्यम से मुसलमान के अधिकारों की रक्षा करना चाहता था। यह संस्था काँग्रेस के सर्वथा विरुद्ध थी। सर सैयद ने ग्राहम को लिखते हुए कहा था—"मैंने तथाकथित भारतीय राष्ट्रीय काँग्रेस के विरुद्ध एक बहुत बड़ा कार्य आरम्भ करते हुए एक संगठन का निर्माण किया है।" अतः सर सैयद का काँग्रेस का विरोध किसी साम्प्रदायिक भावना से प्रेरित होकर नहीं था, वरन् वह तो मुसलमानों के कल्याण और उनकी प्रगति के लिए था जो कि काँग्रेस में रहकर कभी

सम्भव नहीं था।

सर सैयद का अलीगढ़ आन्दोलन जब काफी जोर पकड़ चुका था उसी समय भारतवर्ष के उदारवादी वायसराय रिपन ने भारतीय बुद्धिजीवियों को बहुत प्रभावित किया। सर सैयद पर भी उदारवादी विचारों का काफी प्रभाव पड़ा, परन्तु यह बात उल्लेखनीय है कि सर सैयद विशेषत: पश्चिमी उपयोगितावादियों से काफी प्रभावित थे और इसलिए उन्होंने साइंटिफिक सोसायटी (Scientific Society) के अन्तर्गत उपयोगितावादियों की प्रमुख कृतियों का उर्दू में अनुवाद भी किया। सर सैयद के राजनीतिक विचारों पर सबसे अधिक प्रभाव जे.एस.मिल (1806–73) की रचनाओं का पड़ा। इन रचनाओं में पॉलिटिकल इकॉनामी ऑफ जे.एस.मिल (Political Economy of J.S.Mill) मिलस ऐसेज़ ऑन लिबर्टी (Mill's Essays on Liberty) और रिप्रेजन्टेटिव गवर्नमेंट (Representative Government 1861), सब्जेक्शन ऑफ वुमेन (Subjection of Women) इत्यादि प्रमुख थीं। इस प्रकार सैयद अहमद पाश्चात्य जगत की विचारधाराओं से प्रभावित थे और यह प्रभाव उनके अलीगढ़ आन्दोलन पर स्पष्टत: दृष्टिगत होता है।

अत: इन आधारों पर यह कहा जा सकता है कि सर सैयद अहमद एक समाज सुधारक एवं शिक्षावेत्ता ही नहीं थे, वरन् वे कुशल राजनीतिकवेत्ता भी थे। लेकिन, इसके बावजूद उनको आधुनिक राजनीति में सन्देह की दृष्टि से देखा गया। उनको हिन्दू–मुस्लिम भेद एवं एक पृथक् राष्ट्र की भावना को बढ़ाने वाला नेता भी कहा जाता है। इसमें सन्देह नहीं कि उन्होंने मुसलमानों के कल्याण एवं उनके पुनर्जागरण के लिए कार्य किया, परन्तु यह कार्य उन्होंने अन्य समुदायों के हितों का बलिदान करके नहीं किया। उनका उद्देश्य मुसलमान, जो कि सदियों से अँग्रेज़ी सरकार का सन्देह का कारण बने हुए थे और इसी कारण उनका क्रमश: पतन हो रहा था, उस सन्देह को दूर करके उन्हें एक नया जीवन तथा नयी चेतना देना था। इसीलिए उन्होंने मुसलमानों को इस बात के लिए प्रेरित किया कि वे अँग्रेज़ी शासकों से तालमेल रखें और अपने आपको किसी भी प्रकार के राजनीतिक संगठन से दूर रखें। इसी कारण उन्होंने काँग्रेस का विरोध किया, क्योंकि वे उसको राजनीतिक दृष्टि से काफी उग्र मानते थे। अत: उनका काँग्रेस का विरोध करना किसी साम्प्रदायिक भावना से प्रेरित होकर नहीं था, वरन् मुसलमानों के पुनर्जागरण और कल्याण के लिए था जो कि काँग्रेस में रहकर कभी सम्भव नहीं था।

अत: सर सैयद को हम उसी श्रेणी में रख सकते हैं जिसमें राजा राममोहन राय और दयानन्द सरस्वती आते हैं। सर सैयद ने मुसलमानों के लिए वही कार्य किया जो राजा राममोहन राय ने बंगाल में और दयानन्द सरस्वती ने उत्तर भारत में हिन्दुओं के लिए किये थे। वास्तव में सर सैयद के आने से ही मुसलमानों में एक नयी चेतना

जागृत हुई जो बाद में सम्पूर्ण मुस्लिम सम्प्रदाय के लिए एक वरदान सिद्ध हुई।

सन्दर्भ

1. बहुत से लेखकों ने सैयद मुहम्मद मुतक्की को मुहम्मद तक्की लिखा है, परन्तु उनका वास्तविक नाम सैयद मुहम्मद मुतक्की था जैसा कि सैयद अहमद खाँ के लेखनी सीरत-इ-फरीदिया (Sirat-in-Fareedia) से स्पष्ट होता है। सैयद अहमद खाँ, सीरत-इ-फरीदिया आगरा, 1896, पृ. 43 उद्धृत शान मुहम्मद, सर सैयद अहमद खाँ, ए पॉलिटिकल बॉयोग्राफी, मीनाक्षी प्रकाशन मेरठ, 1969, पृ. 43
2. शान मुहम्मद, सर सैयद अहमद खाँ, ए पॉलिटिकल बॉयोग्राफी, मीनाक्षी प्रकाशन, मेरठ, 1969, पृ. 43
3. उक्त लघु पुस्तिका का शीर्षक असब-इ-बगावत-इ-हिन्द था।
4. तलमिज़ खाल्दुन, द ग्रेट रिबीलियन, पी.सी. जोशी (सम्पादित) रिबीलियन 1857 ए सिम्पोजियम, पीपुल्स पब्लिशिंग हाऊस, नयी दिल्ली, 1957, पृ. 15-16
5. शान मुहम्मद, पूर्व लिखित, पृ. 65
6. सैयद अहमद बरेलवी (1736-1831) ने अपना जीवन एक घुड़सवार सैनिक के रूप में अमीर खान की सेवा में आरम्भ किया था। कई वर्षों तक मालवा में रहे। कालान्तर में वे वलीउल्लाह के परिवार के मुहम्मद इस्माइल (मृत्यु 1831) के साथ इमाम तथा कमाण्डर ऑफ फैथफल (अमीर-अल-मुस्लिमिन) बनाये गये थे। वे मुहम्मद इस्माइल के सैनिक अभियानों के प्रमुख संगठनकर्ता थे। सैयद अहमद बरेलबी सन् 1831 में बालाकोट के युद्ध में मारे गये थे।
   के.एम. अशरफ, मुस्लिम रिवाइवलिस्ट्स एण्ड द रिवोल्ट ऑफ 1857, पी.सी. जोशी (सम्पा.) रिबीलियन 1857 ए सिम्पोजियम, पीपुल्स पब्लिशिंग हाऊस,नई दिल्ली, 1957, पृ. 77
   ज़िया-उल-हसन-फारूकी, द देवबन्द स्कूल एण्ड द डिमान्ड फॉर पाकिस्तान, एशिया पब्लिशिंग हाऊस, बम्बई 1963, पृ. 6-9
7. डब्लू.डब्लू. हंटर, इंडियन मुसलमानस् लन्दन, 1872 ,पृ. 158
8. मुशीर उल हक, मुस्लिम पॉलिटिक्स इन मॉर्डन इंडिया 1857-1947, मीनाक्षी प्रकाशन मेरठ, 1970, पृ. 27
9. शान मुहम्मद, पूर्व लिखित, पृ. 66-67
10. वही, पृ. 66
11. के.ए. निजामी, सैय्यद अहमद खान, पब्लिकेशन डिवीजन, मिनिस्ट्री ऑफ इनफॉरमेंशन एण्ड ब्रॉडकास्टिंग, भारत सरकार, नई दिल्ली, 1980, पृ. 53-54
12. वही, पृ. 65
13. पीयूष, आधुनिक भारत, पीयूष पब्लिकेशन (रजिस्टर्ड), इंदिरा गाँधी ओपन यूनिवर्सिटी, दिल्ली, 2001, पृ. 474
14. द अलीगढ़ मुस्लिम गजट, 1 मार्च, 1890 उद्धत शान मुहम्मद, पूर्व लिखित, पृ. 146
15. वही, 1 मार्च, 1890
16. वही
17. शान मुहम्मद, पूर्वलिखित, पृ. 167
18. वही, पृ. 167

महात्मा गाँधी एवं हिन्दू–मुस्लिम एकता और खिलाफ़त आन्दोलन

महात्मा गाँधी के विचारों तथा राजनीतिक गतिविधियों में साम्प्रदायिक सद्भाव एक महत्त्वपूर्ण विषय रहा है। उनके विचारों में यह भावना यत्र–तत्र मिलती है। साम्प्रदायिक एकता उनके विचारों में बहुत पहले जन्म ले चुकी थी जिसके सम्बन्ध में गाँधीजी ने भारत–विभाजन के एक माह पश्चात अपने मित्र को लिखे पत्र में अपने विचार अभिव्यक्त किये थे। उक्त पत्र में उन्होंने लिखा था कि साम्प्रदायिक एकता उनके जीवन का एक महत्त्वपूर्ण अंग है। यह भावना तब जन्म ले चुकी थी जब उनके खद्दर तथा ग्रामीण उद्योग सम्बन्धी विचारों का भी जन्म नहीं हुआ था। जब वे केवल 12 वर्ष के थे और उन्होंने अँग्रेज़ी पढ़ना ही आरम्भ किया था उस समय उनके अन्दर साम्प्रदायिक एकता की भावना उत्पन्न हो चुकी थी। उन्होंने अनुभव किया कि हिन्दू, मुसलमान और पारसी एक ही भूमि की सन्तान थीं और वे सभी पूर्ण भ्रातृत्व की भावना के प्रति वचनबद्ध थे। यह विचार उनके अन्दर 1885 के पूर्व जन्म ले चुका था, जब काँग्रेस की स्थापना भी नहीं हुई थी।[1]

साम्प्रदायिक सद्भाव रखने वाले गाँधीजी का सक्रिय राजनीति में प्रवेश तथा भारतवर्ष में खिलाफ़त आन्दोलन का जन्म (सन्1919) एक संयोग था। यह भारतीय राष्ट्रीय आन्दोलन के इतिहास में एक महत्त्वपूर्ण घटना थी तथा साथ ही गाँधीजी के साम्प्रदायिक सद्भाव का भी परीक्षण था। कारण, खिलाफ़त आन्दोलन मूलतः मुसलमानों की धार्मिक भावनाओं से जुड़ा हुआ प्रश्न था। खिलाफ़त का प्रश्न विशुद्ध रूप से विश्व इस्लाम बन्धुत्व की भावना से प्रेरित था और जिससे मुस्लिम समाज उद्वेलित था। भारतीय मुसलमानों के बहुसंख्यक वर्ग ने राष्ट्रीय स्तर पर 1919 के प्रारम्भिक वर्षों में खिलाफ़त आन्दोलन का सूत्रपात किया था जिसका उद्देश्य ब्रिटिश सरकार पर तुर्की के साथ की जाने वाली संधियों में न्यायोचित व्यवहार सुनिश्चित करने के लिए पर्याप्त दबाब डालना था।

गाँधीजी ने भी वर्ष 1919 में जस्टिस रॉलेट की अध्यक्षता में बनी कमेटी की अनुशंसा पर बने रॉलेट विधायन का विरोध करने के लिए देशव्यापी सत्याग्रह

आन्दोलन छेड़ा था। इस सत्याग्रह को चलाने के लिए गाँधीजी के द्वारा उपयोग किये तीन संगठनों में से एक विश्व-इस्लाम बन्धुत्व के भावना वाला वर्ग भी था।[2] खिलाफ़त से सम्बद्ध उलमा एवं अन्य व्यक्ति सन् 1919 से गाँधीजी के सत्याग्रह आन्दोलन से जुड़े और सन् 1922 में असहयोग आन्दोलन के स्थगन तक हिन्दू-मुस्लिम एकता का जो दौर चला वह बाद के आन्दोलनों में न रह सका। इस कारण खिलाफ़त आन्दोलन में गाँधीजी की भूमिका और उनके नेतृत्व में ब्रिटिश शासन के विरोध में चले प्रारम्भिक सत्याग्रह आन्दोलन में हिन्दू-मुस्लिम एकता यथास्थिति एक शोधपरक विषय है। इन्हीं बिन्दुओं पर अध्ययन का प्रयास किया गया है।

खिलाफत आन्दोलन में गाँधीजी की भूमिका का विश्लेषण करने के पूर्व इस आन्दोलन के बारे में संक्षेप में जानना अवश्यक होगा। खिलाफ़त का प्रश्न भारतीय मुस्लिम समुदाय को इतनी व्यापकता से इसलिए प्रभावित कर सका, क्योंकि भारतीय मुसलमानों की धार्मिक मान्यता भारत की सीमा से बाहर रहने वाले सहधर्मियों से एक सहज भावात्मक साम्यता रखने से सम्बद्ध थी। भारतीय मुसलमान सदैव मध्ययुगीन इतिहास के उन अध्यायों से प्रेरणा लेते रहे, जब इस्लाम के अनुयायी शासकों ने अपना सांस्कृतिक गौरव स्थापित किया था। चाहे वे भारतवर्ष के इस्लाम के अनुयायी शासकों का हो अथवा इस देश के बाहर के शासकों का शासन काल रहा हो। इनमें प्रमुख रूप से उम्मैया और अब्बासी खलीफाओं का काल, तुर्की और ईरान में राजनीतिक उत्कर्ष का काल तथा भारतवर्ष में मुगल शासन के चरमोत्कर्ष का काल था। ये काल भारतवर्ष में पाश्चात्य शिक्षा प्राप्त मुसलमानों के प्रेरणा के स्रोत रहे हैं। यही कारण है कि हाली, शिबली, अमीर अली और इकबाल की रचनाओं में इस्लामी सभ्यता के प्रमुख केन्द्रों- दिल्ली, बगदाद, मदीना, दमिश्क और कुस्तुनतुनिया की प्रशंसा प्रचुर मात्रा में मिलती है। यहाँ यह बताना उपयुक्त होगा कि तुर्की के प्रति भारतीय मुसलमानों की एक विशेष आस्था थी। कारण, तुर्की का सुल्तान न केवल प्रभावशाली अतीत का प्रतीक था, वरन् वह मुस्लिम जगत का धार्मिक खलीफा भी था। इसके अतिरिक्त वह अरब में मुस्लिमों के धार्मिक विश्वास के पवित्र स्थानों या जजीरात-उल-अरब का संरक्षक भी था। जजीरात-उल-अरब के अन्तर्गत मक्का, मदीना, यरूशलम और कुस्तुनतुनिया आते थे। इन धार्मिक स्थलों के भविष्य के सम्बन्ध में भारतीय मुसलमान बैचेन थे कि तुर्की साम्राज्य के नष्ट हो जाने पर इन स्थानों पर गैर मुसलमानों का अधिकार हो जाएगा। इस कल्पना ने भारत के मुसलमानों को ब्रिटिश शासन के विरुद्ध एक सूत्र में बाँध दिया था। यही खिलाफ़त आन्दोलन के जन्म का कारण बना।

खिलाफ़त आन्दोलन की सही प्रवृत्ति समझने के लिए उसका गहराई से विश्लेषण करना आवश्यक है और ऐसा करने से कई विरोधाभास भी सामने आते

हैं। जहाँ तक इसके विश्व इस्लाम बन्धुत्व के पहलू का गम्भीरता से अध्ययन किया जाए तो इसका स्वरूप स्पष्ट रूप से साम्प्रदायिक एवं संकुचित धार्मिक भावना से परिपूर्ण प्रतीत होता है। परन्तु, यह बात भी ध्यान रखने योग्य है कि वहीं खिलाफ़त आन्दोलन का दृष्टिकोण एवं विचार हिन्दू विरोधी नहीं था। ऐसी प्रवृत्ति वाले खिलाफ़त आन्दोलन का विश्लेषण करने के लिए तुर्की की समस्या का भी गहराई से अध्ययन करना आवश्यक है कि वहाँ खलीफा की वस्तुस्थिति क्या थी? तुर्की में मुस्तफा कमाल पाशा की प्रेरणा से वहाँ के प्रगतिशील लोगों ने धर्मप्रधान शासन को नकारना आरम्भ कर दिया था और बाद में इन्हीं प्रगतिशील तत्त्वों ने खलीफा के पद को समाप्त कर दिया था। तुर्की के खलीफा सुल्तान अब्दुल हमीद के विरुद्ध विद्रोह ने यह स्पष्ट कर दिया था कि इस्लाम के हृदय स्थल में ही खलीफा को सम्मान नहीं दिया जा रहा था और उसकी आवश्यकता पर भी प्रश्न चिह्न लग रहा था। ऐसी स्थिति में भारतीय मुसलमानों का खिलाफ़त के प्रश्न पर विलाप करना किसी भी दृष्टि से प्रगतिशीलता का द्योतक नहीं था।

खिलाफ़त के प्रश्न के अतिरिक्त अरब विद्रोह के प्रति भारतीय मुसलमानों का दृष्टिकोण किसी भी दृष्टि से कम प्रतिक्रियावादी नहीं था। उन्होंने अरब विद्रोह की खुलकर निन्दा की थी तथा इसका विरोध करने के लिए 26 जून, 1916 को महमूदाबाद के राजा की अध्यक्षता में अखिल भारतीय मुस्लिम लीग की परिषद की आपातकालीन बैठक बुलायी थी। उक्त बैठक में प्रस्ताव पारित किया गया कि अखिल भारतीय मुस्लिम लीग की परिषद मक्का के शरीफ के नेतृत्व में हुए इस विद्रोह की निन्दा करती है। इस प्रकार के विद्रोही व्यवहार से हेदाज और मेसोपोटामिया के इस्लाम के पवित्र स्थानों की सुरक्षा एवं पवित्रता खतरे में पड़ सकती है। इनके इस कार्य की परिषद निन्दा करती है और इस विद्रोह के प्रति सहानुभूति रखने वालों को इस्लाम का शत्रु समझती है।[3] यह वक्तव्य विश्व–इस्लाम बन्धुत्व की साम्प्रदायिक भावना का द्योतक है।

भारतीय मुसलमानों द्वारा अरब विद्रोह को समर्थन न देने का कारण यह था कि इस विद्रोह के पीछे मुस्लिम सम्प्रदाय ब्रिटिश षडयन्त्र का हाथ मानते थे।[4] साथ ही भारतीय मुसलमानों के अन्दर यह भावना भी थी कि ब्रिटिश लोग ही अरब जगत में एक नयी भावना उत्पन्न कर रहे हैं।[5] नयी भावना का यह अर्थ था कि अरब जगत का पाश्चात्यीकरण हो रहा है। परन्तु, कुछ ऐसे ऐतिहासिक तथ्य उपलब्ध हैं जिनसे यह प्रतीत होता है कि भारतीय मुसलमानों का अरब विद्रोह का विरोध करने के पीछे अकेले उनकी ब्रिटिश विरोधी नीति ही उत्तरदायी नहीं थी। उदाहरण के लिए भारतीय चिकित्सा सेवा के लिए 'कामरेड तुर्की सहायता कोष' से धन राशि प्रदान करना तथा वायसराय को दिल्ली रेड क्रेसेंट सोसायटी का संरक्षक घोषित करना।

इनसे कहीं से भी ऐसा नहीं लगता था कि भारतीय खिलाफ़त आन्दोलनकारियों की सदैव ब्रिटिश विरोधी नीतियाँ रही हों।[6] वास्तविकता यह थी कि खलीफा के साथ उनकी धार्मिक बाध्यता ही उन्हें अरब विद्रोह का विरोध करने के लिए प्रेरित करती थी। इस दृष्टि से यह कोई आश्चर्य की बात नहीं थी कि मुस्लिम लीग ने द स्टेट्समैन (The Statesman) की इस घोषणा को नकार दिया था कि भारतीय मुसलमानों ने सन् 1916 में एक सार्वजनिक सभा में विद्रोह (अरब) का स्वागत किया था।

इस प्रकार की घटनाओं से यह प्रतीत होता है कि खिलाफ़त आन्दोलन की प्रवृत्ति भारत से बाहर के मुस्लिम जगत की घटनाओं से जुड़े रहने की थी। उनकी चिन्ता का कारण तुर्की खलीफा का आस्तित्व तथा विश्व इस्लाम बन्धुत्व जैसे विषय थे। वास्तविकता यह थी कि भारतीय मुसलमान जितने तुर्की के समर्थक थे उतना विश्व के किसी भी भाग के मुस्लिम नहीं थे। इन बातों से यह प्रमाणित होता है कि भारतीय मुसलमान राष्ट्रीय समस्या के प्रति जरा भी चिन्तित नहीं थे। भारतीय मुसलमानों की प्राथमिक वफादारी खलीफा के प्रति थी न कि उस राष्ट्र के प्रति जिसके वे नागरिक थे।[8] भारतीय मुसलमानों की इस प्रकार की भावना के पीछे क्या कारण थे? इस सम्बन्ध में ए.सी. नीमेइजर (A.C. Niemeijer) का विचार उल्लेखनीय है कि राष्ट्रीय भावनाओं के सम्बन्ध में एक असन्तोषजनक स्थिति के कारण ही भारतीय मुसलमानों का लगाव भारत से बाहर की मुस्लिम जगत की घटना से रहा।[9]

भारतीय मुसलमानों की राष्ट्रीय आन्दोलन के प्रति उदासीनता के सम्बन्ध में मौलाना अबुल कलाम आजाद का अनुभव उल्लेखनीय है। सन् 1908-12 के दौरान जब आजाद इराक, मिस्र सीरिया तथा तुर्की के दौरे में गये थे तब उन्होंने यह पाया कि अरब और तुर्की क्रान्तिकारियों ने इस बात पर आश्चर्य प्रकट किया कि भारतीय मुसलमान या तो राष्ट्रीय माँगों के प्रति उदासीन थे या फिर इन माँगों के लिए चलाये गये आन्दोलनों के विरुद्ध थे। उन लोगों का विचार था कि भारतीय मुसलमानों को स्वतन्त्रता आन्दोलन का नेतृत्व करना चाहिए और वे (तुर्की व अरब क्रान्तिकारी) यह समझ नहीं पा रहे हैं कि क्यों भारतीय मुसलमान ब्रिटिश शासन के अनुयायी हैं।[10] इस घटना का मौलाना के मस्तिष्क पर ऐसा प्रभाव हुआ कि उन्होंने राष्ट्रवादी मुसलमानों को राष्ट्रीय आन्दोलन की मुक्तधारा से जोड़ने का उत्तरदायित्व संभाला।

इन तथ्यों के बावजूद भी विश्व इस्लाम बन्धुत्व की धारणा से बहुत से भारतीय मुसलमान जुड़े रहे जिसके बहुत घातक परिणाम हुए। भारतीय मुसलमान उस युग की सामाजिक, आर्थिक एवं राजनीतिक विकास की गति को समझने में असमर्थ रहे और न ही उन्होंने ऐसे महत्त्वपूर्ण विषयों पर विहंगम दृष्टि डालने की

आवश्यकता समझी। इसका प्रमुख कारण यह था कि ये मुस्लिम नेता मुस्लिम एकात्मकता की मध्ययुगीन धारणा से जुड़े रहे। इस धारणा से जुड़े रहने के कारण मुस्लिम पृथकतावादी धारणा ने जन्म लिया। यह भावना भारतीय खिलाफ़त आन्दोलन के माध्यम से और अधिक प्रकाश में आई।

अब प्रश्न उठता है कि वे कौन से तथ्य थे जिनके कारण भारतीय मुसलमान मध्ययुगीन मुस्लिम एकात्मकता की भावना से जुड़े रहे? इस प्रश्न के उत्तर का गहराई से अध्ययन करने से कुछ महत्त्वपूर्ण सामाजिक तथ्य सामने आते हैं। ये तथ्य इस प्रकार हैं—भारतवर्ष में हिन्दू सम्प्रदाय में मध्यम वर्ग का जन्म और विकास मुस्लिम सम्प्रदाय की तुलना में बहुत पहले हो चुका था। इसका प्रमुख कारण यह था कि हिन्दू मध्यम वर्ग ने पाश्चात्य शिक्षा, ज्ञान एवं दर्शन को काफी परिपक्वता से ग्रहण कर लिया था जिसके फलस्वरूप भारतीय राष्ट्रीय काँग्रेस दिन-प्रतिदिन शक्तिशाली होती चली गयी। वहीं भारतीय मुसलमान पाश्चात्य ज्ञान-विज्ञान को ग्रहण करने में उतने अग्रणी नहीं रहे। ऐसी स्थिति में भारतीय मुसलमानों में निराशा के कारण यह भय व्याप्त हो गया कि ब्रिटिश शासक उनके प्रति उदासीनता का रूख अपनाये हुए हैं।

अतः निराशा के इस वातावरण में भारतीय मुसलमानों ने भारत से बाहर दूसरे देशों में रहने वाले सहधर्मियों की समस्याओं की ओर रूख किया। ऐसी स्थिति में उन्हें यह अनुभव हुआ कि वे एकदम अकेले नहीं हैं। इसी कारण उनकी भावनाएँ दूसरे देशों के इस्लाम को मानने वाले लोगों के साथ जुड़ीं। उनकी इस खोज एवं मान्यता के कारण वे भारतीय राष्ट्रीयता की भावना से अलग-थलग रहे। यह एक आश्चर्य की बात है कि पाश्चात्य शिक्षा को ग्रहण करने वाले अली बन्धु मुहम्मद अली[11] और शौकत अली[12] तथा डॉ. अन्सारी[13] जैसे व्यक्ति खिलाफ़त जैसे मध्ययुगीन प्रश्न से सक्रिय रूप से जुड़े रहे। उनका यह दृष्टिकोण विशेषतः भारत के मुस्लिम सम्प्रदाय के लिए तथा भारतीय राष्ट्र के लिए सामान्य तौर से घातक रहा।

इस प्रकार की प्रवृत्ति वाले खिलाफ़त आन्दोलन का जन्म तथा गाँधीजी का सक्रिय राजनीति में प्रवेश तथा भारतीय राष्ट्रीय काँग्रेस के इतिहास में तथा समूची भारतवर्ष की राजनीति में एक विशेष महत्त्व रखता है। कारण, इन दो तथ्यों के संयोग (खिलाफ़त आन्दोलन तथा गाँधीजी की सक्रिय राजनीति में प्रवेश) से भारतवर्ष में राष्ट्रीय आन्दोलन की संघर्ष की रणनीति में एक क्रान्तिकारी परिवर्तन हुआ जो काँग्रेस के विनम्रवादियों एवं उग्रवादियों की संघर्ष-प्रणाली के लिए एक नवीन विकल्प था। साथ ही यह विकल्प अहिंसक जन आन्दोलन के लिए भी परीक्षण की कसौटी के रूप में भी सामने आया। इस अहिंसक जन-आन्दोलन की सबसे बड़ी विशेषता यह थी कि इसमें सभी सम्प्रदायों एवं वर्गों की समान भागीदारी

थी। इससे इन समुदायों को एक मंच भी मिला, वह मंच था भारतीय राष्ट्रीय कांग्रेस। इन स्थितियों में गाँधीजी जन–आन्दोलन को एक नया रूप देने में सफल रहे।

इतना होने पर भी अहम प्रश्न यह उठता है कि गाँधीजी ने खिलाफ़त प्रश्न का क्यों समर्थन किया, जबकि यह समस्या केवल मुस्लिम सम्प्रदाय से जुड़ी हुई थी? यह एक अत्यधिक महत्त्वपूर्ण प्रश्न है, क्योंकि खिलाफ़त आन्दोलन से कट्टर पुरातनपन्थी मुस्लिम[14] (उलमा वर्ग) जुड़े हुए थे। यहाँ यह उल्लेखनीय है कि गाँधीजी ही पहले हिन्दू नेता नहीं थे जिन्होंने खिलाफ़त के प्रश्न को समर्थन प्रदान किया था, बल्कि उनके पूर्व विनम्रवादी एवं उग्रवादी नेताओं ने भी खिलाफ़त के प्रश्न पर सहानुभूति प्रकट की थी। विनम्रवादी नेता सुरेन्द्रनाथ बनर्जी ने खिलाफ़त के प्रश्न पर भारतीय मुसलमानों के प्रति सहानुभूति प्रकट की थी।[15] उग्रवादी राष्ट्रवादी नेता बाल गंगाधर तिलक एवं बिपिनचन्द्र पाल भी खिलाफ़त के प्रश्न पर भारतीय मुसलमानों के प्रति सहानुभूति रखते थे।[16]

गाँधीजी ही प्रथम हिन्दू राष्ट्रवादी नेता थे जिन्होंने सक्रिय रूप से खिलाफ़त आन्दोलन को समर्थन प्रदान किया था न कि मात्र सहानुभूति प्रकट की थी। गाँधीजी के द्वारा खिलाफ़त आन्दोलन को सहयोग देने के पीछे क्या प्रमुख उद्देश्य थे? इस प्रश्न का उत्तर ढूंढने के लिए यह आवश्यक है कि गाँधीजी के सक्रिय भारतीय राजनीति के प्रवेश के समय देश की आर्थिक एवं राजनीतिक स्थितियों का संक्षेप में विश्लेषण किया जाए। प्रथम विश्व युद्ध के पश्चात आर्थिक संकट के कारण लोगों में व्यापक असन्तोष व्याप्त था। इसका प्रमुख कारण युद्धकाल में मुद्रास्फीति, मुद्रा का प्रसार, लोगों की सामान्य आवश्यकताओं की अनदेखी कर ब्रिटिश साम्राज्य की सैनिक शक्ति पर धन व्यय करना, नित्यप्रति की आवश्यक की वस्तुओं का अत्यधिक मूल्य तथा लगातार फसलों का खराब होना था।[17] युद्ध के पश्चात् भी आर्थिक स्थिति में कोई सुधार नहीं हुआ। अतः ऐसी स्थिति में स्वाभाविक था कि जनसाधारण ने इस आर्थिक संकट के लिए ब्रिटिश सरकार को ही उत्तरदायी माना। ब्रिटिश शासन इस स्थिति से भयभीत था, क्योंकि वह यह जानता था कि आर्थिक संकट का उन लोगों पर भी प्रभाव पड़ेगा जो कि राजनीति में रूचि नहीं रखते थे।[18] सरकार को यह भी भय था कि लोगों का व्यापक असन्तोष राजनीतिक आन्दोलनकारियों को उसका विरोध करने का अवसर प्रदान करेगा।

आर्थिक संकट के कारण व्याप्त व्यापक असन्तोष और भारतीय प्रतिरक्षा अधिनियम (1916) की समाप्ति के कारण भारत सरकार ने देश में आतंकवादी गतिविधियों की सम्भावना को देखते हुए जस्टिस रॉलेट की अध्यक्षता में एक समिति नियुक्त की। इस समिति की नियुक्ति का प्रमुख कारण यह था कि यह देश के क्रान्तिकारी अपराधों की जाँच करे और उसके उन्मूलन के लिए वैधानिक कदमों

का सुझाव दे।[19] रॉलेट कमेटी की अनुशंसा पर भारत सरकार ने दो विधेयक बनाये जो रॉलेट बिल के नाम से विख्यात हुए। ब्रिटिश सरकार इन विधयेकों के द्वारा आतंकवादी गतिविधियों को दबाने के नाम पर भारतीयों के मौलिक अधिकारों का हनन करना चाहती थी। ये दोनों विधेयक लेजिस्लेटिव कॉउन्सिल में पेश किये गये। इन विधायनों को लेजिस्लेटिव कॉउन्सिल में भारतीय सार्वजनिक जीवन के सभी वर्गों ने प्रतिक्रियावादी घोषित किया था।[20] निर्वाचित भारतीय सदस्यों के विरोध के बावजूद इनमें से एक विधेयक झटपट पारित भी करा दिया गया। यह विधेयक ऐसे समय पर आया (विश्वयुद्ध की समाप्ति पर) जब भारतीय जनता संवैधानिक सुधारों की प्रतीक्षा कर रही थी।

इस प्रकार के नागरिक स्वतन्त्रता का हनन करने वाले विधेयकों और भारतीय जनमत की अवहेलना कर उसे तत्परता से विधान-परिषद में रखकर पारित करवाने से गाँधीजी स्तब्ध रह गये। गाँधीजी के रोष के कई कारण थे। प्रथमत: विश्वयुद्ध के दौरान गाँधीजी ने ब्रिटिश विरोधी किसी भी संवैधानिक आन्दोलन (होमरुल लीग आन्दोलन) में भाग नहीं लिया था, जबकि श्रीमती बेसेंट ने उनसे इस आन्दोलन में भाग लेने का अनुरोध किया था। गाँधीजी का यह विचार था कि विश्वयुद्ध के दौरान किसी भी ऐसी गतिविधि में भाग नहीं लेंगे जिससे ब्रिटिश शासन किसी परेशानी में पड़े। उनको विश्वास था कि विश्वयुद्ध के पश्चात बिटिश शासन भारतीयों को स्वशासन प्रदान करेगा, परन्तु ऐसी आशा रखने वाले गाँधीजी भारतीयों के मौलिक अधिकारों का हनन करने वाले विधेयकों से स्तब्ध रह गये थे। द्वितीयत: गाँधीजी आतंकवाद एवं हिंसा के सदैव से विरोधी थे। वे आत्मबल (सत्याग्रह) में विश्वास रखते थे न कि हथियारों की शक्ति में। उन्होंने हिन्द स्वराज्य, जो गाँधीवाद का सार है, में स्पष्ट रूप से लिखा है कि सत्याग्रह सबसे बड़ा सर्वोपरि बल है, वह जब तोप बल से ज्यादा काम करता है, तो फिर कमजोरों का हथियार कैसे माना जाएगा? सत्याग्रह के लिए जो हिम्मत और बहादुरी चाहिए, वह तोप बल रखने वाले के पास हो ही नहीं सकती।[21]

अहिंसा और सत्याग्रह में अटूट विश्वास रखने वाले गाँधीजी का मानना था कि यदि भारतवर्ष में एक-दो राज्यों में आंतकवादी गतिविधियाँ चल रही हैं तो इसके लिए पूरे भारतवर्ष के लिए नागरिक स्वतन्त्रता का अवरोध करने वाले अधिनियम बनाने का कहाँ तक औचित्य है? अत: गाँधीजी ने इन अधिनियमों का विरोध करने के लिए 24 फरवरी, 1919 में बनी सत्याग्रह सभा में 6 मार्च, 1919 को देशव्यापी सत्याग्रह चलाने का आह्वान किया।[22] तारीख की गलतफहमी के कारण दिल्ली में 30 मार्च, 1919 को हड़ताल आयोजित की गयी।

रॉलेट सत्याग्रह में संचालित की जाने वाली हड़तालों में गाँधीजी ने ऐसे

कार्यक्रम रखे जिनसे मुस्लिमजनों की धार्मिक भावनाओं को ठेस न पहुँचे। यही कारण है कि खिलाफ़त के प्रश्न पर नाराज भारतीय मुस्लिम गाँधीजी के आह्वान पर चलाये गये रॉलेट सत्याग्रह में भाग लेने के लिए बहुत अधिक उत्साहित हुए। उनका उत्साह 6 अप्रैल, 1919 में बम्बई में गाँधीजी के नेतृत्व में हुई सभा में देखते ही बनता था। उक्त सभा बम्बई में मस्जिद के सामने हुई थी जिसमें 5,000 मुसलमान मौजूद थे।[23] ये मुसलमान सद्भावना के साथ हिन्दुओं से मिले।[24] गाँधीजी, श्रीमती सरोजिनी नायडू, जमनादास द्वारिकादास तथा दूसरे नेता मस्जिद के झरोखे में लाए गये।[25]

महात्मा गाँधी उस सभा के विशेष आकर्षण थे। उन्होंने अपने भाषण में हिन्दू-मुस्लिम मित्रता पर विशेष बल देते हुए मुसलमान भाइयों को बड़ी संख्या में सत्याग्रह आन्दोलन में भाग लेने का अनुरोध किया। उक्त सभा में गाँधीजी ने सत्याग्रह की शक्ति और महत्ता को बताया।[26] सत्याग्रह में वह शक्ति है कि यह भारतवर्ष के दो प्रमुख समुदायों को एकता के सूत्र में बाँध सकती है। हिन्दू और मुसलमानों को एक-दूसरे के साथ भाई की तरह व्यवहार करना चाहिए। हिन्दुओं को मुसलमानों के संकट में उनके प्रति सहानुभूति रखनी चाहिए तथा मुसलमानों को भी अपने हिन्दू भाइयों की तकलीफों में उसी प्रकार की सहानुभूति रखनी चाहिए। उन्हें (हिन्दू एवं मुस्लिम) अपनी मित्रता को सुदृढ़ करना चाहिए तथा उनमें जो भी वैचारिक मतभेद हों उन्हें समाप्त करना चाहिए। हिन्दू और मुस्लिम में जो मित्रता अभी दिखायी दे रही है, उस मित्रता को दृढ़ करने के लिए उन्हें निकट भविष्य में मस्जिद में या किसी अन्य धार्मिक स्थल में आपस में मिलना चाहिए तथा चिरस्थायी मित्रता की शपथ लेनी चाहिए।[27]

हिन्दू-मुस्लिम एकता के लिए कृत-संकल्प गाँधीजी ने इस काल के दौरान बहुत कुछ लिखा। 8 अप्रैल, 1919[28] में सत्याग्रह के पन्ने-अधपन्ने The Vow of Hindu-Muslim Unity[29] लेख में उन्होंने हिन्दू और मुस्लिम दोनों समुदायों को एकता के सूत्र में बँध जाने को आह्वान किया। उन्होंने कहा कि यह एकता तभी वास्तविकता बन सकती है जब दोनों समुदाय अपनी बहुत-सी बातों का परित्याग करें। इसके लिए उन्हें अपने विचारों में मौलिक परिवर्तन करना होगा। एक समुदाय के लोग जब दूसरे समुदाय के सदस्यों के सम्बन्ध में कुछ कहते हैं तो अशिष्ट शब्दों का प्रयोग करते हैं जिससे दोनों के बीच सम्बन्ध बिगड़ जाते हैं।[30] अपने उक्त पर्चे-अधपर्चे को समाप्त करते हुए गाँधीजी ने लिखा था कि ईश्वर को साक्षी मानते हुए हम हिन्दू और मुसलमान यह घोषित करें कि हम एक दूसरे के प्रति ऐसा व्यवहार करेंगे कि हम एक ही माँ-बाप की सन्तान हैं, कि हम लोगों में कोई भेद नहीं होंगे, कि एक का दुःख दूसरे का दुःख होगा तथा कि एक-दूसरे का दुःख दूर करने में

परस्पर सहयोग करेंगे। हम एक दूसरे के धर्म और धार्मिक भावनाओं का सम्मान करेंगे तथा दोनों की धार्मिक प्रथाओं के मार्ग में कोई अवरोध नहीं उत्पन्न करेंगे। हम एक दूसरे के धर्म के नाम पर हिंसा से दूर रहेंगे।[31]

यह तो गाँधीजी की हिन्दू-मुस्लिम एकता के प्रति प्रतिबद्धता का सच्चा उदाहरण था। यह एकता अभूतपूर्व रूप में रॉलेट सत्याग्रह के दौरान देखी गयी। इस सत्याग्रह के दौरान पंजाब में हिन्दू-मुस्लिम-सिक्ख एकता को देखते हुए ब्रिटिश सरकार विशेष चिंतित थी। अमृतसर में 10 अप्रैल, 1919 को सैफउद्दीन किचलू और सत्यपाल की गिरफ्तारी के विरोध में पंजाब में आन्दोलनकारियों ने सरकारी तन्त्र पर प्रहार किया। परिणामत: अमृतसर नगर का प्रशासन जनरल डायर को सौंप दिया गया। सैनिक शासन के परिणामस्वरूप ही 13 अप्रैल, 1919 में जलियाँवाला बाग की दुर्घटना घटी। इस दुर्घटना से सम्पूर्ण देश में और विशेषत: पंजाब में जनता का रोष बढ गया। जनता के रोष को देखते हुए पूरे पंजाब में मार्शल-लॉ लागू किया गया। विशेषकर अमृतसर की जनता पर अनेक अत्याचार किये गये। गाँधीजी ने पंजाब, गुजरात तथा अन्य स्थानों में हिंसा देखकर 18 अप्रैल, 1919 को आन्दोलन वापस ले लिया। आन्दोलन वापस लेने का अर्थ यह नहीं था कि गाँधीजी का अहिंसक आन्दोलन से विश्वास उठ गया था। गाँधीजी तो अगले वर्ष एक बड़े जन-आन्दोलन को आरम्भ करने की तैयारी में थे। वे तो केवल ब्रिटिश सरकार को उनके दृष्टिकोण में सुधार करने का मौका देना चाहते थे।

गाँधीजी और अनेक राष्ट्रवादी नेता यह आशा लगाये हुए थे कि जलियाँवाला-बाग कांड और पंजाब में हुए उपद्रवों की जाँच के लिए अक्टूबर, 1919 में हंटर की अध्यक्षता में नियुक्त कमेटी निष्पक्ष जाँच करेगी। हंटर कमेटी की रिपोर्ट प्रकाशित होने के पूर्व ही दिसम्बर में 'Indemnity Bill' पारित कर सरकार ने सरकारी अधिकारियों को दण्डमुक्त कर दिया था। फिर हंटर कमेटी की कार्य-पद्धति एवं उसके रिपोर्ट से भारतीय राष्ट्रवादी असन्तुष्ट थे एवं उनमें आक्रोश की भावना बढ़ गयी थी।

अप्रैल, 1920 तक ब्रिटिश सरकार अपने गलत कदमों को सही ठहराती रही। भारतीय जनमानस को यह लगा कि ब्रिटिश सरकार अपने गलत कार्यों को सही ठहराने में कोई चूक नहीं छोड़ रही है। उधर तुर्की के साथ 1920 में हुई संधि से भारतीय मुसलमानों को बहुत आक्रोश हुआ। यह संधि इस बात का सबूत थी कि तुर्की के विभाजन का फैसला अन्तिम है। गाँधीजी को भी इससे गहरा दु:ख हुआ, क्योंकि गाँधीजी की मित्रता खिलाफ़त नेताओं से हो चुकी थी। इसका प्रमाण इस बात से मिलता है कि तुर्की के साथ हुई संधि की शर्तों के प्रकाशन (10 अगस्त, 1920) के पूर्व ही गाँधीजी की अध्यक्षता में 23 नवम्बर, 1919 में दिल्ली में हुए

अखिल भारतीय खिलाफ़त सम्मेलन में उन्होंने पहली बार 'असहयोग' शब्द का प्रयोग किया[32] और उसके कार्यक्रम की व्याख्या की।

यही नहीं, गाँधीजी खिलाफ़त सभाओं में सम्माननीय व्यक्ति के रूप में देखे गये। बनारस में फरवरी, 1920 में हुई खिलाफ़त सभा के अध्यक्ष हकीम मुहम्मद हुसैन खान ने गाँधीजी को भारत का प्रिय नेता बताया जिसने खिलाफ़त के प्रश्न तथा हिन्दू–मुस्लिम एकता को सदैव महत्त्व दिया।[33]

हिन्दू–मुस्लिम एकता पर सदैव महत्त्व देने वाले गाँधीजी पूर्णरूप से खिलाफ़त आन्दोलन से जुड़ गये। उन्होंने 4 मई, 1920 में मगनलाल गाँधी को लिखे पत्र में इस भावना को स्पष्ट किया कि यदि वे खिलाफ़त आन्दोलन में सम्मिलित न होते तो वे अपना सब कुछ खो बैठते। इस आन्दोलन में सम्मिलित होकर उन्होंने अपने धर्म का पालन किया। इस आन्दोलन के माध्यम से वे अहिंसा की वास्तविक प्रवृत्ति दिखाना चाहते थे। वे हिन्दू और मुसलमानों के मध्य एकता स्थापित कर रहे थे। वे यह समझते थे कि यदि असहयोग आन्दोलन सही ढंग से चलता है तो पशु–शक्ति पर आधारित महान शक्ति को साधारण–सी दिखने वाली शक्ति के आगे समर्पण करना होगा। खिलाफ़त आन्दोलन ने भारत के समाज में मंथन कर दिया। इस सम्बन्ध में भारतीयों को यह चिन्ता नहीं होनी चाहिए कि इसके क्या परिणाम निकलेंगे ?[34]

एक अन्य स्थान में गाँधीजी ने खिलाफ़त आन्दोलन में सम्मिलित होने का कारण स्पष्ट किया कि यदि वे मुसलमानों को अपना भाई मानते हैं तो उनका (गाँधीजी का) कर्तव्य है कि उनके (मुसलमानों के) संकट के समय उनकी हर सम्भव सहायता की जाए।[35] वास्तव में गाँधीजी ने स्पष्टतः कहा कि यह उनके नैतिक उत्तरदायित्वों की भावना थी जिसके कारण उन्होंने खिलाफ़त के प्रश्न को उठाया और अपने आप को मुस्लिमों से जोड़ दिया।[36]

गाँधीजी दिलों की एकता की विचारधारा में दृढ़ विश्वास रखने वाले थे। उन्होंने लिखा था कि वे जिस प्रकार की एकता चाहते हैं वह पैबन्द लगी हुई न हो, बल्कि वह उस अवधारणा पर आधारित हो कि भारत के लिए स्वराज्य भारत के समस्त हिन्दुओं और मुसलमानों की एकता के बिना एक असम्भव स्वप्न होगा।[37] गाँधीजी ने भारतवर्ष के दोनों प्रमुख समुदायों के सदस्यों में दिलों की एकता की आवश्यकता पर बहुत बल दिया। कुछ लेखक यह मानते हैं कि केवल यही भावना ही गाँधीजी के खिलाफ़त आन्दोलन में सम्मिलित होने का कारण थी। कुछ लेखक इसे मात्र धार्मिक कारण मानते थे। यह विचार इस दृष्टि से सही हैं कि गाँधीजी एक धार्मिक व्यक्ति थे। वे सभी धर्मों का सम्मान करते थे। इसी कारण वे भारतवर्ष के सभी धार्मिक समुदायों में प्रेम और भाई–चारे के पक्षधर थे। यह दृष्टिकोण उनके

विचारों में बहुत पहले से विद्यमान था।

उन्होंने हिन्द स्वराज में लिखा था कि हिन्दू, मुसलमान, पारसी, तथा ईसाई जो इस देश को अपना वतन मानकर बस चुके हैं, एक-देशी, एक-मुल्की हैं, वे देशी-भाई हैं और उन्हें एक दूसरे के स्वार्थ के लिए भी एक होकर रहना पड़ेगा।[38] सर्वधर्म सम्भाव के अतिरिक्त गाँधीजी का खिलफ़त आन्दोलन में सक्रिय योगदान उस समय की राजनीतिक आवश्यकता भी थी। गाँधीजी यह महसूस करते थे कि मुस्लिम तथा अन्य समुदाय के राष्ट्रीय आन्दोलन में सक्रिय भाग लेने से ही उनका यह ब्रिटिश विरोधी संघर्ष जन-आन्दोलन का रूप ले सकता था। गाँधीजी यह भी जानते थे कि भारतीय मुसलमान तुर्की के प्रश्न पर ब्रिटिश शासन के प्रति कटु रूख अपनाए हुए हैं। अतः भारतीय मुसलमानों के ब्रिटिश विरोधी रूख को देखते हुए गाँधीजी ने खिलाफ़त आन्दोलन को असहयोग आन्दोलन के साथ जोड़ दिया।

इस प्रकार भारत की राजनीतिक स्थितियों के कारण गाँधीजी ने खिलाफ़त के प्रश्न पर मुसलमानों को सहयोग दिया और उन्हें राष्ट्रीय जीवन की मुख्य धारा से जोड़ा। यहाँ यह उल्लेख करना आवश्यक है कि गाँधीजी के नेतृत्व में हुए असहयोग आन्दोलन में दो नये मुस्लिम संगठन—अखिल भारतीय खिलाफ़त कान्फ्रेन्स तथा जमायत-उल-उलेमा-ए-हिन्द ने सक्रिय रूप से योगदान दिया था, जबकि 1920-21 के काल की जन-राजनीति के प्रति 14 वर्ष पूर्व स्थापित अखिल भारतीय मुस्लिम लीग के मुस्लिम राजनीतिक संभ्रान्त वर्ग (भू-स्वामी एवं उपाधिधारी वर्ग, विभिन्न व्यवसायों से जुड़े वर्ग जैसे शिक्षक, चिकित्सक, वकील तथा सम्पादक) का दृष्टिकोण उदासीन ही रहा। यह संभ्रान्त वर्ग तुर्की के समर्थक तो थे, परन्तु सदैव ब्रिटिश विरोधी नहीं थे। वे तुर्की एवं खिलाफ़त के प्रश्न पर चिंतित तो थे, परन्तु अपने बैठकखाने में ही ब्रिटिश नीति की आलोचना करते थे। वे गुप्त रूप से खिलाफ़त कोष में धन तो प्रदान करते थे, परन्तु गाँधीजी के नेतृत्व में हुए अहिंसक असहयोग आन्दोलन में सम्मिलित होने से उत्पन्न होने वाले परिणामों को झेलने का साहस नहीं जुटा पा रहे थे।

संभ्रान्त राजनीतिक मुस्लिम वर्ग तथा मुस्लिम लीग खिलाफ़त के प्रश्न पर खुल कर इसलिए भी बोलने का साहस नहीं जुटा सके थे, क्योंकि इससे उनकी ब्रिटिश शासन के प्रति वफादारी में आँच आती थी। मुस्लिम लीग की खिलाफ़त के प्रश्न पर उदासीनता एक उद्धरण से स्पष्ट हो जाएगी। 1918 में मुस्लिम लीग परिषद की बैठक में जहाँ गाँधीजी ने खिलाफ़त के प्रश्न को सही ठहराया, वहीं जिन्ना ने सशक्त ढंग से घोषणा की कि मुस्लिम लीग के सदस्यों को सरकार की विदेश नीति में हस्तक्षेप नहीं करना चाहिए।[39] वास्तविकता यह थी कि जिन्ना की कभी भी विश्व इस्लाम बन्धुत्व के कार्यक्रम में कोई रूचि नहीं थी, जबकि गाँधीजी ने हिन्दू-

मुस्लिम एकता स्थापित करने की दृष्टि से विश्व इस्लाम-बन्धुत्व के कार्यक्रम के प्रति रूचि दिखाई थी। इस प्रकार गाँधीजी एवं जिन्ना के वैचारिक दृष्टिकोण में मतभेद था।

गाँधीजी एवं मुस्लिम लीग में खिलाफ़त के विषय में वैचारिक मतभेद था। इसका प्रमुख कारण यह था कि मुस्लिम लीग और जिन्ना का जन-राजनीति में विश्वास नहीं था। चूँकि गाँधीजी ने अहिंसक जन-आन्दोलन में खिलाफ़त के प्रश्न को जोड़ दिया था। अत: इससे ब्रिटिश सरकार भी चिन्तित थी और इसलिए उसने गाँधीजी के खिलाफ़त समस्या पर विचार और दृष्टिकोण को तोड़-मरोड़कर प्रस्तुत किया। खुफिया ब्यूरो के निदेशक (Directorate of Intelligence Buraeu) की सितम्बर, 1919 की रिपोर्ट के अनुसार पिछले मार्च माह में एम.के. गाँधी और मौलाना अब्दुल बारी के बीच एक गुप्त वैचारिक तालमेल हुआ था कि हिन्दू राजनीतिज्ञ तुर्की के विषय में अपना समर्थन देंगे तथा मुस्लिम बछड़े (Kine) की हत्या से अपने को दूर रखेंगे।[40]

गौ-हत्या को निषेधित करने का प्रस्ताव मुस्लिम लीग के अमृतसर अधिवेशन में भी पारित किया गया था।[41] मुस्लिम लीग का यह प्रस्ताव हिन्दुओं का समर्थन प्राप्त करने के लिए पारित किया गया था, परन्तु मुसलमानों के द्वारा गौ-हत्या को बन्द करना कभी भी गाँधीजी के खिलाफ़त आन्दोलन को सहयोग देने के लिए कोई शर्त नहीं थी। यह गाँधीजी के दिल्ली में अखिल भारतीय खिलाफ़त सम्मेलन में दिये गये भाषण से स्पष्ट हो जाता है। उक्त भाषण में गाँधीजी ने स्पष्टत: कहा था कि वे चाहेंगे कि हिन्दू गौ-रक्षा के प्रश्न को नहीं उठाएँ, क्योंकि मित्रता का सही परीक्षण संकट के समय में ही होता है और वह भी बिना शर्त की मित्रता। सहयोग जो कि शर्त पर आधारित होता है वह व्यवसायकि अनुबन्ध है न कि मित्रता। हिन्दुओं का कर्तव्य है कि यदि वे मुस्लिम समस्या के लिए न्याय चाहते हैं तो वे उन्हें सहयोग करें। यदि मुस्लिम यह महसूस करते हैं कि वे हिन्दुओं की भावनाओं का सम्मान करते हैं और गौ-हत्या बन्द करते हैं, इसमें कोई बात नहीं कि हिन्दू उन्हें सहयोग करते हैं, या नहीं। यद्यपि इसलिए वे (गाँधीजी) किसी हिन्दू को अपनी गौ-पूजा में सम्मिलित होने को नहीं कहते तथापि वे गौ-हत्या को बन्द करने को सहयोग के लिए पूर्वावस्था भी नहीं मानते थे।[42]

यह सर्वविदित है कि गाँधीजी ने अपना पूरा जीवन हिन्दू-मुस्लिम एकता के लिए समर्पित किया था। उनका खिलाफ़त आन्दोलन में सम्मिलित होना और सक्रिय होना तथा हिन्दू और मुसलमानों में एकता स्थापित करना एक महत्त्वपूर्ण राजनीतिक कदम था। परन्तु, एक महत्त्वपूर्ण प्रश्न यह उठता है कि क्या कट्टरपन्थी उलमा के नियन्त्रण वाले खिलाफ़त आन्दोलन से जुड़ना धर्मनिरपेक्ष राष्ट्र के विकास

में सहायता प्रदान करता था? जहाँ तक गाँधीजी के राजनीतिक दर्शन का प्रश्न है वह पूर्णरूप से धर्मनिरपेक्ष था। वे किसी राज्य धर्म के कभी भी समर्थक नहीं थे। चाहे किसी देश के निवासी एक ही धर्म का अनुकरण क्यों न करते हों।[43] ऐसे धर्मनिरपेक्ष विचारों वाले गाँधीजी का खिलाफ़त के विषय से जुड़ना एक भयंकरतम भूल मानी जाती है। खिलाफ़ती आन्दोलनकारियों में उलमा और उनसे प्रभावित मुस्लिम प्रमुख स्थान रखते थे। इस प्रकार कट्टर इस्लाम पंथियों के प्रभाव को कम करने के लिए गाँधीजी ने ठोस सामाजिक आर्थिक कार्यक्रम रखे थे, परन्तु असहयोग आन्दोलन के दौरान ही ऐसे उद्धरण मिलते हैं कि खिलाफ़ती और मुस्लिम नेता कई विषयों में एकदम उदासीनता का रूख अपनाए हुए थे। खिलाफ़तियों के दृष्टिकोण को संक्षेप में बताना उचित होगा।

यद्यपि गाँधीजी ने खिलाफ़त आन्दोलन को धर्मनिरपेक्ष स्वरूप प्रदान करने का प्रयास किया था तथापि, इस आन्दोलन से जुड़े प्रमुख नेता इस्लाम की विधि से कट्टर रूप से जुड़े हुए थे। उदाहरण के लिए खिलाफ़त आन्दोलन के नेता धर्म के नाम पर अपील करते थे और फतवा एवं धार्मिक औजारों का भरपूर प्रयोग करते थे। अबुल कलाम आजाद अपना भाषण कुरान की आयातों से आरम्भ करते थे। उसी भाँति मुहम्मद अली मुस्लिम समुदाय के बीच भाषण देते हुए कहते थे कि कुरान ने हिन्दू-मुस्लिम एकता की अनुमति दी है।[44] इसका परिणाम यह हुआ कि पुराणपन्थ की पकड़ मजबूत हुई और राजनीतिक प्रश्नों को धार्मिक दृष्टि से देखने की आदत पड़ी।

खिलाफ़त आन्दोलन के नेताओं ने राजनीति को शरीयत के अन्तर्गत देखा। यह एक उदाहरण से स्पष्ट हो जाएगा। असहयोग आन्दोलन के कार्यक्रम में अदालतों का बहिष्कार तथा उनके स्थान पर सुलह बोर्डों की स्थापना का प्रस्ताव था, परन्तु खिलाफ़त आन्दोलन के नेता अपनी धार्मिक कट्टरता की भावना से प्रेरित होकर मुस्लिम समुदाय के लिए पृथक शरीयत अदालत स्थापित करना चाहते थे, और उन्होंने नियमित तौर पर जकात की वसूली की योजना बनायी थी।[45] मौलाना अबुल कलाम आजाद ने प्रत्येक प्रान्त और जिले में मुस्लिम धार्मिक विषयों के ज्ञाताओं की अमीर के रूप में नियुक्ति का प्रस्ताव रखा था। साथ ही उन्होंने अखिल भारतीय स्तर पर एक अमीर-ए-हिन्द की नियुक्ति का भी प्रस्ताव रखा।[46]

अमीर-ए-हिन्द को सारी शरीयत अदालतों की कार्यप्रणाली का सर्वेक्षण करना था तथा साथ ही उसे यह भी देखना था कि मुसलमानों के लिए इस्लामी विधियों के अनुसार न्याय हो रहा है या नहीं।[47] अबुल कलाम आजाद स्वयं ही अमीर-ए-हिन्द के पद पर आसीन होना चाहते थे, परन्तु उन्हें प्रमुख उलमा महमूद-उल-हसन तथा अब्दुल बारी का सहयोग और समर्थन न प्राप्त हो सका।[48] अत:

आजाद का उक्त विचार कार्य रूप में परिणत न हो सका। फिर भी इस प्रकार के विचार तथा दृष्टिकोण से खिलाफ़त आन्दोलन के नेताओं की गाँधीजी के असहयोग आन्दोलन के राष्ट्रव्यापी कार्यक्रम के प्रति तटस्थता एवं कट्टर धार्मिक दृष्टिकोण दृष्टिगत होता है।

खिलाफ़त आन्दोलनकारियों की धार्मिक कट्टरता के अतिरिक्त उनकी हिंसक एवं उग्र प्रवृत्ति गाँधीजी के लिए चिन्ता का विषय बन गयी थी। अधिकांश खिलाफ़त आन्दोलनकारियों की वाणी उत्तेजक थी और न ही उन्हें अहिंसा के सिद्धान्त से कोई सरोकार था। या तो खिलाफ़त आन्दोलनकारी अहिंसा को हिन्दू धर्म का सिद्धान्त मानते थे या फिर वे अहिंसा के बारे में कुछ भी नहीं जानते थे। इस सम्बन्ध में कुछ उदाहरण देना आवश्यक होगा तभी खिलाफ़त आन्दोलन के नेताओं का अहिंसा के सिद्धान्त में अविश्वास स्पष्ट हो सकेगा। लाहौर की एक सभा में जफर अली खान के भाषण को सुनकर गाँधीजी के सचिव महादेव देसाई ने अपनी डायरी में लिखा कि मौलवीजी की वाणी तीक्ष्ण धारदार छूरे की तरह थी।[49] इस आन्दोलन के प्रमुख नेता मौलाना अब्दुल बारी शांति के क्षण में भी बहुत उत्तेजक भाषा का प्रयोग करते थे। उत्तेजक भाषा के प्रयोग के अतिरिक्त खिलाफ़त आन्दोलन के नेता हर चीज को कट्टर इस्लाम के नजरिये से देखते थे। उदाहरणार्थ अब्दुल बारी ने जब गाँधीजी को पहली बार छोटी धोती पहने हुए देखा तो वे उत्तेजित होकर बोल बैठे कि उनके (बारी) धर्म शास्त्र में घुटने दिखाना वर्जित है।[50]

खिलाफ़त आन्दोलन के नेताओं को अहिंसा का सिद्धान्त बहुत रास नहीं आया था। वे अहिंसा की अवधारणा को कायरता और नामर्दगी का प्रतीक मानते थे। उन्हें अहिंसा के सिद्धान्त से कोई लेना-देना नहीं था। जब नागपुर के मुस्लिम लीग के अधिवेशन (1920) में भारतीय राष्ट्रीय काँग्रेस के अहिंसक असहयोग आन्दोलन के समरूप कार्यक्रम अपनाने का विचार रखा गया तब मौलाना हजरत मोहानी ने 'शान्तिपूर्ण और वैधानिक तरीके' जैसे शब्दों को अलग करने की बात कही थी। उनका मानना था कि एक समय आएगा कि सरकार के विरुद्ध संघर्ष करने के लिए हिंसा का मार्ग अपनाना होगा।[51] एक वर्ष पश्चात अहमदाबाद के मुस्लिम लीग के अधिवेशन में तो हजरत मोहानी ने और अधिक उग्र हिंसक रूख अपनाया। उन्होंने उक्त अधिवेशन में घोषणा की कि शांतिपूर्ण तरीके से ब्रिटिश शासन के विरुद्ध संघर्ष करना असम्भव होगा। उन्होंने इसके लिए गुरिल्ला संघर्ष प्रणाली को उपयुक्त ठहराया। यहाँ तक कि उन्होंने कुरान की दुहाई देकर शत्रु की हत्या करने को उचित ठहराया।[52]

इन उदाहरणों से स्पष्ट है कि खिलाफ़त आन्दोलन के नेताओं ने कभी भी अहिंसक असहयोग आन्दोलन को हृदय से स्वीकार नहीं किया था। गाँधीजी इस

विषय में खिलाफ़ती नेताओं के मस्तिष्क के द्वन्द्व को भलीभाँति जानते थे। गाँधीजी यह भी जानते थे कि ये नेता तुर्की और इस्लाम के पवित्र स्थानों के दुर्भाग्य से ज्यादा चिन्तित थे। कारण, गाँधीजी स्वयं खिलाफ़त सभाओं में सम्मिलित होते थे। इन खिलाफ़त सभाओं में इसके कुछ प्रमुख नेता जैसे मुहम्मद अली, जफरअली खान तथा हजरत मोहानी के भाषण बहुत ही भावुक होते थे। प्रायः भाषण के वक्ता और श्रोता तुर्की के तथा इस्लाम के पवित्र स्थानों के दुर्भाग्य के लिए साथ ही रोते पाये गये थे। इन नेताओं का लेना-देना तुर्की व इस्लाम के पवित्र स्थानों के भविष्य को लेकर था।

तुर्की में जैसे ही मुस्तफा कमालपाशा के नेतृत्व में धर्मनिरपेक्ष गणतन्त्र की स्थापना हुई वैसे ही भारतवर्ष में खिलाफ़त आन्दोलन प्रभावहीन हो गया। खिलाफ़त आन्दोलन के बहुत से पुराने नेता भी साम्प्रदायिक हो गये। सबसे अधिक नाटकीय परिवर्तन आया मुहम्मद अली और शौकत अली के दृष्टिकोण में। उन्होंने भारतीय राष्ट्रीय काँग्रेस पर आरोप लगाया कि वह भारतवर्ष में हिन्दू राज्य स्थापित करना चाहती है। जबकि असहयोग आन्दोलन के दौरान ही अली बन्धुओं की धार्मिक कट्टरता कई अवसरों में दृष्टिगत हुई थी। उनके लिए हिन्दू-मुस्लिम एकता केवल खिलाफ़त के प्रश्न से जुड़ी हुई थी।

असहयोग आन्दोलन के स्थगन (फरवरी, 1922) के पश्चात अवसाद एवं निराशा के वातावरण में हिन्दू और मुस्लिम साम्प्रदायिक संगठन सक्रिय हो गये। इस काल में हिन्दुओं के बीच संगठन और शुद्धि आन्दोलन तथा मुसलमानों में तंजीम और तबलीग आन्दोलन चले। इन आन्दोलनों का उद्देश्य साम्प्रदायिक था।[53] फलतः 1923-24 के दौरान उत्तर भारत में अनेक शहरों में साम्प्रदायिक दंगे हुए।[54] संयुक्त प्रान्त में 1923-27 के दौरान 91 साम्प्रदायिक दंगे हुए थे।[55] मुंशी प्रेमचन्द के उपन्यास 'कायाकल्प' में आगरा में हुए साम्प्रदायिक दंगे का उल्लेख है। लेखक ने साम्प्रदायिकता को विष समान माना है।

गाँधीजी भी इस काल में हुए साम्प्रदायिक दंगों से बहुत दुःखी थे। उन्होंने सूरत में सार्वजनिक सभा में हिन्दू-मुस्लिम सम्बन्धों के विषय में भाषण देते हुए दोनों सम्प्रदायों के सम्बन्धों पर क्षोभ प्रकट किया था। उनका मानना था कि यदि दोनों सम्प्रदायों के व्यक्तियों के दिल में बदले की भावना जन्म ले चुकी है तो दोनों (हिन्दू और मुस्लिम) में एकता की भावना त्यागनी होगी। यदि हमें स्वराज चाहिए तो हम में से एक को सत्यता के मार्ग को अपनाना होगा।[56] गाँधीजी ने साम्प्रदायिक दंगों में दोनों सम्प्रदायों के व्यक्तियों को हिंसक मार्ग अपनाने के लिए फटकारा। उन्होंने कहा कि दोनों सम्प्रदाय कायर हैं और इस कायरता के कारण दोनों ही दास हैं। सरकार दोनों सम्प्रदायों को दास की तरह देखती है।[57]

गाँधीजी का मानना था कि विश्व का कोई भी धर्म हिंसा द्वारा नहीं बचाया जा सकता। उनका कहना था कि अपने तीस वर्षों के अनुभव से उन्होंने महसूस किया कि अहिंसा ही ऐसा मार्ग है जिससे हमारे धर्म और देश की रक्षा हो सकती है। कोई भी धर्म तलवार की शक्ति पर न तो स्थायी हो सकता है और न ही रहेगा। इस्लाम फकीरों की शक्ति पर तथा हिन्दू धर्म तपस्वी की शक्ति पर जिन्दा हैं।[58] गाँधीजी के बार-बार चेतावनी देने पर भी साम्प्रदायिक संगठनों द्वारा भड़काये गये साम्प्रदायिक दंगों का सिलसिला नहीं थमा। गाँधीजी ने व्यथित होकर एम.ए. अन्सारी को लिखा था The Hindu-Muslim problem is the problem of problems अर्थात हिन्दू-मुस्लिम समस्या अनेक छोटी-बड़ी समस्याओं की समस्या है।[59]

फिर भी यह कहना उचित होगा कि गाँधीजी के खिलाफ़त आन्दोलन को सहयोग देने से तथा इसमें सक्रिय रूप से सम्मिलित होने से मुस्लिम सम्प्रदाय भारतीय राष्ट्रीय आन्दोलन की मुख्यधारा से जुड़ गया। इसके साथ एक और बात प्रकाश में आयी कि खिलाफ़त का प्रश्न राष्ट्रीय महत्त्व का हो गया। सन् 1920 में खिलाफ़त आन्दोलन एक छुट-पुट घटना और अति सीमित रूप में ही था। सन् 1921 में यह एक शक्तिशाली आन्दोलन के रूप में प्रस्फुटित हुआ था। कुछ प्रान्तों जैसे सिंध, पंजाब, बिहार और मद्रास में इसका प्रभाव बहुत धीमा था। परन्तु 1921 में इन प्रान्तों में भी खिलाफ़त आन्दोलन का प्रभाव बढ़ा। इस प्रकार गाँधीजी के नेतृत्व में खिलाफ़त आन्दोलन एक जन-आन्दोलन बन सका।

खिलाफ़त आन्दोलन के सम्बन्ध में मुस्लिम जनसाधारण के विचार अलग-अलग प्रान्तों में अलग-अलग थे। परन्तु, एक सबसे महत्त्वपूर्ण तथ्य सामने आया वह यह कि अब खिलाफ़त का प्रश्न केवल मुस्लिम बुद्धिजीवी वर्ग तक सीमित नहीं रहा। जैसा कि जुडिथ एम. ब्राउन ने अपने विचार अभिव्यक्त करते हुए लिखा कि गाँधीजी के नेतृत्व में विश्व इस्लाम बन्धुत्व के नेताओं ने राजनीतिक विषयों को चाय की दुकान, बाजार तथा मस्जिद तक पहुँचा दिया था।[60] दूसरे शब्दों में कह सकते हैं कि गाँधीजी के नेतृत्व में खिलाफ़त आन्दोलन मुस्लिम जनसाधारण तक पहुँच सका। इस दृष्टि से गाँधीजी अपनी संघर्ष की तकनीक में पूर्णतः सफल रहे। उनकी संघर्ष की तकनीक को भारतीय समाज के सभी वर्गों ने अलग-अलग ढंग से स्वीकारा। उनकी संघर्ष की तकनीक का स्वरूप जहाँ गरीबों के लिए धार्मिक था, वहीं बुद्धिजीवियों के लिए इसका स्वरूप राजनीतिक था। गाँधीजी की संघर्ष की तकनीक से, उनके खादी के वस्त्र धारण करने से, देशी भाषा के प्रयोग पर जोर देने से, भाषायी प्रान्तों का गठन, गाँव के स्तर से लेकर के ऊपर तक काँग्रेस संगठनों का गठन तथा काँग्रेस की चार आना वार्षिक सदस्यता शुल्क के कारण भारतीय राष्ट्रीय काँग्रेस को विस्तृत और लोकप्रिय आधार प्राप्त हुआ।[61]

इस प्रकार गाँधीजी ने अपनी मुस्लिम राजनीतिज्ञों एवं मुस्लिम सम्प्रदाय में अपनी लोकप्रियता तथा भारतीय राष्ट्रीय काँग्रेस के संगठन के व्यापक स्वरूप एवं इसकी जन-साधारण में लोकप्रियता का उपयोग ब्रिटिश सत्ता के विरुद्ध प्रथम जन-आन्दोलन में किया। यह गाँधीजी का सबसे महत्त्वपूर्ण योगदान था कि वे असहयोग आन्दोलन में हिन्दू और मुसलमानों को एक ही मंच में ला सके। मालाबार की घटनाओं के बावजूद इस आन्दोलन में बड़े पैमाने पर मुसलमानों की भागीदारी, कुछ प्रान्तों में बड़े पैमाने पर मुस्लिम आन्दोलनकारियों की गिरफ्तारी तथा साम्प्रदायिक एकता गाँधीजी की सबसे बड़ी सफलता थी। गाँधीजी ने इस आन्दोलन में हिन्दू-मुस्लिम सद्भाव स्थापित किया जिसके लिए वे अपने दक्षिणी-अफ्रीका के प्रवास काल से प्रयासरत रहे थे।

सन्दर्भ

1. D. G. Tendulakar, Mahatma, Vol VIII, Delhi, 1960, p. 129.130
2. रॉलेट सत्याग्रह को संगठित करने के लिए गाँधीजी ने तीन राजनीतिक संगठनों—होमरुल लीग, सत्याग्रह सभा तथा विश्व-इस्लाम बन्धुत्व की भावना रखने वाले वर्ग को प्रयुक्त किया था।
3. P.C. Bamford, Histories of the Non-Co-operation and Khilafat Movements (Re printed) Delhi, 1974, p. 127
4. T.E. Lawrence, Seven Pillars of Wisdom, New York, 1935, pp 58-59.
5. Ibid, p. 57
6. दिसम्बर 1918 में मुहम्मद अली की नजरबन्दी के दौरान उनका लिखित वक्तव्य Indian Confidential Proceedings, (I.O.R.), 206 of January, 1919, pp. 34-40, quoted in A.C. Niemeijer, The Khilafat Movement in India (1919-24), Leiden, 1972, p. 56
7. P.C. Bamford, op.cit., p. 27
8. Ram Gopal, Indian Muslims : A Political History 1858-1947, Bombay, 1964, p. 121
9. A.C. Niemijer, The Khilafat Movement in India (1919-24), Leiden, 1972, p. 48.
10. Abul Kalam Azad, India Wins Freedom, New Delhi, 1959, p. 7
11. मुहम्मद अली का जन्म रामपुर रियासत के मुरादाबाद नामक स्थान में मुस्लिम जमींदार परिवार में हुआ था। उनकी शिक्षा अलीगढ़ और ऑक्सफोर्ड में हुई थी। ऑक्सफोर्ड से आने के पश्चात वे रामपुर और बड़ौदा रियासत में कार्यरत रहे। तत्पश्चात उन्होंने पत्रकारिता का पेशा अपनाया। अँग्रेज़ी ' कॉमरेड ' का सम्पादन आरम्भ किया और इस साप्ताहिक पत्र के माध्यम से खिलाफ़त के प्रश्न के पुरजोर समर्थन में लिखा। बाद में मुहम्मद अली ने ' हमदर्द ' नामक उर्दू दैनिक का सम्पादन आरम्भ किया। प्रथम विश्वयुद्ध के दौरान मुहम्मद अली और उनके भाई शौकत अली को ब्रिटिश विरोधी लेखनियों के कारण नजरबन्द कर दिया गया था। सन् 1919 में जेल से रिहा होने के पश्चात वे अमृतसर के भारतीय राष्ट्रीय काँग्रेस के सम्मेलन में सम्मिलित हुए और उसमें हुए विचार-विमर्श में उन्होंने सक्रिय भाग लिया। सन् 1920 में इंग्लैंड गये खिलाफ़त प्रतिनिधि मंण्डल की उन्होंने अगुवाई की। भले ही वे अपने उद्देश्यों में असफल रहे। गाँधीजी के अनुयायी के रूप में उन्होंने भारतवर्ष में खिलाफ़त आन्दोलन

किया तथा असहयोग आन्दोलन के पक्ष में मुस्लिम जनसाधारण को लामबन्द किया। असहयोग आन्दोलन के दौरान उन्होंने अलीगढ़ कॉलेज के शिक्षकों एवं विद्यार्थियों को कॉलेज छोड़ने में महत्त्वपूर्ण भूमिका निभायी। मुहम्मद अली ही जामिया मिलिया इस्लामिया की स्थापना में प्रेरक रहे। वे इसके प्रथम शेख-उल-जामिया नियुक्त हुए थे। सन् 1921 में उन्हें पुनः गिरफ्तार कर लिया गया था, क्योंकि उन्होंने मुसलमानों का आह्वान किया था कि वे ब्रिटिश सेना में सेवाएँ न दें। सन् 1923 में मुहम्मद अली ने परिवर्तनवादियों (Pro-changers) तथा अपरिवर्तनवादियों (No-changers) में समझौता कराने का अथक प्रयास किया था। इसी वर्ष वे काकीनाड़ा के काँग्रेस अधिवेशन के अध्यक्ष बने। सन् 1928 में उन्होंने साइमन विरोधी प्रदर्शन भी संगठित किये थे। सन् 1930 में उन्होंने लन्दन में गोलमेज सम्मेलन में भाग लिया।

Makers of Modern India, Indian Council of Historical Research, New Delhi, 1973, p. 38

A.H. Alberuni, Makers of Pakistan and Modern India, Lahore, 1950, pp. 85, 114

12. शौकत अली का जन्म संयुक्त प्रान्त की रामपुर रियासत में हुआ था। उनकी शिक्षा अलीगढ़ कॉलेज में हुई थी। बाद में वे कॉलेज के ट्रस्ट के सदस्य बने तथा उन्होंने कॉलेज को विश्वविद्यालय का दर्जा दिलाने के लिए धन एकत्र करने का महत्त्वपूर्ण कार्य किया था। सत्रह वर्षों तक सरकार के विभिन्न पदों पर कार्य करने के पश्चात उन्होंने अपनी नौकरी छोड़ी और राजनीति में प्रवेश किया। खिलाफ़त आन्दोलन के प्रमुख नेता के रूप में उन्होंने सन् 1919 के अमृतसर के काँग्रेस अधिवेशन के प्रमुख विचार-विमर्श में भाग लिया। उन्होंने खिलाफ़त कमेटी की बैठक की अध्यक्षता की जिसके वे बाद में समान्य सचिव बने। वे अंजुमन-इ-खुद्दाम-इ-काबा के संस्थापक थे। उन्होंने गाँधीजी के नेतृत्व में हुए असहयोग आन्दोलन में सक्रिय योगदान दिया और उन्हें जेल हुई। सन् 1931 में उन्होंने विश्व मुस्लिम सम्मेलन को संचालित करने के लिए अनेक मुस्लिम देशों का भ्रमण किया। सन् 1933 में उन्होंने अमेरिका में भारत तथा इस्लाम के सम्बन्ध में भाषण दिये।

Makers of Modern India, Indian Council of Historical Research, New Delhi, 1973, p. 37

13. मुख्तार अहमद अन्सारी का जन्म संयुक्त प्रान्त के गाजीपुर के जमींदार परिवार में हुआ था। अन्सारी ने चिकित्सा की शिक्षा एडनबर्ग में प्राप्त की थी। डॉक्टर की उपाधि प्राप्त करने के पश्चात लन्दन में कुछ काल के लिए सेवारत रहे। भारत वापस लौटने पर सन् 1910 में उन्होंने दिल्ली में व्यक्तिगत रूप से चिकित्सा-कार्य किया। सन् 1912 में उन्होंने तुर्की को गये चिकित्सा प्रतिनिधिमंडल का नेतृत्व किया। तत्पश्चात वे होमरुल आन्दोलन के प्रमुख नेता के रूप में उभरे। सन् 1918 में दिल्ली में मुस्लिम लीग की आयोजन समिति (Reception Committee) के अध्यक्ष बने और उस समय उनके द्वारा दिये गये भाषण को सरकार ने प्रतिबंधित कर दिया था। सन् 1920 में वे मुस्लिम लीग और सन 1922 में खिलाफ़त कमेटी के अध्यक्ष बने। उन्होंने असहयोग आन्दोलन में सक्रिय रूप से भाग लिया था, बाद में गया के भारतीय राष्ट्रीय काँग्रेस के अधिवेशन में अपरिवर्तनवादी नेता के रूप में उभरे। सन् 1927 में वे भारतीय राष्ट्रीय काँग्रेस के अध्यक्ष बने और उसी वर्ष मद्रास में हुए इसके अधिवेशन में विचार-विमर्श में उन्होंने सक्रिय भाग लिया। साइमन कमीशन के बहिष्कार में भी उनकी महत्त्वपूर्ण भूमिका रही। वे सर्वदली सम्मेलन के अध्यक्ष बने जिसने नेहरू रिपोर्ट को स्वीकृति प्रदान की। अज़मल खान के पश्चात वे जामिया मिलिया इस्लामिया के चांसलर बने। वे सन 1930 एवं सन् 1932 में राष्ट्रीय आन्दोलनों में सक्रिय योगदान देने के कारण कई बार गिरफ्तार हुए। 10 मई, 1936 में अन्सारी का देहावसान हो गया था।

Makers of Modern India, Indian Council of Historical Research, New Delhi,

1973, p. 38-39

Mushirul Hasan, A Nationalist Conscience, M.A. Ansari, The Congress and the Raj, Delhi, 1987, pp. 9, 12, 14, 15, 89, 102, 109, 110, 112, 113, 161, 162, 245, 246.

14. ख़िलाफ़त आन्दोलन के प्रमुख नेताओं में अब्दुल बारी थे। लखनऊ के फरंगी महल के उलमा वर्ग से सम्बद्ध थे। अब्दुल बारी सन् 1913 में जमायत-इ-खुद्दाम-इ-काबा (Jamait-i-Khuddam-I-Kaba) के संयुक्त संस्थापक थे। इसका उद्देश्य इस्लाम का प्रचार-प्रसार करना था तथा मुस्लिम विद्यालयों की स्थापना करना था।

15. " When in England I was asked to preside over a meeting of the Mohammedan residents in connection with the Khilafat question, for I entirely sympathized with the demand of the Indian Mohammedans for its settlement on lines in conformity with the declaration of the Prime Minister (Mr. Lloyd George)" Surendranath Banerjee, A Nation in Making, 3rd Edition, Calcutta, 1963, p. 306

16. N.K. Bose, Studies in Gandhism, Ahmedabad, 1962, pp. 147-148 " B.C. Pal praised the spirit of Pan-Islamism in attempts to rally Hindu support"

17. Home/Pol. 'A'/February, 1920, File No. 421-431 National Archive of India (NAI)

18. Home/Pol "A"/February, 1920, SÙile No. 421-431, NAI, This report was submitted to the Disorders Inquiry Committee

19. R.Kumar (edited), Essays on Gandhian Politics, the Rowlatt Satyagraha of 1919, Oxford , 1971, p.1

20. Ibid, p.2

21. M.K. Gandhi, Hind Swaraj or Indian Home Rule, Ahmedabad, 1958, pp. 81-82

22. D.G. Tendulkar, Mahatma, Vol One, 1869-1920, Delhi, 1960, pp. 240-241

23. The Collected Works of Mahatma Gandhi, (C.W.M.G.) Vol. XV, p. 188

24. Ibid, p. 188

25. Ibid, p. 188

26. Ibid, p. 188

27. Ibid, p. 188-189

28. Vide Mahadevbhaini Diary. Vol. V, Collected Works of Mahatma Gandhi, Vol. XV p. 201

29. This appears to be Satyagraha Leaflet No. 2

30. The Collected Works of Mahatma Gandhi, Vol. XV pp. 201-202

31. Ibid, p. 203

32. B.D. Shukla, A History of the Indian Liberal Party, Allahabad, 1960, p. 199

33. The Collected Works of Mahatama Gandhi, Vol. XVII, p. 41

34. Letter to Magan Lal Gandhi, May, 4, 1920, The Collected Works of Mahatma Gandhi, Vol. XVII, pp. 386-87

35. An article by Gandhiji on 2, June, 1920, ' Khilafat : Further Questions Answered' C.W.M.G., Vol. XVII, p. 475

36. M.K. Gandhi, " Why I have joined Khilafat Movement", Young India, 28 April, 1920, CWMG Vol. XVII, p. 350

37. Young India, 6 October, 1920. p. 4
38. M.K. Gandhi, Hind Swaraj or Indian Home Rule, Ahmedabad, 1958, p. 49
39. Khaliquzzam Choudhry, The Pathway to Pakistan, Lahore, 1961, p. 43
40. P.C. Bamford, Histories of the Non-Co-operation and Khilafat Movement, Delhi, 1974, p. 143
41. Ibid, p. 146
42. D.G. Tendulkar, Mahatma, Vol. 1, Delhi, 1960, p. 272
43. N.K. Bose, Selections from Gandhi, Ahmedabad, 1968, p. 287
44. B.R. Nanda, Gandhi-Pan-Islamism, Imperialism and Nationalism, OUP, 1989, A review published in the The Times of India, 1989
45. Ibid
46. Ibid
47. Ibid
48. Ibid
49. Ibid
50. Ibid
51. Ibid
52. Ibid
53. Bipan Chandra, Communalism in Modern India, Delhi, 1984, pp. 148 & 173. Gyandendra Pandey, The Ascendancy of the Congress in Uttar Pradesh, 1926-34. A Study in Imperfect Mobilization, New Delhi, 1978, pp. 115-116
54. Gyanendera Pandey, Op.cit, p. 116
55. U.P. General Department File 438/1927 (SRR) cited in Gyanendra Pandey, Op-cit, p. 116
56. Speech at Public Meeting, Surat, The Collected Works of Mahatma Gandhi, Vol. XXV (August, 1924 – January, 1925), p. 93
57. Ibid, p. 93
58. Ibid, pp. 93-94
59. Letter to Dr. M.A. Ansari, The Collected Works of Mahatma Gandhi, Vol Forty Two, p. 510
60. Judith M. Brown, Gandhi's Rise to Power, Cambridge, 1972, p. 229
61. Gyanendra Pandey, Op-cit, pp. 29-30

जवाहरलाल नेहरू—विभिन्न आयाम

1. नेहरू और पुनर्जागरण

रवीन्द्रनाथ टैगोर ने कहा था कि भारत को पाश्चात्य सभ्यता की तीन प्रमुख देन हैं—प्रथम, भारत की दृष्टि को उसकी सीमांतों की परिधि से मुक्त करना, पहले यह दृष्टि जाति से सीमित थी। द्वितीय, मानव गरिमा में आस्था, पहले जातीय कर्म इस गरिमा को कुंठित किए हुए था। तृतीय, मानवीय समस्याओं के समाधान के लिए बुद्धि में विश्वास, पहले इसके लिए अन्धविश्वास एवं धर्म की शरण ली जाती थी। वस्तुतः, यही तीनों भारतीय पुनर्जागरण की जननी हैं। बीसवीं शती के तृतीय तथा चतुर्थ दशक में उस जागरण का प्रौढ़ प्रतिनिधित्व जवाहरलाल नेहरू ने किया। नेहरू की पुरुषमत्ता इन तीन विशेषताओं का योग थी।

आधुनिक भारत एवं पुनर्जागरण के सर्वस्वीकृत पिता राजा राममोहन राय थे। उक्त तीनों विशेषताएँ उनकी कृतियों एवं कार्यों की आधारशिला थीं। अपने समय की प्रगतिवादी घटना एवं लहरों का उन्होंने सहर्ष स्वागत किया। साथ ही साथ प्रतिगामी घटनाओं एवं प्रवृत्तियों पर अपना दुःख उन्होंने खुलकर व्यक्त किया। नेपुल्स की प्रतिगामी घटना पर उनका यह वाक्य प्रत्येक प्रगतिशील व्यक्ति के लिए पथ-प्रदर्शक है—"स्वतन्त्रता के शत्रु और निरंकुशता के प्रेमी न तो कभी सफल हुए हैं और न होंगे।" राममोहन के सुधारवादी कार्यों तथा उनके ब्रह्म समाज की पीठिका में व्यक्ति की गरिमा का सिद्धान्त था। धार्मिक एवं सामाजिक सुधारों के सम्बन्ध में उन्होंने जो कुछ कहा और लिखा उसका केन्द्र बिन्दु था व्यक्ति का व्यक्तित्व, गरिमा एवं सर्जनात्मक शक्ति में आस्था। उन्होंने वेदों के अतिरिक्त सभी धर्मग्रन्थों को तर्क की कसौटी पर रखा। बुद्धिवाद उनका पथ-प्रदर्शक था।

नेहरू का अन्तर्राष्ट्रवादी दृष्टिकोण इस महान परम्परा का प्रतीक है। 'शत्रु का शत्रु हमारा मित्र है', यह कौटिल्यवादी सिद्धान्त सदियों से चला आया है। भारतीय राष्ट्रवादी ब्रिटिश साम्राज्यवाद को अपना शत्रु मानते आये थे। वे स्वभावतः इस साम्राज्यवाद की विरोधी शक्तियों को अपना मित्र समझते थे। प्रथम महायुद्ध में

जर्मन साम्राज्यवाद को जिसका हित ब्रिटिश साम्राज्यवाद को क्षति पहुँचाना था, भारतीय देशभक्त अपने राष्ट्र का शुभचिन्तक मानते थे। 1917 की रूसी क्रान्ति के उपरान्त अन्तर्राष्ट्रीय सम्बन्ध एवं दाँव-पेंच पेचीदा हो गये थे जो साधारण नागरिक की समझ के बाहर थे। ऐसी स्थिति में नेहरू ने 'शत्रु का शत्रु अपना मित्र है' के सिद्धान्त को सही मायने में समझा और समझाया। वही अकेले राष्ट्रनायक थे जिन्होंने परखा और प्रचार किया कि ब्रिटिश साम्राज्यवाद का शत्रु वह विश्व मोर्चा है जिसके अन्तर्गत औपनिवेशिक राष्ट्रवादी आन्दोलन, पाश्चात्य जनवादी, समाजवादी आन्दोलन चल रहे हैं, और जिसका नेतृत्व तीसरे दशक में सोवियत रूस कर रहा था। यह मोर्चा उन मान्यताओं, एवं आदर्शों का प्रतीक और प्रगतिरक्षक था, जिनके लिए सदियों से प्रगतिशील मानव संघर्ष करता आया था।

एक समय एक सीधी दृष्टिवाले देशभक्त ने नेहरू से कहा कि तुम सदा ही बेकार के ऐसे तत्त्वों या आन्दोलनों का समर्थन करते हो, जो पराजित होने वाले हैं या हो गये हैं, जरा यथार्थवादी दृष्टिकोण अपनाया करो। वह मित्र चाहता था कि चीन, चेकोस्लोवाकिया तथा स्पेन के राष्ट्रवादी-जनवादी संघर्षों के स्थान पर नेहरू को हिटलर की बढ़ती हुई सत्ता का समर्थन करना चाहिए। नेहरू ने मुँहतोड़ उत्तर दिया कि मैं यथार्थवादी हूँ। नेहरू ने कहा कि चेकोस्लोवाकिया और स्पेन के जनवाद का पुनरूदय होगा। यदि यह विभ्रम भी हो, तो भी मैं उन जनवादों के लिए आवाज उठाऊँगा, क्योंकि वे उन बहुमूल्य मान्यताओं का प्रतिनिधित्व करते हैं, जिनके लिए हम भारत में संघर्ष करते आए हैं। अगर उनका साथ न दूँ तो मैं भारत में किन आदर्शों का पोषण करूँगा, यहाँ हम किस प्रकार की स्वतन्त्रता के लिए संघर्ष करेंगे। इन शब्दों में राममोहन राय के उक्त वाक्य की प्रतिध्वनि स्पष्ट है। आधुनिक विश्व में एक देशभक्त एवं राष्ट्रवादी का अन्तर्राष्ट्रवादी होना आवश्यक ही नहीं अवश्यम्भावी है।

आज विश्व एक इकाई है। इसमें क्रान्ति एवं स्वतन्त्रता अविभाज्य है। यदि इनका हनन एक देश में होता है, तो उसका प्रभाव अन्य देशों पर पड़ना अवश्यम्भावी है। भारत तथा चीन आधुनिक साम्राज्यवादी शोषण के मुख्य केंद्र थे। सभी साम्राज्यवादी देशों की आँखें भारत पर लगी रहती थीं, वे ब्रिटेन के एकाधिकार से ईर्ष्या करते थे और उसका स्थान लेने का स्वप्न देखते थे। ब्रिटिश साम्राज्यवाद अवश्य ही भारतीय राष्ट्रवाद का दमन करना चाहता था, किन्तु सिद्धान्त की दृष्टि से जर्मन या जापानी साम्राज्यवाद भी भारतीय राष्ट्रवाद के मित्र नहीं थे।

अन्तर्राष्ट्रीय दाँव-पेंच में भले ही जर्मनी या जापान इस राष्ट्रवाद का अस्थायी सहायक हो सकता था, किन्तु वह कभी भी ऐसा नहीं देख सकते थे कि भारत साम्राज्यवादी शोषण से मुक्त हो जाए। ऐसी परिस्थिति में भारतीय राष्ट्रवाद का यथार्थवादी दृष्टिकोण विश्व साम्राज्यवादी प्रथा का विरोधी था। भारत ऐसे ही विश्व में

स्वतन्त्र हो सकता था और रह सकता था, जिसमें साम्राज्यवाद शक्तिहीन हो जाए। एतदर्थ यथार्थवादी नेहरू और काँग्रेस ने साम्राज्यवादी प्रसार का हार्दिक विरोध किया।

एक और बात जो राष्ट्र खुद अपने यहाँ संघर्ष छेड़े हुए था, वह कैसे अन्य जगहों पर साम्राज्यवादी शक्तियों के पताकों के लहराने का हिमायती हो सकता था, यह नैतिक रूप से भी उचित न होता। एक उदाहरण बहुत ज्वलन्त है, तीसरे दशक में नेहरू ने सोवियत रूस की प्रशंसा पर्याप्त मात्रा में की। उन्होंने उस देश को शांति का समर्थक तथा सभ्यता की पुनीत देनों का संरक्षक माना। क्रेमलिन की अन्तर्राष्ट्रीय नीति एवं नीतिकौशल की प्रशंसा की। 1930–40 में रूसी लाल सेना ने फिनलैंड की मेनरहैम रेखा को ध्वंस करना चाहा। नेहरू ने रूस के इस कार्य को रणनीति एवं दाँव-पेंच की दृष्टि से उचित तो अवश्य बताया, किन्तु फिनलैंड की राष्ट्रीय स्वतन्त्रता की सुरक्षा के हेतु सोवियत रूस की तीव्र आलोचना की। स्पष्ट है कि नेहरू का अन्तर्राष्ट्रवाद प्रगतिशील ही नहीं यथार्थवादी भी था।

नेहरू का ईश्वर मानव था। वही मानव टैगोर तथा गाँधी का भी ईश्वर था। इनका त्रियोग आधुनिक भारत का प्रतीक है। मानववाद इस त्रियोग की सामान्य विशेषता है। गाँधीजी व्यक्ति की नेकी एवं करुणा के पुजारी थे। टैगोर व्यक्ति की नेकी एवं सर्जन-शक्ति के पुजारी थे तथा नेहरू व्यक्ति की नेकी तथा बुद्धि के भक्त थे। तीनों की आस्था का पात्र मानव था। यह उनके जीवन-दर्शन तथा जीवन-दृष्टि का आधार था। नेहरू अन्धविश्वासी न थे, वरन् मानव की गतिशीलता एवं सतत सर्जनात्मकता में अटूट विश्वास रखते थे। उन्होंने जीवन के 3168 दिन जेल में बिताये थे। वे कठिन से कठिन परिस्थितियों एवं निराशावादी वायुमंडल में भी सदा ही आशा-युक्त रहे। इसका मुख्य कारण था उनकी मानव में निष्ठा। सम्भवत: मानव-इतिहास में उनसे अधिक कर्मठ बुर्जुआ मानववादी कोई नहीं हुआ।

मानव के प्रति निष्ठा—जवाहरलाल नेहरू की 1040 दिनों की अन्तिम जेलयात्रा (9 अगस्त, 1942 से 13 जून, 1945) अहमदनगर किले में हुई थी। वे दिन विश्व के उथल-पुथल के दिन थे, पहले निराशावाद के बादल छाये थे और फिर कुछ आशा दृष्टिगोचर हुई। जहाँ तक ब्रिटिश साम्राजवाद का सम्बन्ध था, वह विजयी होता नजर आता था। ऐसी परिस्थितियों में किले के अन्दर बैठे नेहरू ने इस प्रकार अपनी आस्था प्रकट की—"मनुष्य की यह ऊर्जा कितनी आश्चर्यजनक है! असंख्य असफलताओं के बावजूद, मानव ने युगों-युगों तक एक आदर्श, सत्य, आस्था, देश और प्रतिष्ठा के लिए अपने जीवन और अपनी प्रिय वस्तु की कुर्बानी दी। वह आदर्श बदल सकता है, किन्तु आत्मबलिदान की वह क्षमता जारी है, और इसी कारण, मनुष्य को बहुत कुछ माफ किया जा सकता है, उसमें आशा को खो देना मुश्किल है। आपदाओं के बीच उसने अपनी गरिमा या अपने पोषित मूल्यों के प्रति

आशा नहीं खोई है। प्रकृति की बलवान शक्तियों के खिलौने, इस विशाल जगत में धूल की एक राशि से कम, तात्विक शक्ति को उसने गम्भीर चुनौती दी और अपने दिमाग के साथ, क्रान्ति के पालने से, उन पर अधिकार करने का प्रयास किया। देव जो कुछ भी हो, मनुष्य में देवता के समान कुछ है, जैसा कि उसमें कुछ दानव के समान भी है।''

टीवर मंडे नामक पत्रकार ने नेहरू से कहा था कि विश्व शान्ति का स्वप्न बीसवीं सदी के महायुद्धों से टूट गया है, मूल्यतः वह उन्नीसवीं सदी की उस मानववादी उदारवादी परम्परा पर आश्रित है जो निष्ठाहीन होती जा रही है। उसने नेहरू से पूछा कि इस दृष्टि से वह आज कहाँ तक सहमत हैं। नेहरू ने उत्तर दिया कि हाँ, मंडे का कथन सही है, किन्तु नेहरू का इस बात में अटूट विश्वास है कि मानव में कुछ ऐसी आन्तरिक वस्तु है, जो कि आज भी मानव जाति एवं मानव सभ्यता को जीवित रखे हुए है। नेहरू ने विश्व के भविष्य तथा भारत के भविष्य में आस्था प्रकट की। कुछ ऐसा ही विचार रवीन्द्रनाथ टैगोर ने अपने अन्तिम वक्तव्य में, जिसे उन्होंने अपनी 81वीं वर्षगाँठ (1941) के अवसर पर मृत्यु शैय्या से दिया था, व्यक्त किया था। कवि ने कहा कि आज उसकी पाश्चात्य सभ्यता के प्रति निष्ठा समाप्त हो गयी है। वह सोचता आया था कि पाश्चात्य सभ्यता प्रगति की ओर अग्रसर होती रहेगी। आज जब वह दुनिया छोड़ने वाला है, उसे इस विश्वास का दिवालापन दिखायी पड़ रहा है। आज वह गवीली सभ्यता निस्सारता की ढेर मात्र बन गयी है। कवि ने यह मत प्रकट किया कि यह सब होते हुए भी मैं मानव के प्रति निष्ठा खो देने के गम्भीर गलती नहीं कर सकता।

आजीवन नेहरू मानव उत्थान के लिए संघर्ष करते रहे। उन्होंने कहा ''मेरा सारा जीवन और मेरा बल विश्व के प्रथम ध्येय मानव की उन्मुक्ति के लिए अर्पित है।'' उन्होंने सदा ही उनके साथ कंधा मिलाया जो इस प्रथम ध्येय के लिए संघर्ष कर रहे थे। चाहे वे भारत में हों अथवा चीन में, स्पेन में हों अथवा अफ्रीका में। 1938 में यूरोप में पैर रखते ही वह सीधे वारसीलोना गये, जहाँ स्पेन के स्वतन्त्रता-सेनानी फ्रेंको तथा विश्व के प्रतिगामियों का मुकाबला कर रहे थे। वह इन सेनानियों के साथ रहे, उन्होंने उनका दुःख सहा और उनके जीवन का चित्रण किया। यह चित्रण मानववादी साहित्य में चिरस्थायी रहेगा। उन्होंने चीनी राष्ट्रवादी सेनानियों के कष्टप्रद जीवन का स्वयं अनुभव किया। उनकी मानवता को सदा ही तब ठेस लगती थी जब वह दलितों का दुःख देखते थे, भले ही दृश्य प्रतापगढ़ के ग्रामों का हो या झरिया के कोयला खदान या डरबी-शायर की कोयला खान का।

नेहरू के अनुभव एवं अध्ययन ने उन्हें बताया कि मानव की गरिमा, रचनाशक्ति एवं पुरुषमत्ता पूँजीवादी व्यवस्था में नहीं पनप सकती थी। अतः वे समाजवाद की

ओर आकर्षित हुए। सोवियत रूस की प्रशंसा का भी यही मूलाधार था। उनका विश्वास था कि केवल समाजवादी व्यवस्था में ही व्यक्ति का व्यक्तित्व प्रस्फुटित हो सकता है। लेकिन उनकी उदारवादी पीठिका ने उन्हें समाजवाद के एकमार्गीकरण का आलोचक बनाया। अत: नेहरू बीसवीं सदी के व्यक्तिवादी चिन्तक थे। उन्होंने अपनी व्यक्तिवादी अनुभूतियाँ उपनिषदों में देखीं और अपनी व्यक्तिवादी जिज्ञासा की सन्तुष्टि समाजवाद में।

पुनर्जागरण की तीसरी महत्त्वपूर्ण विशेषता थी बुद्धि-प्राधान्य। इसका सबसे बड़ा प्रमाण यह है कि धर्म ने, जो अन्धविश्वास पर आधारित होता है, तर्क की शरण ली। धार्मिक अनुयायियों ने अपने सिद्धान्तों की पुष्टि एवं व्याख्या के हेतु वार्तालाप की शरण ली और वार्तालाप बुद्धि पर आश्रित है। नेहरू बुद्धिवादी थे। वह प्रकृति विज्ञान के स्नातक थे और समाज विज्ञान के अधिकारी।

वह अन्धविश्वास के शत्रु थे। उन्होंने किसी विचार, परिपाटी, सिद्धान्त, कार्यक्रम या नेता को बिना तर्क की कसौटी पर उतारे स्वीकार नहीं किया। गाँधीजी के नेतृत्व में उन्हें सदा ही आस्था रही। मोतीलाल नेहरू के मृत्यु उपरान्त गाँधीजी उनके लिए नेता और पिता दोनों थे। नेहरू ने प्रथम महायुद्ध काल की राजनीतिक तथा सामाजिक दशा को एक वैज्ञानिक की भाँति देखा। वह कई महीने गाँधीजी के साथ घूमे। उन्होंने गाँधीजी के चमत्कारपूर्ण सत्याग्रह को भी देखा। अध्ययन, मनन तथा चिन्तन के पश्चात वह इस निष्कर्ष पर आये कि भारत की स्थिति में केवल गाँधीजी ही राष्ट्र का नेतृत्व कर सकते हैं। अत: गाँधीजी के नेतृत्व में उनका विश्वास था न कि अन्धविश्वास।

एक बुद्धिवादी होने के नाते उन्होंने गाँधीवादी के पुनरुत्थानवादी विचारों को स्वीकार नहीं किया, बल्कि उनकी तीव्र आलोचना की और कभी-कभी व्यंगात्मक हँसी भी। साम्प्रदायिकतावादी विचार उनके लिए विष-तुल्य थे। उन्हें प्राचीन भारतीय सभ्यता में पूर्ण गौरव था, उसकी महानता को उन्होंने प्रचारित भी किया, किन्तु उन्होंने अपनी इस निष्ठा को साम्प्रदायिकता की जननी नहीं बनने दिया। उन्होंने उपनिषदों में अपना व्यक्तिवाद तथा बुद्धिवाद देखा, न कि प्राचीन भारत में अखंड भारत का बीज। उनका बुद्धिवाद उन्हें मार्क्सवाद की तरफ ले गया। उन्होंने इस दर्शन में अन्धविश्वास का अभाव पाया। इस उदारवादी ने मार्क्स की अध्ययन-पद्धति को ग्रहण किया और उसके द्वारा ऐतिहासिक तथा सामाजिक समस्याओं का उत्कृष्ट विश्लेषण कर पाए। यह सब होते हुए भी मार्क्सवाद को अन्धविश्वास के रूप में नहीं स्वीकार किया।

गुणों की विचित्रता—यह तो सत्य है कि नेहरू अनुशासन के पोषक थे। इस सम्बन्ध में गाँधीजी ने, जो मनुष्यों के चरित्र के ज्ञाता थे, 1939 में उनकी अनुशासन

प्रियता की प्रशंसा की, किन्तु उनकी यह विशेषता उनके बुद्धिवाद की पोषिका थी, विरोधिनी नहीं। उन्होंने सदा राष्ट्रभक्तों से अनुशासन की आशा की और साथ-साथ यह भी स्पष्ट कहा कि वे किसी भी आदेश को स्वीकार न करें, जब तक कि वह बुद्धियुक्त न हो।

बुद्धि-प्रधानता उन्हें धर्म-निरपेक्षता की ओर ले गयी। वह शत-प्रतिशत आधुनिकतावादी थे। उसकी सबसे बड़ी इच्छा थी भारत को तीव्र गति से आधुनिकता की ओर ले जाना। इस नाते वह मध्ययुगीन एवं दकियानूसी विचारों के शत्रु थे। भले ही वे विचार बापू की कृतियों में मिलें या इकबाल अथवा मालवीय की कृतियों में। इसलिए वे साम्प्रदायिकता को भारत का प्रथम शत्रु मानते थे। उन्हें भारत के ही नहीं, एशिया के प्राचीन दर्शन-ज्ञान एवं विज्ञान पर गर्व था। रानाडे, नौरोजी, गोखले, तिलक जैसे पूर्वजों की भाँति वे सोचते थे कि पुराने गौरव का नया संस्करण है—प्रगति की ओर अग्रसर होना, न कि सदियों की गन्दगी को पुनर्जीवन देना। इसका अभिप्राय यह नहीं है कि नेहरू अधर्मी थे। वस्तुतः वह सच्चे धार्मिक व्यक्ति थे। गाँधीजी इसका प्रमाण-पत्र हैं। यही नहीं मौलाना मुहम्मद अली जैसे व्यक्ति ने भी यह स्वीकार किया कि इस धार्मिक व्यक्ति का धर्म था—मानव जाति की उन्मुक्ति के लिए संघर्ष करना। वह पारलौकिक सुख के सम्बन्ध में नहीं सोचते थे और न ही इस विश्व की महान समस्याएँ उन्हें इस पर सोचने का अवसर ही देती थीं। उनकी विशेषता थी वैज्ञानिक जिज्ञासा, जिसको भी इस देशभक्त ने प्राचीनता में देखा। यह लौकिक सुख की प्रधानता भारतीय पुनर्जागरण के प्रारम्भ से ही रही है। धर्मसुधारों तथा बाद में साम्प्रदायिकता की पीठिका में लौकिक हित रहा है। स्पष्टतः यह मध्यवर्गीय स्वार्थी, संकीर्ण एवं तात्कालिक लाभ ही साम्प्रदायिकता की जननी रही है। नेहरूवाद इस प्रवृत्ति का स्वस्थ, स्वच्छ तथा प्रगतिशील प्रतिनिधि है।

अस्तु नेहरू भारतीय पुनर्जागरण के सच्चे शालीन शिशु थे। सम्पूर्ण पुनर्जागरण उनकी पुरुषमत्ता में था। उसका मानववाद, उसका बुद्धिवाद, उसका वह लौकिक सुख, उसकी विशाल दृष्टि, उसका विश्वबन्धुत्व, उसका स्वातंत्र्य प्रेम, उसकी गरिमा, उसकी देशभक्ति तथा उसका राष्ट्रवाद नेहरू की रग-रग में था। मध्यम वर्ग इस पुनर्जागरण का सर्जनहार रहा है। इस सदी के तीसरे दशक में नेहरू ने पुनर्जागरण की बढ़ती हुई लहर एवं सर्जनहार मध्यवर्ग का प्रतिनिधित्व किया। उन्हें सही रास्ते पर ले जाने का प्रयास किया। यह औपनिवेशिक मध्यम वर्ग अप्रत्यक्ष उपज है। नेहरू की त्रुटियाँ इन दोनों की त्रुटियाँ थीं। आज समस्या तथा दायित्व यह है कि कैसे इस लहर को आगे बढ़ाया जाए और प्रगति के पथ पर कैसे इस मध्यम वर्ग को सच्ची एवं वैचारिक दिशा दी जाए?

2. नेहरू की 'भारत-माता'

जवाहरलाल नेहरू ने 'भारत-माता' का जो चित्र प्रस्तुत किया है वह भक्तिवाद,

अन्धराष्ट्रवाद, छायावाद, उदारवाद, बुद्धिवाद तथा यथार्थवाद का सम्मिश्रण है। 'हिन्दुस्तान की कहानी' में भारत-माता का ऐसा ही चित्रण है—''वह एक विचार है और एक मनोगाथा, एक कल्पनाचित्र है और स्वप्न है किन्तु सच्चा, सजीव एवं व्यापक। इस सुन्दरी का एक अतीत है जिसमें वह कई रूपों में विद्यमान हुई—लज्जापूर्ण, घृणा की पात्र, जिद्दी, विक्षिप्त, और उद्विग्न। फिर भी वह बहुत प्रिय है और उसके पुत्र कहीं भी और किसी भी स्थिति में हों उसे भूल नहीं सकते। वह उनकी एक इकाई है। उसकी आँखों में उनका प्रतिबिम्ब है। उन आँखों ने जीवन का उद्गार, हर्ष और मूर्खता देखी है। साथ ही उनमें गम्भीर बुद्धिमत्ता है।''

नेहरू ने 'विश्व इतिहास की झलक' में लिखा है कि मुझे आश्चर्य होता है कि यह वृद्धा भारत-माता जो इतनी पुरातन, इतनी युवती एवं सुन्दरी है, क्या कभी अपने बच्चों के लघु उल्लासों एवं दु:खों पर नहीं हँसती होगी? 'अपनी वसीयत' में उन्होंने 'गंगा माँ' का वर्णन किया है। यह काव्यमय गद्य के इतिहास में चिरस्मरणीय एवं अद्वितीय रहेगा। ''गंगा भारत की सरिता है वह भारत के लोगों को प्यारी है। सभी इस गंगा की परिधि में गुंथे हैं, भारत के प्रजातीय सदस्य, उसकी आशामय विजयगान और विजय तथा पराजय। वह भारत की सभ्यता तथा संस्कृति का प्रतीक रही है। यह गंगा सदा परिवर्तिता, सदा प्रवाहिणी है फिर भी सदा वही गंगा है। वह मुझे हिमालय के तुहिन धवल शिखरों तथा गहरी घाटियों की स्मृति दिलाती है जिन्हें मैंने इतना प्यार किया है। नीचे आने पर वह उन सम्पन्न एवं सुविस्तृत समतल मैदानों का स्मरण दिलाती है जहाँ मेरा जीवन व्यतीत हुआ है और जीवन-कार्य सम्पादित। गंगा ऊषा की रश्मि में हास और नृत्य करती है। संध्या की परछाईं में वह तम-युक्त, चिंतित मुद्रावली एवं रहस्यपूर्ण है। शीतकाल में संकीर्ण, धीमी तथा गरिमामय धारा है वर्षाकाल में भीषणगर्जन करने वाली है। वस्तुत: वह सागर की भाँति विस्तीर्ण है और उसमें समुद्र की विध्वंसक शक्ति है। ऐसी गंगा मेरे लिए प्रतीक और स्मृति है जिसमें भारत का भूत, वर्तमान और भविष्य संगुम्फित है।''

कोई भी देशाभिमानी रटु नेहरू के उद्गार पर ईर्ष्या करेगा। तथापि कोई ऐसी भावशक्ति रचना न दे सका। यही नहीं, वह ऐसी पंक्तियों से अपनी आँखें भी हटा लेता है, उन्हें जनता से छिपाता है। कारण, जवाहरलाल रटु नहीं थे। उनका सारा जीवन एवं व्यक्तित्व ऐसी संकीर्णता तथा कूपमंडुक्ता के विरुद्ध था। उनके देश-ममत्व की पीठिका में बुद्धिवादी, अनुभववादी एवं यथार्थवादी दृष्टिकोण था। इस पीठिका ने नेहरू को संकीर्णतावाद तथा अन्धराष्ट्रवाद का शत्रु बनाया। निष्ठापूर्वक देश के अतीत का उन्हें गर्व था, ऐसा गौरव जो एक रटु में भी नहीं मिलेगा। इस गौरव से अधिक देश के भविष्य के प्रति उनका महत्त्वपूर्ण महत था।

उन्होंने देश के अतीत का अध्ययन उसे पुनर्जीवित करने के लिए नहीं, वरन्

प्रेरणा लेने के लिए किया। उनका कहना था, ''बहुधा अतीत भविष्य से ईर्ष्या करता है। वह हमें भयानक पकड़ में रखता है। भविष्य की ओर अग्रसर होने तथा उसकी चुनौतियों का सामना करने के लिए हमें इस पकड़ से मुक्त होना पड़ेगा। इसके लिए संघर्ष अपरिहार्य है।'' गिने-चुने ही देशभक्त होंगे जो अतीतग्रस्त होते हुए भी संकीर्णता के शिकार नहीं बने तथा मानव तथा देश के भविष्य से मुँह नहीं मोड़ा। नेहरू उनमें से एक थे। अतीतग्रस्तता ने उनकी गतिमयता को बल दिया, कुंठित नहीं किया। संवेदना ने मानवीय पहलू को विस्मृत नहीं किया। अत: नेहरू की भारत माँ ऐतिहासिक पुरुषमत्ता-सम्पन्न एक यथार्थ है। वह ऐसी पार्थिव संस्था है जिसकी विशेषताएँ हैं—प्रभवनीयता, सम्मिश्रणवाद, गत्यात्मकता और जिज्ञासा। वह एक आदर्श आतिथेय गृहिणी है न कि लड़ाकू औरत। सबसे परे, वह मानवीय है और पुनर्जागरण की सच्ची भावना की अभिव्यक्ति।

नेहरू का चिन्तन भारतीय पुनर्जागरण एवं पाश्चात्य उदारवाद का प्रतीक है। भारत उनके रक्त में था और भारत में बहुत कुछ ऐसा था जिसने उन्हें स्पन्दित किया। उन्होंने कहा था कि ''भारत माँ मुझे असंख्य रूपों में अंक में लिये हुए हैं जैसा वह सभी बच्चों के साथ करती हैं।'' किन्तु जीवन एवं विश्व के प्रति उनका दृष्टिकोण आधुनिक था। वह मानवतावादी उदारवादी परम्परा से इतना प्रभावित थे कि उससे पृथक नहीं हो सकते थे।

राष्ट्रीय विरासत से प्रेम एवं स्वचिन्तन-धारा से नेहरू अलग नहीं हुए, और न ही हो सकते थे। उनका कहना था कि 'वे दोनों मेरे अंश हैं'। अत: उनके भक्तिपूर्ण, छायावादी एवं काव्यमय कथनों के बावजूद नेहरू की भारत माँ की सन्धारणा और अर्थपूर्ण एवं पश्चिम के प्रति सदा ही निष्ठावान रही। भारतीय जनता के महान शिक्षक के सदृश नेहरू ने इस मौलिक विचार को अपने लाखों लोगों को समझाया। वह निहत्थे असंख्य किसानों से कहते थे, ''तुम भारत माता के अंश हो। एक दृष्टि से तुम्हीं भारतमाता हो। उसकी जय तुम्हारी जय है।''

एक सच्चे पुनर्जागरण के व्यक्ति की तरह वह भारत के सजीव एवं निर्जीव से प्रीति करते थे। लाखों के आतुर नयनों एवं क्षुधित चेहरों में उन्होंने भारत को देखा। पुनर्जागरण के कई नेता हुए, किन्तु उनमें नेहरू ही एक थे जिन्होंने भारत माता को अनेक रूपों में देखा। उसके अतीत की गरिमा एवं महानता की कहानी कहते हुए स्मारकों, अवशेषों, मूर्तिकलाओं, खंडहरों तथा भव्य भवनों में भारत के भौतिक वैभव एवं विविधता देखी। उन्होंने उसके प्राचीन एवं सम्पन्न साहित्य के अंश को पढ़ा।

नेहरू ने आर्य-सभ्यता में व्यक्तिवाद तथा आधिदैविक लोकवाद देखा। दार्शनिक सत्यों के लिए वह उपनिषदों की ओर गये। जगत की समस्याओं का औपनिषदिक उत्तर था कि विश्व स्वतन्त्रता में उदित होता है, उसमें वास करता है

और उसी में विलीन हो जाता है। अतः इस उदारवादी देशभक्ति ने उपनिषदों में स्वतन्त्रता की भावना देखी।

प्राचीन भारतीय साहित्य की पीठिका में 'विचारों की बलिष्ठता', 'भाषा की स्पष्टता' तथा 'मस्तिष्क की सम्पन्नता' थी। नेहरू पर इसका प्रभाव पड़ा। भारत के इतिहास में सर्जनात्मकता के गौरव के काल रहे हैं। इस गौरव के कारण रहे हैं- 'जीवन की प्रेरणा', 'अभियान एवं कर्मठता', 'मानसिक सतर्कता और प्रौद्योगिकी कौशल', 'विजयी एवं विद्रोही विचार', 'भव्य कलाएँ एवं मूर्तिकला', 'भाषा की सजीवता एवं सम्पन्नता' तथा 'जिज्ञासा की भावना।'

यथार्थवादी नेहरू ने भारत माता के दुर्बल पक्ष भी देखे। परम्परागत भारतीय समाज की विशेषता रही है—स्वायत्त ग्राम समुदाय, जाति एवं संयुक्त परिवार का अद्वितीय संयोग। इसने भारत को स्थायित्व एवं नैरन्तर्य दिया। इस संयोग की गौरवगाथा अतीतग्रस्त देशभक्त करते आये थे, किन्तु वे यह नहीं देख पाये कि यह भारतीय समाज को आगे नहीं ले जा सकेगा। यह उसकी प्रगति में भयंकर अवरोध भी था। यह घातक सिद्ध हुआ। इससे न केवल राष्ट्रीय अर्थतन्त्र, वरन् चिन्तन भी 'स्थिर, परम्परागत, अनम्य एवं अविस्तारशील तथा अप्रगतिशील' बना। परिणामतः भारतभूमि विदेशी आक्रमणकारियों का शिकार बनी। कुछ आक्रमणकारी तो भारत से संस्कृतिक रूप से पिछड़े थे। इस प्रकार साहस एवं बलिदान के बावजूद प्राचीन भारत मुसलमानी आक्रमक के सम्मुख झुक गया।

सभ्यता की दृष्टि से अफगान भारतीयों से पिछड़े थे। भारतीय इतिहासकारों ने प्रायः इन आक्रमणकारियों के क्रूर एवं कठोर व्यवहार को साम्प्रदायिक रंग दिया है। बुद्धिवादी एवं धर्म-निरपेक्ष नेहरू ऐसी संकीर्णता से ऊपर थे। उन्होंने कहा कि एक मुसलमान ने धर्म के कारण हिन्दू की हत्या नहीं की, वरन् एक विदेशी विजेता ने विजित के साहस एवं संकल्प को तोड़ने का प्रयास किया। यह कठोर एवं निर्मम व्यवहार का कारण था। मध्य एशिया से आये आक्रमणकारी मुसलमान होने के पहले से ही कठोर एवं निर्दयी थे। अस्तु बर्बरता का वास्तविक कारण राजनीतिक या सामाजिक था, धर्म का तो एक बहाना था।

नेहरू ने भारत माँ की अनुभूतियुक्त कहानी सुनायी। यह अनुभूति थी एक प्रगतिशील उदारवादी और मानववादी वैज्ञानिक की। ऐसा उनके जीवन-दर्शन और जीवन-दृष्टि में था। उनकी दृढ़ आशावादिता भी ऐसी विशेषता लिए हुए थी। उन्होंने सदा सोचा कि भारत की स्वाधीनता जीवन के सभी क्षेत्रों में सर्जनात्मकता एवं प्रगति विकीर्ण करेगी। ऐसा स्वप्न उनकी कृतियों में बार-बार प्राप्त होता है।

उनकी मनमोहकता भी बुद्धिवाद एवं आधुनिकता लिए हुए थी। वह सोचते थे कि प्राचीन भारतीय चिन्तन वैज्ञानिक दृष्टिकोण तथा अन्तर्राष्ट्रीयतावाद से ओतप्रोत

था। नेहरू की देशभक्ति एक निश्चित एवं प्रगतिशील प्रतिबद्धता से युक्त थी। वह भारत माँ को 'आधुनिकता का आवरण' देना चाहते थे। इस प्रतिबद्धता के लिए उन्होंने आजीवन संघर्ष किया। उनकी मनमोहकता ने सोचा कि देशवासियों में वैज्ञानिक प्रवृत्ति एवं जिज्ञासा-भावना है। इसलिए वह सोचते थे कि स्वतन्त्र भारत भी अतीत की भाँति गौरवपूर्ण होगा।

आधुनिक भारत के त्रियोग गाँधी-नेहरू-टैगोर का सामान्य सूत्र था गहन मानववाद। यह सूत्र इस त्रियोग को रटंतु, अर्द्धशिक्षित तथा प्रलापी-पाखंडी की कोटि से पृथक करता है। नेहरू ने 'विश्व इतिहास की झलक' सम्बन्धी पत्रों का समापन टैगोर की सुप्रसिद्ध कविता से किया। यह गहन मानववाद के तादात्म्य के कारण हैं।

नेहरू की अपनी इच्छा तथा आशा भी पर्याप्त काव्यमय थी। उन्होंने लिखा कि "यद्यपि भारत माँ की वेशभूषा अवश्य ही बदलेगी, तथापि वह पुरानी ही रहेगी। भारत का विवेकागार अपने पुराने 'सत्यं शिवं सुन्दरम्' के अस्तित्व को इस कटु प्रतिशोधी एवं ग्रासी विश्व में बनाये रखेगा। संक्षेप में नेहरू की भारत माता पुनर्जागरण के मानववाद, बुद्धिवाद एवं प्रगतिशीलता का प्रतीक हैं।

3. नेहरू और राष्ट्रीय मानक

विक्टोरिया का ब्रिटेन सभ्यता का केन्द्र था। वह विश्व की अर्थव्यवस्था तथा राजनीति की धुरी था। वह औपनिवेशिक नवीन मध्यम वर्ग का आदर्श था। उसका उदारवाद, संसदीय जीवन एवं कार्यक्रम, उसका साहित्य तथा उसकी आन्दोलन-पद्धति इस मध्यम वर्ग के आदर्श थे। वह इनसे प्रेरणा लेता था तथा इनको देखकर वह चकित-सा होता था, किन्तु यह उदारवाद स्वयं मानकहीन था, क्योंकि फ्रांस की राज्यक्रान्ति के पश्चात पाश्चात्य उदारवाद मानकहीन हो चला था। अस्तु औपनिवेशिक उदारवाद का मानक स्वयं में मानकहीन था।

पाश्चात्य सभ्यता के सम्पर्क के फलस्वरूप नवीन मध्यम वर्ग के जीवन-दर्शन एवं जीवन-दृष्टि में क्रान्तिकारी परिवर्तन हुआ था। यह राष्ट्र को नई दिशा में आगे बढ़ाना चाहता था। वह स्वतन्त्रता के साथ-साथ राष्ट्रीय जीवन में क्रान्ति लाना चाहता था। क्रान्ति के लिए एक उच्च मानक का होना आवश्यक है, किन्तु वे राष्ट्र के पथ-प्रदर्शक जो मानकहीन ब्रिटिश उदारवाद को अपना मानक मानते थे, पथ-प्रदर्शन न कर सके। सुरेन्द्रनाथ बनर्जी, दादाभाई नौरोजी, महादेव गोविन्द रानाडे, फिरोजशाह मेहता, गोपालकृष्ण गोखले जैसे उच्चकोटि के पथ-प्रदर्शक राष्ट्र को एक उच्च मानक न दे सके। ऐसे कार्य की चेष्टा उनकी शिक्षा-दीक्षा से परे थी। एक और मौलिक कारण भी था, वह यह कि सम्पत्ति की सुरक्षा की समस्या यूरोपीय

मध्यम वर्ग को एक तर्कयुक्त मानक की खोज की ओर ले गयी। नैसर्गिक नियम ऐसा मानक बना। आगे चल कर नैसर्गिक अधिकारों ने भी यह स्थान प्राप्त किया। भारतीय मध्यम वर्ग के सम्मुख ऐसी कोई समस्या नहीं थी। सम्पत्ति की सुरक्षा ब्रिटिश शासन एवं नवीन नियम-संग्रह ने कर दी थी। फलतः राममोहन राय तथा अन्य भावी नेताओं ने इस सुरक्षा का गीत गाया और इस नाते ब्रिटिश शासन एवं नियम-संग्रह का भी। जहाँ तक नैसर्गिक नियम का प्रश्न है यह भारतीय वकील की परम्परा से पूर्णतः बाहर की वस्तु थी। वह 19वीं सदी की मीमांसा तथा ब्रिटिश नियम पद्धति का विद्यार्थी एवं अनुगामी था।

अस्तु भारतीय मध्यम वर्ग राष्ट्रीय जीवन में क्रान्ति चाहता था, किन्तु उसके पास कोई बुद्धियुक्त मानक न था। 19वीं सदी के राष्ट्रीय नेता इस महान आवश्यकता की पूर्ति न कर सके। फलतः नई पीढ़ी के उदासीन देशभक्तों ने अबुद्धियुक्त मानक अपनाये। काली, दुर्गा, प्रताप, शिवाजी, खिलाफ़त जैसे अबुद्धिवादी मानक ने नयी पीढ़ी को उत्तेजित किया। ऐसे मानकों के जन्म की पीठिका में 19वीं सदी के द्वारा धार्मिक-सामाजिक आन्दोलनों द्वारा पुनरुत्थानवादी वातावरण भी था। इन मानकों से उत्तेजित होकर राष्ट्रभक्त नवयुवक ने ब्रिटिश साम्राज्यवाद का विरोध किया, कई फाँसी के तख्ते पर चढ़े।

गाँधीजी एक नये मानक को लेकर राष्ट्रीय जीवन में अवतरित हुए। उनका आदर्श, जो 'हिन्द स्वराज्य' (1909) पर आधारित था, पूर्णतः नकारात्मक था। वह आधुनिकता का विरोधी एवं विलोम था। कई उदासीन राष्ट्रभक्तों ने क्रोध में आकर इसे अपने जीवन का पथ-प्रदर्शक बनाया। इस गतिविधि पर 'अंगूर खट्टे हैं' वाली मनोवृत्ति की भी छाप थी। एक समय था कि 'हिन्द स्वराज्य' नामक पुस्तक राष्ट्रभक्त के गले का हार बनी। गाँधीजी का मानक नकारात्मक दृष्टिकोण की चरमसीमा थी।

जवाहरलाल नेहरू तथा अन्य काँग्रेसीजनों ने गाँधीजी की संघर्ष पद्धति को स्वीकार किया तथा उसके नैतिक स्व-अनुशासन को अंगीकृत किया। नेहरू भारत माता को आधुनिकता का स्वरूप देना चाहते थे। वह वैज्ञानिक थे, गाँधीजी के मानक उनके गले न उतरा। वह गाँधीजी के राम राज्य को कल्पना मात्र मानते थे। उसके अनुसार गाँधीजी के सामाजिक दर्शन में विश्वास करना निर्जीवित, प्रकाशहीन तथा अनुत्साहपूर्ण जीवन सत्ता में प्रवेश करना है। अस्तु नेहरू का बुद्धियुक्त आदर्श भारतीय राष्ट्रवाद का प्रमाण-ध्वज रहा।

मस्तिष्क की बैचेनी की स्थिति में मार्च, 1926 ई. को वह यूरोप गये। 21 महीने के विदेश प्रवास के सिलसिले में उन्हें प्रकाश मिला। वहाँ वह पाश्चात्य प्रगतिशील आन्दोलन, साहित्य एवं संगठन के सम्पर्क में आये। मार्क्सवादी समाजशास्त्र की ओर वह आकर्षित एवं प्रभावित हुए। अध्ययन एवं अनुभव ने उन्हें बताया कि

भारतीय राष्ट्रवाद की महान त्रुटि है सकारात्मक मानक की अनुपस्थिति। उन्हें महसूस हुआ कि अराष्ट्रवादी संकुचित एवं सम्प्रदायवादी मनोवृत्तियों को दूर करने के लिए यह आवश्यक है कि काँग्रेस का सामाजिक लक्ष्य स्पष्ट किया जाये।

1930-31 में सविनय-अवज्ञा आन्दोलन हुआ। गाँधीजी द्वितीय गोलमेज सम्मेलन में असफल हुए। नेहरू ने गाँधीजी की असफलता में भारतीय जनता की असफलता देखी। इस असफलता का कारण यह था कि वह जनता संगठित न थी इसलिए जनसंगठन अनिवार्य है। इसके लिए एक बुद्धियुक्त मानव अनिवार्य है। अस्तु बीसवीं शताब्दी के बीसियों के उत्तरार्द्ध में वे मानक को आवश्यक बताते थे। बीसवीं शताब्दी के मध्य तीसियों में उसे अनिवार्य समझने लगे। उन्होंने कराची काँग्रेस में मूलभूत अधिकार सम्बन्धी प्रस्ताव स्वीकृत कराया। मध्य तीसियों में वह केवल सात महीनों के लिए जेलों से बाहर रहे। उन सात महीनों में उन्होंने जनवादी, समाजवादी मानक सम्बन्धी तथा साम्प्रदायिकता विरोधी लेख लिखे। लखनऊ कांग्रेस में काँग्रेस अध्यक्षीय भाषण में उन्होंने कहा कि "अब तक काँग्रेस जनता के लिए रही है। उसे अब जनता की संस्था होनी चाहिए, तभी ये वास्तविक रूप से जनता के लिए होगी।" यह ऐतिहासिक वाक्य राष्ट्रीय आन्दोलन के इतिहास में महत्त्वपूर्ण स्थान रखता है।

नेहरू ने मार्क्सवाद से मानक का विचार लिया, मानक नहीं। जहाँ तक मानक के विचार का प्रश्न है, मध्य उन्नीसवीं सदी से मार्क्सवाद ही ऐसा दर्शन था जिसने बुद्धियुक्त मानक को अपनाया। फ्रांस की राज्यक्रान्ति के पश्चात उदारवाद के समर्थक पूँजीपति एवं मध्यम वर्ग प्रचलित व्यवस्था को सर्वोत्कृष्ट मानने लगे थे। मार्क्सवाद ने एक ऐसे बुद्धियुक्त मानक का निर्माण किया जो दलित जनता के हृदयानुकूल था। रूसी क्रान्ति के बाद यह मानक और भी आर्कषक बना। नेहरू ने इस विचार को ग्रहण किया। ऐसा विचार ब्रिटिश उदारवाद, जिसकी छाप उनके मस्तिष्क पर हैरो, कैम्ब्रिज तथा लन्दन के विद्यार्थी जीवन में पड़ी थी, की परम्परा के विपरीत था। साथ ही वह भारतीय राष्ट्रीय आन्दोलन की परम्परा के भी प्रतिकूल था। इस दृष्टि से वे दोनों को अर्थात् उदारवाद एवं राष्ट्रवाद को आगे ले गये, किन्तु उसके मानक का रूप एवं विषयवस्तु मार्क्सवादी न थे। उन पर स्पष्टतः उदारवाद, गाँधीवाद एवं फेबियन समाजवाद की छाप थी।

नेहरू ने मानक के विचार को गाँधी के सुपुर्द किया। उनके मानक को काँग्रेस ने स्वीकार नहीं किया। बस वे तथा उसके वामपन्थी समर्थक इस आदर्श द्वारा जनता को काँग्रेस की ओर लाये। जहाँ तक काँग्रेस के रण-पताके का प्रश्न था उसका निर्माण सदा गाँधी ने किया। उस पर सदा ही नकारात्मक लक्ष्य एवं नारे अंकित रहे। नेहरू तथा सुभाषचन्द्र बोस ने स्पष्ट शब्दों में स्वीकार किया था कि आन्दोलन के लक्ष्य सम्बन्धी प्रश्न में गाँधी सदा अस्पष्ट रहे। तीसियों में नेहरू के मानक के प्रचार

के होते हुए भी परिस्थिति में कोई परिवर्तन नहीं हुआ।

स्वतन्त्रता के पश्चात नेहरू को अपने मानक को लागू करने का अवसर मिला। संविधान के नीति-निर्देशक तत्त्व इसकी देन हैं। उन्होंने समाज का समाजवादी स्वरूप और फिर समाजवाद की स्थापना को काँग्रेस का लक्ष्य बनाया, साथ ही राष्ट्र का भी। किन्तु, इस मानक को कार्यान्वित करने का कार्य उक्त काँग्रेसजनों एवं नौकरशाही के सुपुर्द किया गया। 1945 ई. के पश्चात शनैः-शनैः पुरानी काँग्रेस से वे लोग पृथक हो गये जो तीसियों एवं चालीसियों में नेहरू के एवं मार्क्सवादी मानक से प्रभावित हुए थे। फलतः राज्य के कर्णधार अब काँग्रेस में ही उसके अवशेष बने। अवशेष का लक्ष्य था सत्ता प्राप्ति एवं संचयशीलता। उसने मानक को नेहरू की ख़फ्त न मानकर निर्वाचन का नारा बनाया। काल्पनिक नेहरू इस अवशेष को दृष्टि देते रहे, किन्तु अवशेष के सदस्य दृष्टिहीन हो चले थे या दृष्टि-ग्रहण से दूर भागते थे।

अतः नेहरू की देनों में एक बुद्धियुक्त तथा सकारात्मक मानक के निर्माण का उच्च स्थान है। उन्होंने राष्ट्रवाद को एक नई दिशा दी जिससे राजनीतिक वाद-विवाद का स्तर ऊँचा हुआ, किन्तु कुछ मौलिक कारणों से वह अपने मानक को कार्यान्वित न कर सके। वह एक देशभक्त थे जब भी वह इस माँ के विषय में लिखते थे या सोचते थे, वह वास्तविकता को भूल जाते थे। वह एक छायावादी कवि की भाँति उसकी प्रशंसा करते थे। वैज्ञानिक होने के नाते उनमें 'खोज की जिज्ञासा' थी। उन्होंने अपनी इस अनुभूति की उपस्थिति को भारत माता के स्वर्ण युगों में देखा और साथ ही साथ इस माता के पुत्रों की विशेषता को भी समझा। उनके आशावाद ने उनमें यह विश्वास उत्पन्न किया कि स्वतन्त्रता प्राप्ति पर पुनः भारत माता तथा उसके पुत्र खोज की जिज्ञासा को अपनायेंगे। यह आशावाद स्वतन्त्रता-संग्राम के लिए अत्यन्त आवश्यक तथा लाभप्रद था, किन्तु स्वतन्त्र भारत के संगठन के लिए नहीं।

गाँधी, टैगोर और नेहरू की मानव में अटूट आस्था थी। यह आस्था काफी हद तक काल्पनिक थी। नेहरू की इस आस्था की पीठिका में मानववादी एवं उदारवादी परम्परा थी न कि मार्क्सवादी। वह मानव को नेक, सद्गुणी एवं बुद्धिवादी मानते थे। यह ब्रिटेन की 'ओल्ड स्कूल टाइ' परम्परा की देन थी। उन्होंने सदा ही 'ओल्ड प्रिजन टाइ' को दृढ़ बनाये रखा। फलतः उनका व्यक्तित्व काँग्रेस शासन की बुराइयों के लिए आवरण बना।

सन् 1947 में क्रान्ति नहीं हुई, समझौता हुआ। प्रगतिशील राष्ट्रवाद ने अन्य प्रतिक्रियावादी तत्त्वों से समझौता किया। समझौते द्वारा कृत स्थिति का संचालन नेहरू ने किया। समझौतावाद उनकी ब्रिटिश उदारवादी शिक्षा तथा गाँधीवादी परम्परा के अनुकूल था। प्रधानमन्त्री काल में पग-पग पर उनको रूढ़िवाद एवं प्रतिक्रियावाद के साथ समझौता

करना पड़ा। फलत: उसके आधुनिकतावादी मानक की सफलता सम्भव न हो सकी।

नेहरू के मानक ने राष्ट्रीय चिन्तन का स्तर ऊँचा किया। उनके द्वारा इससे बड़ी देन क्या हो सकती है? उनके प्रयास से जनचेतना में वृद्धि हुई। नागरिक का चिन्तन-क्षेत्र केवल राष्ट्र तक सीमित न रहा वह अन्तर्राष्ट्रीय बना। जब तक भारतीय राजनीति का यह नायक दीर्घकाल जीवित रहा, प्रगति एवं आशा का काव्यात्मक चित्रण करता रहा। उनकी अनुपस्थिति में आज फिर अबुद्धिवादी, सम्प्रदायवादी तथा क्षेत्रवादी प्रवृत्तियों ने राष्ट्रीय चिन्तन की प्रवृत्ति को सीमित कर दिया है। भय और आशा राष्ट्रीय जीवन की विशेषताएँ रहीं हैं। भय है कि आज सीमित चिन्तन क्षेत्र कहीं फासिस्टवाद की ओर न चला जाये। आशा का क्षेत्र है—जनचेतना।

4. पुनर्जागरण के महान नेता

बीसवीं सदी के मध्य तीसियों में पुनर्जागरण एवं राष्ट्रवाद एक महान संकट का सामना कर रहा था। द्वितीय सविनय अवज्ञा आन्दोलन अव्यवस्थित एवं पराजय की स्थिति में था। असीम त्याग, अटूट सेवा-भक्ति, संघर्ष की अडिग भावना तथा यातनाओं को सहने की शक्ति थी, मगर तब भी पराजय का अन्धकार छाया हुआ था। राष्ट्रवादी शिविर में निराशावादी वातावरण हावी होता जा रहा था। निराशावाद एक प्रगतिशील राष्ट्र एवं वर्ग के लिए अभिशाप होता है। नई युवा पीढ़ी की गाँधीवादी नेतृत्व एवं कार्यपद्धति में निष्ठा टूटती जा रही थी। साम्राज्यवादी दमन चरम सीमा पर था। विश्व के आर्थिक संकट के फलस्वरूप गरीब जनता की दशा उत्तरोत्तर बिगड़ती जा रही थी। साम्राज्यवादी शासकों की छत्रछाया में प्रतिक्रियावाद एवं साम्प्रदायिकतावाद बल पकड़ता जा रहा था। उधर विश्व में युद्ध के बादल मंडरा रहे थे। जर्मन नाजीवाद, इटली का फासीवाद तथा जापान का सैन्यवाद आतंक मचाए हुए था। विश्व में फासीवाद विरोधी मोर्चा बन चुका था। विश्व में भारतीय राष्ट्रवाद को अपनी नीति निर्धारित करनी थी तथा अपना स्थान बनाना था।

पुराने एवं उच्चकोटि के नेताओं में जवाहरलाल नेहरू ने अत्याधिक जेल की यातना सही। अतएव स्वतन्त्र सार्वजनिक जीवन से वह (तीसियों में) अत्याधिक दूर रहे। ऐसा होते हुए भी वही एक ऐसे जन-नायक थे जो पुनर्जागरण एवं राष्ट्रवाद को एक नई दिशा दे सके। यही नहीं उन्होंने गाँधीजी की भाँति ही राष्ट्रवादी चिन्तन-धारा की धुरी को परिवर्तित किया। यह कैसे सम्भव हुआ? उदारवादी वैज्ञानिक नेहरू ने मार्क्सवादी दूरबीन से भारत, इतिहास तथा विश्व को देखा। वह साम्राज्यवादी जेलों में बन्द थे, किन्तु उनका दिमाग खुला था, उनकी दृष्टि व्यापक थी। यही एक ऐसे नेता थे जिन्होंने राष्ट्रीय आन्दोलन की पराजय के कारणों की खोज की। उन्होंने इस पराजय में आध्यात्मिक पराजय महसूस की। उन्होंने इसका केवल निदान ही

नहीं, चिकित्सा भी बतलायी। लखनऊ काँग्रेस के (1936) अध्यक्षीय भाषण में नेहरू के इस दृष्टिकोण की अभिव्यक्ति मिलती है।

औपनिवेशिक राष्ट्रवाद मूलतः नकारात्मक भावना पर आधारित था। विदेशी शासन को हटाना उसका लक्ष्य था। नेहरू ने बताया कि इस नकारात्मक लक्ष्य की पूर्ति के लिए सकारात्मक दृष्टिकोण आवश्यक है। स्वतन्त्र भारत की सकारात्मक रूपरेखा प्रस्तुत करने से ही देशभक्तों का त्याग एवं साधना साकार हो सकेगी, तभी नकारात्मक लक्ष्य सम्भव हो सकेगा। अब तक काँग्रेस जनता के लिए रही है अब उसे जनता की बनाना होगा, तभी यह जनता के लिए भी सम्भव होगी। उसे निम्न मध्य वर्ग, मजदूर एवं किसान की संस्थाओं को साथ लेकर आगे बढ़ना होगा। गरीबों को राष्ट्रीय संघर्ष में लाने के लिए आवश्यक है कि उनके सम्मुख भूख निवारण की सकारात्मक योजना प्रस्तुत की जाए, क्योंकि गरीब किसान का हवलदार है भूख।

उन्होंने कहा कि जन-जागृति बढ़ गयी है। इसका श्रेय बहुत हद तक स्वतन्त्रता आन्दोलन को है, किन्तु काँग्रेस का कार्यक्रम पुराना ही है। जनता एवं काँग्रेस के मध्य सावयवी एकता होनी चाहिए। इसके लिए काँग्रेस के लक्ष्य एवं संविधान में परिवर्तन आवश्यक है। काँग्रेस तथा निम्न मध्यमवर्गीय मजदूर एवं किसान संस्थाओं का एक संयुक्त मोर्चा बनाना चाहिए। नेहरू के सतत प्रयासों के द्वारा ऐसा मोर्चा बना भी। इस प्रगतिशील मोर्चे का फल 1942 में 'भारत छोड़ो' आन्दोलन के रूप में दिखा।

नेहरू ने एक दूसरे मोर्चे साम्राज्यवाद, सामन्तवाद, रूढ़िवाद, प्रतिक्रियावादी तथा साम्प्रदायिकतावाद की व्याख्या की। इस मोर्चे का सामान्य एवं परम शत्रु है प्रगति। यह मोर्चा काफी दृढ़ बनता जा रहा था। इसका मुकाबला राष्ट्रवाद को करना था। यह नेहरू के संयुक्त मोर्चे द्वारा ही सम्भव हुआ। साम्प्रदायिकता इस प्रतिक्रियावादी मोर्चे का बौद्धिक कवच था। वस्तुतः साम्प्रदायिकतावाद मध्यमवर्गीय समस्या है। इसका सम्बन्ध प्रतिनिधित्व एवं नौकरियों से है। साधारण गरीब जनता की समस्या, गरीबी का निवारण है। इस दृष्टि से भी काँग्रेस का सकारात्मक कार्यक्रम आवश्यक है।

नेहरू ने बताया कि विश्व दो महान शिविरों में विभक्त है। एक शिविर प्रतिक्रियावादी तत्त्वों का है। इसके अन्तर्गत है पुराने साम्राज्यवादी देश तथा नवीन फासीवाद शक्तियाँ। इन दोनों में सावयीयता है। दूसरा शिविर है पाश्चात्य प्रगतिवाद तथा औपनिवेशिक राष्ट्रवाद। यह मोर्चा प्रगतिवादी, शान्तिप्रेमी एवं फासीवाद विरोधी है। इसका नेतृत्व सोवियत रूस कर रहा था। नेहरू ने बताया कि भारतीय राष्ट्रवाद का स्थान विश्व फासीवाद विरोधी मोर्चे में है। उनके नेतृत्व में वस्तुतः भारतीय राष्ट्रवाद ने इस प्रगतिशील मोर्चे तथा अन्तर्राष्ट्रीय क्षेत्र में एक गौरवान्वित

भूमिका अदा की। ऐसी विचारधारा देशभक्त युवकों के हृदयानुकूल थी। पुरानी पीढ़ी के नेताओं ने इसका विरोध नहीं किया। कारण, उदासीनता के वातावरण में उनके पास स्वयं कोई निदान एवं उपचार न था। नायक नेहरू के नेतृत्व में मध्यमवर्गीय शहरी नवयुवक अब जनता का नेता बना। जन-नेता की हैसियत से वह अब अधिक उपयुक्त एवं कुशल व्याख्याकर्ता (गोखलेवादी), समाज सेवक (विवेकानन्दवादी), उग्रवादी (तिलकवादी), एवं प्रतिनिधि (गाँधीवादी) सम्भव हुआ। गाँधी ने राष्ट्रवाद को ग्रामीणों तक पहुँचाया, नेहरू ग्रामीणों को राष्ट्रवाद में लाए। नेहरू के नेतृत्व में काँग्रेस एक वाद-विवाद मंच बना। वाद-विवाद का शीर्षक था—स्वतन्त्र भारत की रूपरेखा। प्रत्येक व्यक्ति एवं दल ने इस मंच द्वारा सकारात्मक चित्र प्रस्तुत किये। यह राष्ट्रीय चिन्तनधारा में एक क्रान्तिकारी मोड़ था।

ई.एम.एस. नम्बूदरिपाद के अनुसार काँग्रेस के अन्दर समाजवाद के प्रचार का श्रेय जवाहरलाल नेहरू को है। नेहरू ने स्वयं किसी समाजवादी दल की सदस्यता नहीं ली। उन्होंने न तो कोई श्रमिक हड़ताल, विद्यार्थी हड़ताल या किसान मोर्चा संगठित किया, किन्तु उन्होंने कई देशभक्तों को समाजवाद का विद्यार्थी बनाया। नेहरू भारत के फेबियन संघ थे। अकेले नेहरू ने विशाल भारत में वह कार्य किया जो फेबियन संघ द्वारा इंग्लैंड में हुआ। उन्होंने समाजवाद को ऐसा सम्मानित स्थान दिलाया जिसे मध्यमवर्गीय प्रगतिशील बुद्धिजीवी वर्ग गौरव के साथ अपना सकता था। मध्य तीसियों में उन्होंने पुनर्जागरण को एक नया जीवन, एक नया बल, एक नयी दृष्टि दी।

5. नेहरू और विश्व

बीसवीं सदी के चौथे और पाँचवें दशक में नवजाग्रत भारत के पाश्चात्य जगत से परिचित कराने वाले मुख्य रूप से श्री नेहरू थे। वयोवृद्ध रवि बाबू सहित कतिपय औपनिवेशिक देशों के प्रगतिशील लोगों के लिए पश्चिम का मतलब मध्य एशिया (अर्थात् सोवियत रूस आदि देश) था।

यह सभ्यता के पतन का युग था। स्वभावतः अनेक प्रगतिशील बुद्धिजीवी निराशा के घोर अन्धकार में भटकने लग गये थे। मृत्यु-शैय्या पर पड़े हुए रवि बाबू ने जो अवसादपूर्ण उद्‌गार व्यक्त किया था, वह एशिया के औपनिवेशिक देशों के सन्दर्भ में कितना सटीक था—"मैंने एक बार सोचा था कि मानव सभ्यता की किरणें पश्चिम से फूटेंगी। लेकिन आज जब मैं इस दुनिया से विदा हो रहा हूँ तो लगता है कि मेरा वह विश्वास मिथ्या निकला। जब अपने चारों तरफ देखता हूँ तो मालूम पड़ता है कि असार तत्त्वों के ढ़ेर में सदृश्य गौरवमयी सभ्यता के खंडहर उजड़ रहे हैं।"

गहरा ज्ञान—पंडित नेहरू की यह कम उपलब्धि नहीं थी कि उन नैराश्य दिनों में भारत के राष्ट्रवादियों में, जो उच्चादर्शों और 'गौरवमयी सभ्यता' को स्थापित करने के लिए संघर्ष कर रहे थे, आत्मविश्वास उत्पन्न किया। अपने व्यापक दृष्टिकोण के कारण जिसमें सही राष्ट्रीयता का पुट शामिल था, वह इस नैराश्य वातावरण में दृढ़ता के साथ खड़े रहने में समर्थ हो सके।

पाश्चात्य जगत का गहरा ज्ञान होने के कारण ही श्री नेहरू अपने दृष्टिकोण और विचारधारा को सही दिशा दे सके। पश्चिमी दुनिया से उनका प्रथम साक्षात्कार तब हुआ जब वह अपनी तरुणाई के सात वर्ष प्रवास में व्यतीत कर रहे थे। इस समय उनका कोई ध्येय नहीं था। पश्चिम के अभिजात समाज में रह कर उच्च शिक्षा प्राप्त करते हुए रवि बाबू की तरह ही उन्होंने भी अवश्य सोचा होगा कि 'सभ्यता की किरणें पश्चिम से फूटेंगी।' उनके बहुत सारे पूर्वाग्रह, पसन्द-नापसन्द, मानसिक बनावट, आदतें, जीवन को परखने के ढंग और स्तर का निर्माण वहीं (पश्चिम में) हो गया था। पाश्चात्य जगत से यह प्रथम परिचय ज्ञान प्राप्त करने के सिलसिले में था। इस समय उनका दृष्टिकोण एक बुर्जुआ उदारवादी का दृष्टिकोण था जिसमें फेबियनवाद का थोड़ा-सा पुट था।

1926-27 में अपने इक्कीस महीने के प्रवासकाल में दूसरी बार पश्चिम के बारे में और उसके माध्यम से विश्व के बारे में उन्होंने जानकारी हासिल की। 1937 के आस-पास उन्होंने यूरोप की यात्रा एक पक्के ध्येय के साथ की। इस समय वह एक बुर्जुआ देशभक्त थे और प्रौढ़ एवं समर्थ राष्ट्रवाद का प्रतिनिधित्व करते थे।

राष्ट्र की जकड़ती समस्याओं का, जिनके कुहरे ने उनका दिमाग धुंधला कर दिया था, नेहरू विवेकपूर्ण समाधान ढूँढ रहे थे। इस समय उनका नजरिया बदल रहा था। इस समय उनका दृष्टिकोण एक फेबियन उदारवादी का था जिन पर मार्क्सवाद का पुट था। डर्बिशायर, ब्रुसेल, मास्को के अनुभव और मार्क्सवादी साहित्य के अध्ययन के कारण उनके दृष्टिकोण में यह परिवर्तन और विकास हो रहा था। इस समय उन्होंने जो दृष्टि प्राप्त की वह उनके लिए तो लाभप्रद थी ही साथ ही औपनिवेशिक राष्ट्रवाद के लिए भी लाभप्रद थी।

बदलते दृष्टिकोण—पश्चिम में अर्जित इस नयी दृष्टि को लेकर जब वह भारत लौटे और काँग्रेस के मद्रास अधिवेशन (1927 ई.) में अपना वक्तव्य दिया तो काँग्रेस के उच्चस्तरीय नेताओं ने उनके वक्तव्य के कुछ अंशों की सराहना की और उनको स्वीकार किया, परन्तु काँग्रेस के साधारण कार्यकर्ताओं ने उनके सम्पूर्ण वक्तव्य की प्रशंसा की और उनका स्वागत किया। उनके इस वक्तव्य ने भारत के पुनर्जागरण को एक आवश्यक, किन्तु नया मोड़ दिया। उनके वक्तव्य का सार था कि वर्गीय आधार पर न्याय और दु:ख पूँजीवादी व्यवस्था की विश्वव्यापी विशेषता

है। उत्पादन के पूँजीवादी तरीकों के कारण आर्थिक संकट उत्पन्न होना अवश्यंभावी है। तीसरे दशक की शान्ति और स्थिरता एक धोखा है। देर-सबेर पूँजीवादी संसार संकट और युद्ध की खाई में गिरता जा रहा है। हालाँकि साम्राज्यवाद जो पूँजीवाद का सर्वोच्च स्वरूप है और मरणासन्न है, अभी भी एक महत्त्वपूर्ण शक्ति बना हुआ है। सोवियत रूस की समाजवादी व्यवस्था निश्चित ही पूँजीवादी व्यवस्था से श्रेष्ठ है। समाजवादी व्यवस्था की खूबी है कि इसमें सामाजिक अन्याय और शोषण नहीं होता है। सोवियत रूस में इस नयी समाज व्यवस्था के अन्दर एक नया मानव, नयी संस्कृति और सभ्यता का अभ्युदय हो रहा है।

पश्चिम का राष्ट्रवाद प्रतिक्रियावादी है जबकि पूर्व के देशों के राष्ट्रवाद का चरित्र प्रगतिशील है। औपनिवेशिक देशों में चल रहे मुक्ति आन्दोलन समान शत्रु अर्थात साम्राज्यवाद के खिलाफ़ संघर्ष के अंग हैं। और खुद साम्राज्यवादी देशों के श्रमिक वर्ग भी इस संघर्ष के अंग हैं। एक ओर जबकि साम्राज्यवाद का सूर्यास्त हो रहा है, दूसरी ओर सोवियत व्यवस्था और ये मुक्ति आन्दोलन एवं साम्राज्यवाद विरोधी संघर्ष सतत आगे बढ़ रहे हैं और सुनहरे भविष्य की आशा को प्रदीप्त कर रहे हैं।

जनप्रिय नेता—यद्यपि भारत के लिए ये बातें नयी थीं पर औपनिवेशिक राष्ट्रवादियों और उदारवादी प्रगतिशील तबकों ने साम्राज्यवाद विरोधी संघर्षों के प्रति उत्साह दिखाया और साथ दिया। देर-सबेर जल्दी ही उनमें से अनेक इन संघर्षों में सम्मिलित हो गये। पंडित नेहरू को सुनने के लिए भारतीय जनता में जो आतुरता रहती थी उससे उनकी (नेहरू की) जनप्रियता और विश्वास झलकता था। काँग्रेस के साधारण कार्यकर्ता भी उनको बहुत चाहते एवं मानते थे और कई अवसर पर वे अपने हद से ज्यादा भी बोल जाया करते थे। उदाहरण के लिए, भारत में साम्प्रदायिकता और विश्व पैमाने पर साम्राज्यवाद को उन्होंने कागजी बाघ या मिट्टी के शेर कह कर पुकारा।

समाजवादी रंग—नेहरू ने अपने को सोशलिस्ट घोषित किया। सच्चाई यह थी कि उनके उदारवाद पर समाजवाद का रंग था। 1930 के बाद उनके ऊपर समाजवाद का रंग इतना गहरा हो गया कि उनके व्यक्तित्व से सिर्फ यही रंग झलकता था और इस रंग को गाँधी जैसे प्रौढ़ और यथार्थवादी नेता ही देख सकते थे। 1936 में काँग्रेस के लखनऊ अधिवेशन में जब श्री नेहरू ने अध्यक्षीय भाषण दिया था तब उनके फासिस्ट विरोधी व्यक्तित्व पर समाजवादी रंग चढ़ा हुआ था। गाँधीजी का सत्य-अहिंसा का आदर्श का रूप भी फासिस्ट विरोधी था। अतएव गाँधीजी ने नेहरू के फासिस्ट विरोध चरित्र को सँवारने में योगदान दिया। इस दृष्टिकोण को राष्ट्रीय आन्दोलन ने भी स्वीकार किया।

पश्चिम के बारे में गहरी जानकारी के कारण ही नेहरू विश्व को अपने अन्य साथियों के तुलना में अधिक स्पष्ट और यथार्थ रूप में देख सके। साम्राज्यवादी कैदखानों के दिनों में भी उन्होंने अपने इस दृष्टिकोण को धूमिल नहीं होने दिया। साथ ही अपने इस व्यापक दृष्टिकोण से काँग्रेस के नौजवान कार्यकर्ताओं को भी उन्होंने परिचित कराया।

विदेशी नीति के रचनाकार—तीसरी बार नेहरू को विश्व को जानने का अवसर तब मिला जब 1935–36 में वह यूरोप में मृत्यु-शैय्या पर पड़ी अपनी धर्मपत्नी को देखने गये। उन्होंने अपने पुराने दोस्तों से सम्पर्क स्थापित किया और उनकी सहायता से अन्तर्राष्ट्रीय राजनीतिक परिस्थितियों का अध्ययन किया। वहाँ से स्वदेश वापसी पर उन्होंने काँग्रेस का लखनऊ प्रस्ताव प्रतिपादित किया और औपनिवेशिक राष्ट्रवाद के दृष्टिकोण से तेजी से बदलती अन्तर्राष्ट्रीय परिस्थितियों का अर्थ समझाया। इस समय वे काँग्रेस की परराष्ट्र नीति के रचनाकार थे जैसा कि 1947 के बाद भारत राष्ट्र के हुए।

स्पेन और म्युनिख के ऐतिहासिक दिनों में विश्व से परिचित होने का उनको चौथी बार मौका मिला। यह बहुत ही उथल-पुथल का युग था। औपनिवेशिक राष्ट्रों की ओर से नेहरू ने व्यक्तिगत रूप से इस उत्तेजनात्मक घड़ी में प्रतिनिधित्व किया और म्युनिख एवं स्पेन की घटना पर ब्रिटेन के प्रगतिशील लोगों की तरह ही विचार किया। और उनके माध्यम से भारत के राष्ट्रवादी युवाजनों ने इस भावना को समझा। यूरोप की दूसरी यात्रा के पश्चात जब कभी नेहरू ने भाषण दिया, उनकी मुख्य दिशा साम्राज्यवाद विरोधी एवं फासिस्टवाद विरोधी रहती थी।

औपनिवेशिक राष्ट्रवाद का प्रतिनिधित्व—कौटिल्य की युक्ति—'शत्रु का शत्रु हमारा मित्र' सदियों से कूटनीति एवं जनसाधारण में प्रचलित रही है। 1917 की रूस की क्रान्ति के पश्चात कूटनीति ने एक नया रूप लिया। साधारणत: पहले वैमनस्य तथा संघर्ष राष्ट्रों, राज्यों एवं शासकों के मध्य हुआ करता था। प्रथम महायुद्ध में राष्ट्रों के दो गुटों में युद्ध हुआ। भारतीय राष्ट्रवादी सोचते थे कि उसके शत्रु ब्रिटिश साम्राज्यवाद का शत्रु जर्मन साम्राज्यवाद है। इसलिए कौटिल्य की युक्ति के अनुसार जर्मन साम्राज्यवाद भारतीय राष्ट्रवाद का मित्र है। परन्तु हमारे शत्रु का शत्रु जर्मन साम्राज्यवाद नहीं है, वरन् विश्व की जनवादी शक्तियाँ हैं। रूस की क्रान्ति एक नयी चीज लाती है। अब कूटनीति में एक तीसरा पहलू भी महत्त्वपूर्ण स्थान रखने लगा है। यह पहलू है सोवियत रूस की नयी सभ्यता तथा विश्व जनमत। इस दृष्टि से औपनिवेशक राष्ट्रवाद का विश्व सम्बन्धी दृष्टिकोण का पथ-प्रदर्शन नेहरू ने किया।

चौथे दशक में उन्होंने बताया कि विश्व में दो पक्ष हैं—पहला, प्रतिक्रियावादी

तथा दूसरा, प्रगतिवादी। प्रतिक्रियावादी पक्ष के अन्तर्गत पुराने साम्राज्यवादी देश (जर्मन, इटली, जापान आदि) आते थे। उन्होंने बताया कि फासिस्टवाद मरणासन्न पूँजीवाद का निकृष्टतम रूप है। ब्रिटिश साम्राज्यवादियों तथा फासिस्टवादियों का आपस में बाजार-बँटवारे को लेकर मतभेद हैं इसलिए वे अस्थायी रूप से परस्पर विरोधी हैं, किन्तु उनका वास्तविक शत्रु है दूसरा मोर्चा। इस दूसरे मोर्चे के अन्तर्गत थे सोवियत रूस, पाश्चात्य जगत के समाजवादी एवं जनवादी आन्दोलन तथा औपनिवेशिक राष्ट्रवादी आन्दोलन। यही भारतीय राष्ट्रवाद के वास्तविक एवं स्थायी मित्र थे। इस दृष्टि से नेहरू ने भारतीय तथा औपनिवेशिक राष्ट्रवाद की वैदेशिक नीति को दिशा दी, वहीं दूसरी ओर औपनिवेशिक जनता का एक शिक्षक का काम किया। चौथे और पाँचवें दशक की घटनाओं का विश्लेषण उनके दृष्टिकोण को पुष्ट करता है। इसलिए राष्ट्रवादी नेताओं ने उन्हें स्वीकार किया।

सन्दर्भ

1. डी.पी. मुखर्जी, डायवर्सिटीज़, बम्बई, 1958
2. जवाहरलाल नेहरू, एन आटोबायोग्रफी, लन्दन, 1939
3. जवाहरलाल नेहरू, रीसेन्ट ऐसेज एण्ड राइटिंग्ज़, इलाहबाद, 1937
4. जवाहरलाल नेहरू, द डिस्कवरी ऑफ इंडिया, लन्दन, 1956
5. जवाहरलाल नेहरू, ग्लिम्पसेज़ ऑफ वर्ल्ड हिस्ट्री, लन्दन, 1949
6. जवाहरलाल नेहरू, चायना, स्पेन एण्ड द वार, इलाहाबाद, 1940
7. जवाहरलाल नेहरू, ए बन्च ऑफ ओल्ड लेटर्स, बम्बई, 1958
8. जवाहरलाल नेहरू, द यूनिटी ऑफ इंडिया, लन्दन, 1948
9. एम. ब्रीचर, नेहरू, ए पॉलिटिकल बायोग्राफी, लन्दन, 1959
10. टीवर मंडे, कनवर्सेज़न विथ मिस्टर नेहरू, लन्दन, 1956
11. एस. गोपाल, जवाहरलाल नेहरू, वाल्यूम-I, बम्बई, 1976
12. जवाहरलाल नेहरू स्पीचेज़, वाल्यूम-I, दिल्ली 1958
13. एस. गोपाल, (सं.)सेलेक्अेड वर्क्स ऑफ जवाहरलाल नेहरू, वाल्यूम-I VIII, दिल्ली
14. एम. के.गाँधी, जवाहरलाल नेहरू, द ज्वेल ऑफ इंडिया, बम्बई, 1960
15. फ्रेंक मोराज, जवाहरलाल नेहरू, न्यूयॉर्क, 1956
16. बी.आर. नन्दा, द नेहरूज, लन्दन, 1962
17. एम.ए. बुच, राइज़ एण्ड ग्रोथ ऑफ इंडियन लिबरलइज्म, बड़ौदा, 1938
18. गणेश प्रसाद, नेहरू ए स्टडी इन कोलोनियल लिबरलइज्म, दिल्ली, 1976

सन्दर्भ-सूची

हिन्दी ग्रन्थ

- ए. आर, देसाई, भारतीय राष्ट्रवाद की सामाजिक पृष्ठभूमि, दिल्ली, 1977
- बी. पट्टाभि सीतारमैया, काँग्रेस का इतिहास, नई दिल्ली, 1958
- रामधारी सिंह दिनकर, संस्कृति के चार अध्याय, लोक भारती प्रकाशन, इलाहाबाद, 1977
- सुन्दर लाल, भारत में अँग्रेज़ी राज्य खंड 1, सूचना एवं प्रकाशन मन्त्रालय, नई दिल्ली, 1967
- विश्वनाथ प्रसाद वर्मा, आधुनिक भारतीय राजनीतिक चिन्तन, लक्ष्मीनारायण अग्रवाल प्रकाशन, आगरा, 1971
- विश्वेश्वर प्रसाद, विचारों का इतिहास, एशिया पब्लिकेशन्स हाउस बम्बई, 1968

Bibliography

- A.C. Niemiger, Tindafat Movement in India (1919-24), Leiden , 1972
- A.H. Alberuni, Makers of Pakistan and Modern India, Lahore, 1950.
- A.R. Desai, Social Background of Indian Nationalism, Bombay, 1959
- Abdul Kalam Azad, India Wins Freedom, New Delhi,1959
- Altaf Husain Hali, Hayat- i-Javed, Lahore (New Edition), 1957
- Amba Prasad, the Indian Revolt of 1942, Delhi, 1958, New Edition.
- Anil Seal, The Emergence of Indian Nationalism, Cambridge University Press 1971.
- Annie Besant, An Autobiography, London, The Theosophical Publishing Society, 1908, 3rd Edition.
- Annie Besant : Builders of New India, Besant Spirit Series, Adyar, 1942
- Annie Besant, How India wrought for Freedom, Bombay, 1915
- Annie Besant, The Future of Indian politics
- Annie Besant, The India That Shell be
- Ashok Mehta and Achyut Patwardhan, the Communal Triangle in Indian, Allahabad, 1942.
- Azize Ahmad, Islamic Modernism in Indian and Pakistan (1957-1964), London, 1967.
- B.B. Majumdar, History of Indian Social and Political Ideas From Rammohan Roy to Dayanand, Calcutta, 1967
- B.B. Majumdar, History of Indian Social and Political Ideas, Calcutta, 1967.
- B.B. Majumdar, Militant Nationalism in India and its Socio–Religious Background, 1897-1917, Calcutta, 1966
- B.B. Mishra, The Indian Middle Classes Their Growth in Modern Times, London, 1961

- B.C. Pal, Memoirs of My Life and Times, Calcutta, 1932
- B.D. Shukla, A History of the Indian Liveral Party, Allahabad, 1960.
- B.M. Bhatia, Famines in India (1860-1945), Bombay, 1963, New Edition.
- B.N. Ganguli, Indian Economic Thought-Nineteenth century Perspectives, New Delhi, 1977
- B.P. Sitaramayya , The History of Congress, Madras,1935
- B.R. Nanda, The Nehrus, London, 1938
- B.R.Nanda, Socialism in India, Delhi, 1970, New Edition.
- Bipan Chandra and others, India's Struggle from Independence, Penguine Books, 1989
- Bipan Chandra, Rise and Growth of Economic Nationalism in India, New Delhi, 1966
- Bipan Chandra, Communalism in Modern India, Delhi, 1984
- C.F. Andrews, and G. Mukerjee , The Rise and Growth of Congress, London, 1962
- C.H. Heimsath, Indian Nationalism and Hindu Social Reform Movement, Princeton, 1967
- C.H. Heimsath, Indian Nationalism and Hindus Social Reforms, Vol.-II, Madras, 1901
- C.P. Ramaswami Aiyar, Annie Besant, Publication Division, New Delhi, 1977 (First Published in 1963)
- D.G. Tendulkar, Mahatma, Vol.-I, Delhi, 1960
- D.G. Tendulkar, Mahatma, Vol.-VIII, Delhi, 1960
- D.P.Mukharji, Diversities, Bombay, 1958
- D.V. Athalye, Life of Lokmanya Tilak, Poona, 1921
- Dadabhai Nooroji, Poverty and un-British Role in India, London, 1901
- Dadabhai Nooroji, Speches and writings, published by G.A> Natesan and Co., 2nd Edition, Madras, No Date
- E. Wingfold- Stratfold, The History of British Civilization, London, 1928.
- E.W. Madge, Henry Derozio, Colcutta,1967
- Edwards Shils, The Intellectual Between Tradition and Modernity, Hague, 1961
- Frank Moraes, Jawaharlal Nehru, New york, 1956
- G.A. Mankar, Life and Works of the Late Mr.Justice M.G. Ranade, Vol- I & II, Bombay, 1963
- G.P. Dhawan, Political Philosophy of Mahatma Gandhi, Ahmdabad ,1957
- G.P. Pradhan and A.K. Bhagwat, Lokmanya Tilak, Bombay, 1959
- Ganesh Prasad, Nehru A Study in Colonial Liberalism, New Delhi, 1976
- Gyanendra Pandey, The Ascendancy of the Congress in Uttar Pradesh, 1926-34 : A Study in Imperfect Mobilization, New Delhi, 1978
- Hans Kohn, the Idea of Nationalism, New York, 1951, 5th Edition.
- Haridas and Uma Mukharjee, India's Flight For Freedom, Calcutta, New Edition
- Haridas and Uma Mukharjee, The Growth of Nationalism in India, Calcutta, New Edition.

- Ikbal Narayan Singh, Raja Rammohan Roy, Bombay,1957
- J. Chailey, Administrative Problems of British India (Translated by Sir William Mayer), London, 1910
- J.B. Kripalani, Gandhi. His Life and Thought, Publication Division, Sept. 1971 Reprinted.
- James Kellok, Mahadev Govind Ranade Patriot and Social Worker Calcutta, 1926
- Jawaharlal Nehru, China, Spain and the War, Allahabad, 1940
- Jawaharlal Nehru, The Unity of India, London, 1948
- Jawaharlal Nehru, A Bunch of Letters, Bombay, 1958
- Jawaharlal Nehru, An Autobiography, London, 1939
- Jawaharlal Nehru, Glimpses of World History, London, 1949
- Jawaharlal Nehru, Recent Essays and Writings, Allahabad, 1937
- Jawaharlal Nehru, The Discovery of India, London, 1956
- Judith M. Brown, Gandhi's Rise to Power, Cambridge, 1972
- K.C. Vyas, The Social Renaissance in India, Bombay, 1957
- K.H. Dasgupta, Deshbandhu Chitranjan Das, Publication Division, 1960, New Edition.
- K.P. Karunakaran, Continuity and Change in Indian Politics, New Delhi, 1964, first Edition.
- K.P. Karunakaran, Modern Indian Political Edition, New Delhi, 1962 first Edition.
- Kenneth Jones, Arya Dharma : Hindu Consciousness in the nineteenth Century, Punjab, California, 1976
- Khaliquzzam Chuodhary, Pathway to Pakistan, Lahore, 1961
- M.A. Brecher, Nehru A political Biography, London, 1959
- M.A. Buch, Rise and Growth Of Indian Liberalism, Baroda, 1938
- M.K. Gandhi, Communal Harmony, Ahmadabad, 1949, first Edition.
- M.K. Gandhi, Hind Swaraj or Indian Home Rule, Ahmadabad, 1958
- M.V. Koleskar,(Edited) M.G. Ranade, Religious and Social Reform, Bombay, 1902
- Mahadev Desai, The Story of Bardoli, Ahmadabad 1929 New Edition.
- Makers of Modern India, Indian Council of Historical Reaceach, New Delhi, 1973
- Mary Carpenter, The Last Days in England of Raja Rammohan Roy, Calcutta, 1915
- Mushir U Haq, Muslim politics in Modern India 1857-1947, Meerut, 1970
- Mushirul Hasan, A Nationalist Conscience, M.A. Ansari, The Congress And The Raj, Delhi, 1987
- N.K. Bose, Selections from Gandhi, Ahmadabad, 1968
- N.K. Bose, Studies in Gandhism, Ahmadabad, 1962
- Nateson (1) Congress Presidential Addresses (From Silver to Golden Jubilee) Madras, G.A. Nateson & Co. 1934, Second Series.
- P.C. Bamford, Histories of Non-Co- Operation and Khilafat Movements (Reprinted) Delhi, 1974

- P.C. Joshi (Edited), Rebellion 1857, A Symposium, Delhi, 1957
- P.G. Jagirdar, Studies in the Social Thought of M.G. Ranade, Bombay, 1963
- P.K. Kaushik, the Congress Ideology And Programme (1920-1947), Bombay, 1964.
- R.C. Majumdar, Glimpses of Bengal in the Nineteenth Century, Calcutta, 1960
- R.C. Majumdar, Struggle for Freedom, Bombay, 1969 New Edition.
- R.C. Majumer, British Paramountcy and Indian Vidya Bhawan, 1970, 2nd Edition.
- R. Kumar (Edited), Essays on Gandhian politics, The Rowlett Satyagraha of 1919, Oxford, 1971
- R.P. Masani, Dadabhai Naoroji, London, 1939
- Ram Gopal, Indian Muslims: A Political History 1858-1947, Bombay, 1964.
- Rammohan Roy, (His Life, writings and Speeches), J.A. Nateson and Co., Madras
- S. Gopal(Edited), Selected Works of Jawaharlal Nehru, Volume- I-VIII, Delhi,
- S. Gopal, Jawaharlal Nehru, Vol. - I, Bombay, 1976
- S.D. Collet, Life and Latters of Rammohan Roy, Calcutta, 1961
- S.P. Sen, Dictionary of National Biography Vol.- I, II, III & IV Calcutta, 1973.
- Shan Mohammad (Edited) Writing and Speeches of Sir Sayid Ahmad Khan, Bombay, 1972
- Shan Mohammad, Sir Sayid Ahmad Khan A Political Biography, Meerut, 1969
- Shankar Ghosh, The Western Impact on Indian Politics (1885-1919), Calcutta, 1967
- Shivnath Shastri, Ramtanu Lahiri, London, 1901
- Speeches and writings of Annie Besant, Madras, No Date
- Studies in the Bengal Renaissance, Jadavpur, 1958
- Surendranath Banerji, A Nation in Making, Calcutta, 1925,1963
- T.V. Parvate, M.G. Ranade- A Biography, Bombay, 1963
- Tara Chand, History of Freedom Movement in India, Vol.- IV, Publication Division, Nov. 1972, New Edition.
- Thomas Edwards, Henry Derozio, Calcutta, 1884
- V.N. Dutta and B.E. Cleghron, (Edited), A Nationalist Muslims and Indian politics, Delhi, 1974
- Valentine Chirol, Indian Unrest, London, 1910, 1st Edition.
- W.W. Hunter, Indians Musalmans, London, 1872
- Z.H. Faruqi, The Deoband School and the Demand for Pakistan, Bombay, 1963

News papers, Journals and Reports

- The Collected Works of Mahatma Gandhi Vol.- 42
- The Collected Works of Mahatma Gandhi Vol.- XV
- The Collected Works of Mahatma Gandhi Vol.- XVII
- The Collected Works of Mahatma Gandhi Vol.- XXV.

❑❑❑

णाणं पयासयं

वीर नि. सं. 2470

ई. सन् 1944

भारतीय ज्ञानपीठ